走进新时代的乡村振兴道路

——中国"三农"调查

童禅福/著

人民出版社

实施乡村振兴战略。农业农村农民问题是关系国计民生的根本性问题，必须始终把解决好"三农"问题作为全党工作重中之重。要坚持农业农村优先发展，按照产业兴旺、生态宜居、乡风文明、治理有效、生活富裕的总要求，建立健全城乡融合发展体制机制和政策体系，加快推进农业农村现代化。巩固和完善农村基本经营制度，深化农村土地制度改革，完善承包地"三权"分置制度。保持土地承包关系稳定并长久不变，第二轮土地承包到期后再延长三十年。深化农村集体产权制度改革，保障农民财产权益，壮大集体经济。确保国家粮食安全，把中国人的饭碗牢牢端在自己手中。构建现代农业产业体系、生产体系、经营体系，完善农业支持保护制度，发展多种形式适度规模经营，培育新型农业经营主体，健全农业社会化服务体系，实现小农户和现代农业发展有机衔接。促进农村一二三产业融合发展，支持和鼓励农民就业创业，拓宽增收渠道。加强农村基层基础工作，健全自治、法治、德治相结合的乡村治理体系。培养造就一支懂农业、爱农村、爱农民的"三农"工作队伍。

　　——习近平：《决胜全面建成小康社会 夺取新时代中国特色社会主义伟大胜利——在中国共产党第十九次全国代表大会上的报告》，人民出版社2017年版，第32页。

目 录
CONTENTS

序

社会发展的阶段性是历史唯物主义的基本规律之一。

20 世纪七八十年代中国农村全面推行的土地家庭承包责任制是亿万农民的呼唤和时代选择。

在习近平新时代中国特色社会主义思想指引下，建立新集体经济为主体多种经济成分并存的社会主义乡村新社区是新时代中国通向共同富裕的历史必然和发展趋势。

一个人，哪怕是一个伟人，是人，不是神。总会有这样那样的思考，这样那样的举措，留下的是时代的印记，让人自我感悟、自我反省、自我觉醒、自我创新，这才是一个中国共产党人的一种坦荡胸怀。

新中国诞生，全国农民分田分地忙，土地改革结束后，很快进入互助组时期。后来，跨越了初级社、高级社，进入人民公社阶段。土地实行集体所有、集体耕种，全面走上了集体化的道路。党的十一届三中全会后，我党全面把握国内外发展大局，尊重农民首创精神，率先在农村发起改革，推行的土地家庭联产承包责任制，以磅礴之势推向全国，解决了当时 9 亿农民的温饱问题，并逐渐走上了小康之路。经过近四十年的发展，单家独户经营着那"一亩三分承包田"受到严重挑战，部分村集体甚至出现了"空壳"。农村贫富差距逐渐拉开了，两极分化逐渐凸显出来了。农业新型现代化推进也十分困难。我们选择了豫中华北平原的河南、河北、天津三省市及东南沿海的浙江省刘庄等"8村1乡"和其他农村。对两种不同土地经营模式的村落经济、政治、文化等进行调查剖析后，深深感到两种不同土地经营模式，导致截然不同的两种结果。刘庄等"8村1乡"走以新集体经济为主体多种经济成分并存的社会主义乡村新社区的路，没有暴发户，没有贫困户，家家都是富裕户。

实现土地合作与联合，建立新时代以新集体经济为主体多种经济成分并存的社会主义乡村新社区，推进了乡村"三农"的全面振兴。

"无农不稳、无工不富、无商不活"这已成为我国农村发展的共识。刘庄等"8村1乡"的新集体经济乡村新社区扬长避短成了本省乃至全国的文明小康村。浙江省的航民村靠6万元积累和6万元的贷款，12万元起家，办起了印染企业，在乡镇企业改制的浪潮中，全村26家企业，仍坚持集体所有，集体经营。2016年，全村集体工业产值达到124.7亿元，利润8.21亿元，为国家创造税金5.0005亿元。河南省的刘庄村工业起步早，从双音扬声器起家，接着食品厂、造纸厂、机械厂、制药厂相继建立。截至2015年，工农业总产值超过30亿元。河北省的周家庄乡实行乡村合一，村和生产组二级核算。

土地一直实行集体所有、集体经营，企业全归乡集体所有。自1983年成立农工商合作社以来，合作社农业、工业、旅游业、畜牧业、金融业全面发展。2016年，工农业总产值达到10.7406亿元，创造税金2960万元。浙江省的滕头村建起了1000亩规模的工业园。2015年，全村实现了社会总产值90.75亿元，荣获"世界十佳和谐乡村"称号。浙江省的方林村依靠毗邻城市的优势，村集体工业、商业、农业一起上，2016年，仅千人的村，村工农业总值达到了10.5亿元，纯利润超过7800万元。地处国家级贫困县的河北省周台子村也是依靠村集体工业企业脱贫了、致富了。浙江省的花园村经济三大跨越中，一无所有的村集体经济在村党支部书记"小家"富后，不忘"大家"的落后，奉献、奉献、再奉献，投资、投资、再投资。2016年，村集体固定资产达到了15.13亿元。近三年来，集体经济收入每年接近2亿元，这来之于民的钱，仅2016年一年，用之于民的人均资金就接近4万元。全村变成了一个"大花园"，成为4A级旅游景区。天津市的王兰村依托天津市的区位优势，一产转二产，二产转三产，形成了一个以钢铁、化工、仓储、物流、大型商业并举的多元化企业集团，村集体拥有固定资产超过60亿元，全面迈入了福利型的新型乡村新社区。天津市郭家沟村的农家院推进旅游产业的发展。2016年，不到200人的郭家沟村旅游农家院收入就达到3079.95万元。2017年，农民人均纯收入超过7.5万元。

"合作与联合"如何合作？如何联合？"8村1乡"实现

土地紧密一体化的联合与合作，它们成功了，但2017年我见到两件事，发人深省：2月13日，《浙江日报》头版在《杭州西湖区9500亩的土地流转》报道："为告别土地利用低、小、散，发展规模化、标准化、品牌化的现代农业，西湖区春节后打响了土地流转'攻坚战'。2月3日，该区动员灵山村、杭富村、三阳村等9个村的农户，将土地经营权流转到村股份经济合作社，再集中流转到国营公司。"报道中又说："本次集中流转价格为每亩每年2000元，且三年一次性付给。"这租金可不低，政策也挺优惠。但杭州市西湖区政府真正把这项土地流转工作当作了"攻坚战"来打。报道中又说："党员干部带头，克难攻坚，春节刚过，来自区、镇、村的300多名党员干部，分成九个工作组，每个组负责一个村的签约工作。党员干部们有的约谈经营户，有的找土地承包农户谈。同时成立了国土、城管、公安等组成的法治组。"这场"攻坚战"经过十天的苦攻、苦战，终于将9500亩责任地流转合同签下了。而江西省资溪县乌石镇新月村与杭州西湖区灵山村等9村几乎同时实施土地流转工作。新月村3600亩山林、724.9亩耕地实现流转，只开了一次村两委成员和村民代表会，全村农户就同意流转了。因为新月村是村上将承包到户的山林和土地集中起来集体入股，和江西邂逅资溪旅游开发公司联合开发新月民俗生活文化体验基地项目。全村105户，419人都是这个基地项目的小股东，基地产生的红利，新月村民都将年年分红。而杭州西湖区灵山开发项目是老板赚了再多的钱，而灵山村等9个村村民们也只能得到每亩流转的租金 2000 元。他们觉得这样做是把这些承包地"卖"了，农民们思想一下转不过弯来，工作肯定难做。因此，政府当然要把土地流转这项工作作为"攻坚战"来打了。刘庄等"8 村 1 乡"走以新集体经济为主体多种经济成分并存的社会主义乡村新社区道路，关键在共享上，航民村每年每人仅股份分红就超过 1 万元。方林村 2016 年股份分红达 9000 元。周台子、花园、王兰庄等村的福利实现了全覆盖，共享之后又充分体现了公平、公正、清廉。乡村变成乡村都市了，农业实现了新型的现代化了，农民变成乡村都市的企业工人或农业工人了，"三农"问题在这里就彻底解决了。

实现土地合作与联合，建立新时代以新集体经济为主体多种经济成分并存的社会主义乡村新社区，没有暴发户，没有贫困户，家家都是富裕户。

社会主义核心价值观的基本内容是"富强、民主、文明、和谐，自由、平等、公正、法治，爱国、敬业、诚信、友善"。这核心价值观 24 个字中的核心观念是"自由、平等、公正、法治"。以新集体经济为主体多种经济成分并存的"8 村 1 乡"在发展集体经济中，始终坚持平等、公正。人人体现出了自我价值，人人感到是这个村的主人。如滕头村的"滕头三先"精神（号召群众，党员先行；号召党员，党委先行；执行党的决定，书记先行），航民村的"雷锋"精神加市场意识，周台子村的"想民、信民、为民、富民"精神，王兰庄村的"清正廉洁、办事公道"和"吃喝不去，请客不到，送礼不要"的"三不"精神，郭家沟村共产党员"不像党员、不在组织、不守规矩、不起作用"的四个坚决不做精神，花园村的"榜样"精神（要求群众做的，党员先做到；村干部不向村里报销一分钱，不向村集体拿一分工资）。周家庄乡的"铁规矩"精神，严禁公款吃喝，严禁铺张浪费，严禁弄虚作假。"8村1乡"干部群众在这种思想精神引领下，群众紧紧依靠党组织，围绕各个时期的发展目标，贡献力量，贡献智慧，真正实现"心往一处想，劲往一处使"。

"8村1乡"经济发展了，首先是想民、为民、富民。家家户户不仅有稳定增长的收入来源，也有稳定增长的集体福利。已不同程度做到了基本保障靠集体，村民还享有养老、医疗保险，除此每月还有各种生活补贴，教育补贴、奖励，节假日福利和老人福利享受。这就是以新集体经济为主体多种经济成分并存的社会主义乡村新社区的优越性所在。在平等、公正中，"8村1乡"虽然经济发展各不一样，但住房一律严格按照规定统一规划、统一设计、统一补贴，没有特殊化。"8村1乡"，家家住进了新洋房。在分配上"8村1乡"坚持多劳多得，但有一条，干部能得到的不一定完全得到。航民村党委提出"宁愿共同富裕，不要亿万富翁"，把"共同富裕"作为一切工作的出发点，对全村26家村办企业的负责人考核完不成任务且收入低的负责人采取保底，保留基本年薪72000元。村集团公司每年按企业规模、企业效益等四项指标，对村办企业负责人进行考核。近几年来，村办企业家家效益都很好，每年账上企业负责人大多可拿50万元以上的年薪，有的超过100万元。村两委规定：村里所有在集团企业拿工资的村民、村干部，年薪不得超过50万元，控制全村不能出现一家暴发户。王兰庄村集体经济壮大后，全村村民全面融入与天津市民一样的保障体系，仅2016年村上就为近千名60岁以上的老人、49岁以上的妇女发放退休金536.5万元，每人每月达到1706元。周家庄乡规定上级奖给乡干部的奖金，全部上交给集体，乡、队干部不得从事第二职业，不得用公款买一包烟、买一斤水果、请一次客。周台子村所在的县是国家级贫困县。2015年，该县农民人均可支配收入只有5565元，而周台子村村民人均可支配收入达到了13000多元。村党支部书记范振喜介绍说："我们村走的是以新集体经济为主体多种经济成分并存的社会主义乡村新社区道路，虽然起步迟了，但我们可喜的是，全村没有一户暴发户，也没有一户贫困户，全村700户农家，农民人均收入7000元至20000元的却占到了600户以上，年人均收入超20000元的农户不足40户，年人均收入6500元至7000元低收入农户也只有60户左右。而且我们村人均最低收入也超过全县农民人均可支配收入1500元以上。"

在共富共享的环境中，民心向着集体向着党，社会安定，和谐幸福，有困难通过集体也能解决，使得这"8村1乡"，几万人十多年来，没有农户上访，生活祥和，睦邻融洽，家庭和睦，社会平安。

实现土地合作与联合，建立新时代以新集体经济为主体多种经济成分并存的社会主义乡村新社区，推进了乡村文化蓬勃兴起。

刘庄等"8村1乡"已是充满着现代化气息的乡村都市了。村民住的是排屋式、别墅式的新社区，这里除去老人与孩子，几乎全部进入村办的现代化企业，而且不同程度吸引了大量的外地就业人员。这里的就地城镇化，实行了城乡一体化，解决了当下多数农村"空壳村"无钱办文化、无人享受文化的问题。参与农村文化活动，本地的、外地的，老中青各层次都有，为农村文化活动的影响力、吸引力带来了勃勃生机。

坚持集体、发展集体、依靠集体、奉献集体、维护集体是"8村1乡"思想意识形态最突出的特征。在这种集体主义主流意识形态影响下，理想信仰积极向上，宗教信仰、宗教影响大为减弱，这里几乎无宗教问题，周台子村有270人信天主教，这些人是世袭教徒，信教不传教，已日益萎缩。航民村只有两户村民信基督教，其他村也就是有几位老太太拜拜菩萨。相反，在以农户家庭经济为主要形式的农村，就是另一番情景。据浙江省兰溪市调查，这里佛教、道教、基督教、天主教、伊斯兰教等五大宗教齐全。20世纪90年代，五大宗教就相继成立了协会。目前，全市依法登记的宗教活动场所已达68处，民间信教场所565处，信徒人员接近7万，占到了全市总人口的10.6%，其中基督教活动场所25处，教职人员82人，信徒超过1万人。

社会主义文化建设，集体主义思想的传承，离不开教育，这"8村1乡"注重把素质教育和理想信仰教育紧密结合。"8村1乡"毕业的大学生，为集体所吸引，纷纷回乡就业，这些集体经济培养出的新型人才，愿意回到集体，参与集体经济社会生产管理：一方面是集体经济的发展，带给青年人实现自我价值的机会，另一方面，这里与城市无大差异的乡村都市生活也吸引着他们。1996年，航民村就投资了2000多万元建成了综合性的文化中心。方林村2000年就投资了1100多万元，建起了以村民学校、老年大学、老年俱乐部、图书馆、阅览室等设施为一体的文化中心。花园村投资了2亿多元，建立了花园娱乐城。刘庄、周家庄都建立起了创业展览馆和农民艺术团，周台子村建成了全国农村实用人才培训基地，周家庄乡建立了农民文化宫。王兰庄投资3000多万元建起了星光老年活动中心、村图书馆、梁斌文学馆、"一二·九"运动纪念馆、青少年活动中心，村上还办起了评剧团、秧歌花会等文化娱乐场所、团队。郭家沟村把文化建设与旅游事业结合起来，让游客和村民共享。这些文化中心、展览馆和文化宫，既是群众文化娱乐中心，也是展示社会主义理想、集体主义精神并进行宣传教育的平台。

改革开放前，我国农村最大的问题是解决农民的温饱问题。改革开放后，我国农村，全面推行土地家庭承包责任制，温饱问题很快解决了。但在那场开展"阳关道与独木桥"的大讨论中，全国有80个大队，仍然坚持走集体化的道路。我们走访了坚持走集体化道路60多年的滕头村、刘庄村、周家庄乡，它们走的路是成功的。另外，采访了重新抉择走新集体经济道路的航民、花园、方林、周台子、王兰庄、郭家沟6个村，它们走的路也是成功的。

在加速工业化、推进城镇化和城乡一体化中，引发出"三农"问题。从此，农村出现了"空壳村"问题、贫富差距问题、农民工问题、留守儿童问题、留守妇女问题、土地抛荒问题、土地碎片化问题和养老问题等等。这些问题引起了党中央、国务院的高度重视。2016年4月29日，习近平总书记在安徽省凤阳小岗村创造性地提出："把农民土地承包经营权分为承包权和经营权，实现承包权和经营权分置并行，这是农村改革又一次制度创新"。接着，中共中央和国务院下发了一系列文件。2017年6月1日，新华社授权播发了《中共中央办公厅、国务院办公厅关于加快构建政策体系 培育新型农业经营主体的意见》，《意见》提出："加快形成以农户家庭经营为基础，合作与联合为纽带，社会化服务为支撑的立体式复合型现代农业经营体系。"中共中央、国务院第一次提出了建立现代农业经营体系要以"合作与联合为纽带"，这是一项伟大的创新。2017年6月21日至23日，习近平总书记在山西考察工作时，又提出"要以构建现代农业产业体系、生产体系、经营体系为抓手，加快推进农业现代化"。如今中国全面进入新时代，习近平总书记将加快推进农业现代化过程中，抓什么、怎么抓更具体化了。特别是习近平总书记在中国共产党第十九次全国代表大会上作的《决胜全面建成小康社会 夺取新时代中国特色社会主义伟大胜利》的报告中，就解决"三农"问题向全党、全国人民发出"实施乡村振兴战略"的政治宣言，并亮出了"壮大集体经济，深化农村土地制度改革"，"促进一二三产业融合发展，支持和鼓励农民就业创业，拓宽增收渠道"等行动纲领。

2003年7月，时任浙江省委书记的习近平同志在浙江省委第十一届四次全会上提出的浙江面向未来的八项举措（时称"八八战略"），第一项举措是进一步发挥浙江的体制机制优势，大力推动以公有制为主体的多种所有制经济共同发展，不断完善社会主义市场经济体制。15年过去了，今天读来还是那么亲切，那么有感染力，那么有生命力。四十年改革中出现的问题，一定要用改革的办法来解决。土地所有权、承包权、经营权三权分置后，"合作与联合"将在我国建立立体式复合型现代农业产业体系、经营体系中发挥出巨大的作用。我们也坚信，农村也一定会沿着以集体经济为主体多种经济成分并存的社会主义乡村新社区的道路，不忘初心，牢记使命，将农村改革进行到底。

我们坚信，在中国特色社会主义全面迈进新时代中，"三农"问题将彻底告别历史，全面振兴乡村就在"明天"。

编者引言

要坚持把解决好农业、农村、农民问题作为全党工作重中之重。

全党全国各族人民响应习近平总书记的这一召唤，努力践行着。

20世纪70年代末80年代初，全国推行的土地家庭联产承包责任制获得了伟大的成功。9亿多中国农民吃上了饱饭，穿上了新衣，终于破解了几千年遗留下来的难以摆脱的最大难题——农民的温饱问题彻底解决了。但如何解决贫富差距越来越大的问题？先富如何带动后富？共同富裕道路如何走？如何实现乡村振兴？一位73岁的老党员、资深记者，曾在几届浙江省委领导身边工作过，谋事、参事、成事。他撰写的多篇社会调查报告获得中央和浙江省委领导的批示、肯定、赞扬。他多年走南闯北进行了广泛的调查、研究、思考。努力为乡村振兴，解决"三农"问题，奔走呼唤……

引　子

　　春秋时期的杰出政治家管仲深知治国之道，他的一句名言："王者以民为天，民以食为天，能知天之天者，斯可矣。"近70年的中国农村大变革，告示天下人，"民为本"依然是真理。

　　农业是经济的命脉，是生命之所系，是安天下、稳民心的战略产业。如果没有农业，国家的生存与发展将成为空谈，对于中国这样一个有着悠久农业历史的农业大国而言，更是如此。一个大国，要想稳定发展，必须把农业搞上去。农业成功了，一切都有基础；农业失败了，一切都会失败。农业不仅是一个产业，也是国防的一道保护墙。农业的根是土地。几千年的封建制度，土地归君王所有，到了1914年，民国北洋政府把土地划给个人，实行自由买卖，地主由此产生。中国共产党自成立那天起，就十分重视农民问题。1927年7月12日，中共中央根据共产国际的指示进行改组，陈独秀被停职，由张国焘、李维汉、周恩来、李立三、张太雷组成中央政治局临时常务委员会，提出开展土地革命，建立工农武装。

　　"耕者有其田"，"打倒土豪，分田分地"这些口号在革命的年代已深入人心，一句口号唤醒了亿万劳苦大众。

1947年7月17日至9月13日，中国共产党在河北省平山县西柏坡召开全国土地会议，通过了《中国土地法大纲》，规定废除封建性及半封建性剥削的土地制度，实行耕者有其田的土地制度。解放区兴起了土地改革热潮。

1950年6月30日，《中华人民共和国土地改革法》公布施行，土地改革在新解放区全面展开，历时两年半，到1952年底，除部分少数民族地区外，土地改革在全国大陆基本完成。3亿多无地缺地农民无偿获得7亿亩土地和其他生产资料。全国4亿农民实现耕者有其田。几千年遗留下来的封建半封建土地所有制被彻底摧毁。

当时，农村每家每户都收到由所在县县长签发的土地房产所有证，实行了农民的土地所有制，借以解放农村生产力，为新中国的农业现代化开辟了道路。

1953年12月，中共中央通过《关于发展农业生产合作社的决议》，从此，农业生产合作社从试办阶段进入发展阶段，到1956年底，加入农业生产合作社的农户达到全国农户总数的96.3%，也可以说，中国大陆96.3%的农民土地都收归农业生产合作社管理经营了。

1958年8月6日，毛泽东同志到河南省新乡县七里营考察时，见大门上挂着"七里营人民公社"的大门牌，欣喜地称赞说："'人民公社'这名字好。"3天后，毛泽东同志在山东同当地负责人谈到农村时说："还是叫'人民公社'好，它的好处是，可以把工、农、商、学、兵结合在一起，便于领导。"回到北京，毛泽东就挥毫提笔写了"人民公社好"五个大字。"人民公社好"的这幅字连同毛泽东在山东的谈话在《人民日报》上发表后，"人民公社好"的口号立即传遍全国。8月27日中共中央政治局在北戴河举行扩大会，肯定人民公社"一大二公"是过渡到共产主义的一种组织形式，并作出了《中共中央关于在农村建立人民公社问题的决议》。此后，全国开始了人民公社化运动，到10月底，有74万个农业合作社改组成立了2.6万多个农村人民公社，参加的农户有12000万家，占总农户数的99%以上，全国农村基本实现了人民公社化。实行公社统一核算，搞起了"一平二调"，刮起了"共产风"。1961年3月15日至23日，中共中央在广州召开工作会议，讨论通过了《人民公社条例》，对农村政策进行了调整，全国960万平方公里土地上的94万多个村庄都相继成立了生产大队，农村耕地、山林和耕牛等生产资料就确定为公社、大队、生产队三级所有。以生产队为基础的管理体制建立起来，从此中国农村土地全部实行了集体所有制。

1982年12月4日全国人民代表大会通过并实行的《中华人民共和国宪法》，规定："农村和城市郊区土地，除由法律规定属于国家所有的以外，属于集体所有；宅基地和自留地、自留山也属于集体所有"。从此，我国农村土地就以法律形式确立为属于集体所有的不动资产。

土地制度是国家基础性制度，土地问题是解决农村社会所有问题的根本，我国农村土地经过近 70 年的大变革，生产关系进行了全面调整，生产力取得巨大进步。目前，农村家庭经济、农民合作经济、农村集体经济、国有农业经济共同构成中国特色社会主义农业经济体系，全面迈进中国特色社会主义乡村新社区的新时代。

一　集体化道路

中国人民解放军百万雄师跨过长江，解放南京，摧毁了蒋家王朝。1949 年 10 月 1 日，毛泽东主席在天安门广场上向全世界宣告："中国人民从此站起来了。"从此，1947 年开展的土地改革迅速在全国掀起高潮。陆续完成了土地改革，消灭了封建土地所有制，实现了农民土地所有制。毛泽东主席带领我们党搞农业合作社，走集体化的道路，组织广大农民群众有计划、有步骤地经过互助组、初级社、高级社，到人民公社，再到完善和规范人民公社制度，巩固工农联盟，使之走上商品化、专业化、现代化的道路。

1 松崖村的土地改革到全面走上集体化道路

我国开天辟地的土地改革全面展开后，农村欢腾了，农民兴奋了。

1950年10月，浙江省委向淳安县派出了土改工作组，10月10日，浙江省委工作组成员陈德强和陈如功带着淳安县工作组来到金峰乡。金峰乡全乡各村土地改革工作开展起来后，当年的11月，这两位省里下来的干部又把工作组带到了威坪区松崖乡松崖村。松崖村已有千年历史，是个童氏家族大村落，也是乡政府所在地。当时村上的民兵连长孙彩莲和妇女主任程饭娣二位女党员就分别当起了松崖村土改正副队长。今日，已90岁高龄的孙彩莲在接受采访时，她略加回忆，就把这段历史像潺潺流淌的云源溪溪水一样流淌了出来。

孙彩莲说：土地改革是一项政策性非常强又非常严肃的工作，特别是定成分时，是一家一策，甚至是一人一策，不仅要看他家占有土地的量，还要讲政治，看他家长工、短工的数量

▲ 松崖人新建的牌楼

▲ 土改后农民拿到的土地房产所有证

▲ 刘庄新村社区一角

还要看他的政治态度、政治身份。这涉及每个人的利益，是给每个人进行政治定性的大事。对每家每户，对每个人，对每块土地都要认真对待。

孙彩莲这位出生在威坪镇上的松崖村媳妇，读过几年书，工人出身，从1954年担任松崖村党支部书记起，到1984年卸任。作为担任了30年松崖村书记的"老书记"，她对这段历史记忆太深刻了。她说："要办好这件事，首先要把村上和近200户农家的家底全部搞清楚。我们组织了43位土改积极分子，他们对村上的880多亩耕地一块一块地进行丈量登记，白天丈量登记，晚上开会。每个家庭家底清楚了，真要给每家定划成分，那也很难啊。"

接着，她又滔滔地说开了："比如划地主，我们根据土改政策，全村划了4户地主，一家富农，还有一个个人地主。"

比如一家开明地主：这户开明地主，土地人均超过二亩，有两栋房子，但他家没有雇长工，甚至短工也不雇。土改开始后，他把全家的土地都主动上交给了村上，所以被评为开明地主。

一家恶霸地主：这户人家土地人均只有八分，但是他是村上的伪保长，抓壮丁手段狠毒，民愤极大，工作组和村上人一致把他家定为恶霸地主。

一家官僚地主：这户人家的主人在杭州二区担任区长，这位区长娶了7个老婆，村民反响很大，评上官僚地主。

还有一个个人地主：这户人家土地人均不过一亩，但这户家长新中国成立前担任过伪保长、伪甲长，这家成分被评为下中农，但担任过保长、甲长的家长最终被划为个人地主。

村上还有一户富农：他家人均土地一亩七分，而一家人都在杭州读书、做事，土地靠雇长工耕种，结果评上了富农。

孙彩莲老太在叙述这段土改历史时，特别称赞松崖村人。她说："我解放前一年离开工厂，嫁到松崖，松崖村的民风确实好，我嫁到松崖村，村上正好在修童氏宗谱，村上的乡村文化人见我读了一点书，也叫我这个新媳妇去帮忙了。很快我把童氏族训背了下来。"这位老太一下兴致来了，她兴奋地背起了童氏族训："炎黄发子孙，男女都平等。父母养育恩，子女应孝顺。兄弟如手足，财物莫较真。夫妻同心结，恩爱伴终身。妯娌虽异姓，相处如姐妹。儿女莫溺爱，成年自谋生……"这位老太把 180 个字的族训一字不落地背完后，欣喜地说："我们松崖村是云源港中的一个最大的村落，土地又多，正如族训中讲的'尊老又爱幼，不以贫富分，处事和为贵，同村万事成，兴家要爱国，富国不忘本'，在土改中几乎没有一人被政府镇压，人均八分至一亩三分土地的中农家庭几乎占了百分之八十多，人均八分以下的家庭不足四十户，原村上的一百多亩宗祠公有土地，一半左右补给了不足八分土地的贫农，还有一半留给村上集体使用。松崖村是一个贫富差距不大的和谐村。"

颁发土地房产所有证的那天，已经过去近 70 年了，但孙彩莲老太的记忆还是那么清晰。她说："1951 年 10 月初的一天，松崖全村召开村民大会，那天童氏宗祠内，人挤得满满的，操场舞龙跳竹马，放鞭炮一片欢腾。177户人家，户主手捧着盖有张铎县长大印章的土地房产所有证，心情无比激动，他们连声说：'现在好了，种自己的田了，不用交租了。'"

松崖村土地房产所有证颁发了。淳安县土改工作也相继宣布结束。

孙彩莲老太好像又回到60年前那个时代，她面带笑容，眉飞色舞地又说开了：那个时候，全村人真热闹啊！互助组时，自愿报名，自由组合，集体评议，都是左邻右舍的，而且又是同族本家，没有阻力，全村所有农户都加入了互助组。松崖村12个农业互助组很快建立起来了。但组建生产合作社就不同，土地收了，耕牛收了，犁耙收了，山林收了。上中农不愿和下中农结合在一个社，中农怕吃亏，也不肯和贫农建一个社，结果松崖村按照各类人群组建了以贫农为主体的第一农业合作社，以下中农为主体的第二农业合作社，以及富裕中农，也就是上中农为主体的第三农业合作社。

孙彩莲老太，为把农村走集体化这条路说清楚，又谈起了自己的身世经历。1949年5月松崖村解放，松崖村一解放就成立了民兵连，她就担任了民兵连长。土改时担任了土改队长，1953年入党，入党后不久，就担任了松崖村党支部书记。到了1955年1月，松崖乡政府就把松崖村177户、655人、824亩土地，花洲村77户、299人、332.9亩土地及樟树下村84户、319人、339.9亩土地合并成松崖高级农业生产合作社。

孙彩莲老太很自豪地说："三村合并开始，我就担任了有8位党员，管理1300多人的松崖高级农业合作社的党支部书记了。"

孙彩莲老太对这段历史印象特别深刻，她说："那时候，农村组织形式变化很快，高级合作社刚走上正轨，毛主席号召全国建立人民公社。1958年10月松崖人民公社诞生，松崖农业高级合作社拆除了，建立了松崖、花洲、樟树下三个大队。当时的松崖人民公社已有了20多个生产大队了，也就在这时，各大队农家的灶头也拆了，松崖村177户的灶头全部拆除，全村655人，吃在食堂，集体生产在田头，走上了'大呼隆'的集体生产模式。"

孙彩莲谈了松崖村土地改革和组建人民公社这段历程后，我又把话题引向松崖人走上集体化的道路上了。

孙彩莲这位历经风霜的老太对走集体化道路的这段历史，如数家珍，娓娓道来。

松崖村霸占农民大量土地的大地主没有，几户小地主比起中农土地也多不了多少，但经过土地改革后，近40户贫雇农的土地增多了，全村人的人均土地占有量相差无几，但耕牛等生产资料和种田技术，贫雇农和中农、上中农都有很大差距，一年劳动下来，土地上农作物的产量提高了，但仍是单家独户耕种，家家户户都感到累了，太辛苦了。到了1952年的冬天，松崖村又来了淳安县工作组，工作组鼓励农民组织起来，成立生产互助组，你家帮我家割稻，我家帮你家插秧，而且耕牛顶工，相互帮助，全村人觉得这个办法好，很快全村组织起12

个互助组。

孙彩莲接着又说："正当大家欢欣鼓舞你帮我我帮你互做农活的时候，好景不长，只经历不到一年时间，到了1952年冬天，淳安县委农业工作组又进驻松崖乡了，工作组要求松崖村将12个合作社，组建起3个农业合作社，并且规定将耕地及耕牛等生产资料收拢起来，由农业合作社统一耕种，粮食按劳力按人口统一分配。也就是说，从1952年冬季起，初级农业合作社建立起来了，我们松崖村土地就实行集体所有了。

有关资料证实，农业初级合作社几乎全国同步，也就是说，1951年10月，松崖村177户农户全部拿到《土地房产所有证》后，过了短短一年多一点时间，我国土地制度从1952年冬季开始，就实行了全国统一的土地集体所有制了。松崖村所有农户的土地当然也实行了集体所有制了。

中国新土地制度的创立，使农村面貌特别是农业生产发生了日新月异的变化。

1955年1月至1956年1月，毛泽东同志视察杭州、天津等地时，与14个省区领导人经过反复酝酿，形成了《1956年至1967年全国农业发展纲要（草案)》，经最高国务会议讨论通过后，向全国人民发布。根据《纲要》要求，到1967年浙江的粮食、皮棉亩产要分别达到800斤和100斤，生猪每户要饲养2.5头到3头。

1964年，浙江省棉花亩产达107斤，每一农户平均养猪2.5头至3头。1965年，粮食亩产平均达到874斤，至此，浙江省粮棉猪均提前两年超过《纲要》所规定的产量指标。

地处浙江中部的台州地区，北接宁波、绍兴，南连温州，北靠金华、丽水，东连东海，兼得山海之利，农业资源丰富。是一个农、林、牧、渔各业全面发展的综合性农业区域，是浙江省粮食生产区之一，成为我国第一个实现水稻亩产超《纲要》，上"双纲"的高产专区。

嘉兴地区的桐乡县许村公社永福大队1972年早稻获得大丰收，全大队2366.4亩早稻田平均亩产849斤，实现了早稻一季亩产超《纲要》。同时，还涌现了426亩千斤以上高产田。

在科学种田"水稻之父"袁隆平杂交水稻全面推广的今天，这数字称不上奇迹，但在20世纪60年代，这绝对是奇迹，全国人民都在羡慕勤劳的浙江农民的智慧。

产生奇迹原因固然很多，根本的根本，是中国共产党摒弃了旧的封建制度，冲破了几千年土地私有化的体制，实行了土地集体所有、集体耕种，农民的生产积极性调动起来了，奇迹也就一个一个创造了出来。

2 刘庄之路与史来贺传奇

　　创造奇迹的村，都有一个共同点，这些村无一例外有一个一心扑在村上的好带头人，而且，这个人一定是这方水土养育出来的，外来的"和尚"在这些村很难念好"土经"。我们在大江南北走访许多村富民富、家家和谐的村，基本上都有一个村民特别信任的领头人。河南省久负盛名的刘庄村史来贺书记就是这样的铁汉子。他带领刘庄人闯出一条令人羡慕的成功路。他离开人世已经 14 年了，但这里的人们还怀念他。

　　出身赤贫家庭的史来贺，18 岁就担任刘庄周围 8 个村的民兵联防队长，带领民兵剿匪反霸，积极投入村里土地改革。河南省土地改革比江南开展得早。1949 年 6 月，新乡县土改工作组就进驻了刘庄村，不久，史来贺加入了共产党。当年 12 月，土改结束，刘庄成为全县第一批土改村之一。1950 年，秋收冬种结束，史来贺就与村民赵修身等户创办了刘庄第一个互助组，这个互助组共 6 户，其中 5 户是贫农，1 户是下中农。他们手中的土地都是从地主、富农那里分来的。这 6 户新农民对新分来的土地特别珍惜，到了 1952 年 12 月，史来贺担任党支部书记后，他便开始带领刘庄人对黄河引水渠进行多次改道。黄河故道给刘庄留下 4 条 3 米多深纵横的荒沟和多块人称"夆拉头""侧楞坡""盐碱渣""蛤蟆窝"的荒地需要进行改造，而面对这一艰难的工程，有人开始泄气了。"咱村这 700 多块高低不平的地，就是干到猴年马月也不中。"但是，史来贺说："社会主义天上掉不下来，地上冒不出来，别人也不会送来，只有自力更生干出来！咱再累，这地是死的，人是活的。咱平好一洼是一洼，治好一坡是一坡，非把刘庄整好不行。愚公还移山呢，一辈儿一辈儿平。8 年不中，10 年、20 年总中吧？"在史来贺的带领下，刘庄村男女老少心往一处想，劲往一处使，踏上了艰苦奋斗的征程。肩挑车拉，全村投下 40 多万工，终于将黄河水引进了刘庄，刘庄史上十年九旱的土地全部变成了平坦的水浇地。

1953 年 4 月，史来贺带领干部群众，把全村 36 个互助组组建成三个初级农业合作社。刘庄三个初级合作社互相帮助，生产稳定发展，粮食、棉花年年增产，到 1955 年，全村粮食亩产达到 390 斤，棉花 45 斤，创新乡县历史最高纪录。

1956 年春节刚过，史来贺和党支部一班人决定走集体化道路，他们把三个初级农业合作社合并为一个高级农业生产合作社，取消土地分红，实行按劳分配。村党支部书记和刘庄村合作社主任史来贺一肩挑，村上的所有土地归农业合作社集体所有。当年 3 月，小社并大社的共产风刮到新乡县，上级指令夏庄乡8个高级社合并为一个高级社，史来贺从当时生产发展的实际出发，觉得"一村一社"对生产等各方面都便于管理，他铁了心不与其他7个社合并，史来贺的坚持让正在萌发状态的刘庄集体经济保存了下来。刘庄人回忆起那段不寻常的经历给史来贺和刘庄造成的压力时，还会由衷地说："可不容易呀！"

刘庄村迈上集体化的道路后，他们就一直勇往直前地向前闯。

在土地改造的基础上，史来贺带领刘庄村民把棉花作为农业起步的突破口。1957年，刘庄成立了科研小组，史来贺兼任组长。他住进棉花试验田的小屋，与试验组其他成员一道观察棉花生长，探索病虫害的防治办法，并且开始小田搞试验，大田搞推广。刘庄村民取得了皮棉亩产53.5公斤的好收成（当时全国棉花平均亩产只有17.5公斤），成为全国的先进典型。周恩来总理亲切接见了史来贺并鼓励他说："高产再高产，彻底改变贫困面貌，给全国树立个榜样。"史来贺在棉花田里整整住了8年，先后培育出了抗病、高产的"刘庄1号""刘庄2号""刘庄3号"优良棉种。刘庄棉花年年获得丰收；刘庄粮食也实现自足，刘庄人不再吃国家的统销粮了。

1958年，全国开始"大跃进"，成立人民公社，"一平二调""共产风"以及"人有多大胆，地有多大产"的"浮夸风"盛行。史来贺和刘庄村民辛辛苦苦呵护起来的村集体经济再一次面临压力和考验。人民公社的成立，使得各村的东西都成为公社财产。村里的东西可以无偿地拿到公社统一使用。在七里营人民公社，拿别村的东西，没人管理，取拿方便，但是要拿走刘庄村的东西，却必须写借条。后来七里营人民公社解散了，刘庄凭着当初的那些借条，从公社要回了 7 万多元。这些钱都用在了村集体的积累和发展上。当时"浮夸风"盛行，公社开会布置并派人到各村指挥"小麦高产放卫星"，要求深翻土地，挖地三尺，每亩上粪 100 车、下种 150 公斤，亩产小麦 7.5 万公斤。工作组就住在刘庄，天天催办。相信科学种田的史来贺顶住压力，最后只同意拿出 3 亩地搞试验，大地仍按原来的办法种植。结果，大地的小麦获得了丰收，而试验田的小麦却因为违背农作物生长规律，每亩只收了 130 公斤，连投下的种子都没收回来。幸运的是，刘庄只搞了 3 亩地"放卫星"，所以才没有造成严重损失。

1960 年，我国正经历着严重的经济困难，而刘庄却获得了农业大丰收，平均亩产皮棉 80 公斤、粮食 500 公斤以上。1966 年，"文化大革命"开始。刘庄毕竟不是中国的世外桃源，不可能一尘不染。有人到刘庄煽风点火搞"串联"。刘庄的党支部被诬蔑为"生产党"，史来贺则被扣上"只低头拉车，不抬头看路"的"黑劳模"罪名。史来贺清醒地认识到：刘庄千万不能乱，如果一乱，对于刘庄将是一个长期灾难。于是他召开群众大会。在群众大会上，史来贺说："毛主席说抓革命，促生产，我支持。但是，农民要种地，要不，没得吃。对我史来贺有意见，可以提。谁要写大字报，咱村拿不出笔墨钱，自己去买；搞串联，不记一工分！"史来贺富有智慧的教育和警告稳定了刘庄的人心；刘庄不能乱的决心，保证了刘庄的稳定，使刘庄人能够一心一意搞生产。

应该说，刘庄村工副业的准备工作早在 1964 年就开始了。那一年，村集体用节省下的 90 元从新乡买回了 3 头小奶牛。面对这几头又瘦又小、走路摇摇晃晃的小奶牛，有人半开玩笑地问老书记："这到底是牛还是羊啊？可得看好了，别让老鼠给拉跑了！"史来贺却笑着对大家说："有苗不愁长，没苗愁断肠，走着看吧。"后来村里又从泌阳买回 6 头驴。由于当时村里资金有限，买的驴都有点毛病。对此，有人戏谑道："六驴七只眼，还有前栽蹄"。刘庄村的集体工业就是从这 3 头走路不稳当的小奶牛和 6 头连瘸带瞎的病驴开始，从此迈开了发展畜牧业的步伐。1971 年，刘庄又从新疆买回了 27 匹马。刘庄人辛勤劳动、精心饲养，通过自繁自养，发展起了拥有一定规模的大畜牧场，为刘庄逐步走向工业化积累了条件和资金。

1974 年，村里拖拉机的喇叭坏了，想要换新的，却一时买不到。两名司机试着把坏喇叭卸下来修理，居然修好了。于是，几位青年萌生了制造喇叭的念头。他们得到了以史来贺为首的刘庄村党支部的支持。那时候，没有车床，他们就靠土办法搞起了生产。史来贺同年轻人一起搞起了试验。经过反反复复地琢磨和试验，终于造出了刘庄的第一对小喇叭。随着技术的成熟和设备的扩大，刘庄一年能生产小喇叭 3 万对，畅销大江南北。看似不起眼的小喇叭却真正拉开了刘庄集体经济工业化的序幕。看似一个偶然事件，其中却蕴含着必然性。因为史来贺早就认清了"无农不稳、无工不富、无商不活"的道理，早就下定了带领群众致富、让群众过上幸福生活的决心。即使不是从办机械厂开始，刘庄人也一样会找到其他发展工业的突破口！

1975年是"四人帮"横行的时期，刘庄被指责为"唯生产力论的典型"。在谬论面前，一心带领群众致富的史来贺说："他们造他们的反，我们生我们的产。"他召集全村党员干部开会，针对"要苗与要草""要穷与要富"的问题展开讨论，使刘庄村的党员干部及群众统一了思想。他们顶着压力埋头发展经济。继机械厂之后，刘庄村民先后又办起了面粉厂、冰糕厂、食品加工厂、造纸厂等村办企业。尽管其中不乏失败的教训，但是刘庄村的工业总体上不断发展壮大。或许那时候，人们不会意识到，刘庄人正通过自己的辛劳和智慧创造着河南省第一个"小康村"。

到1980年底，刘庄已经实现总收入2015万元，其中工业产值占60%以上，人均收入达1708元，成为河南省第一个"小康村"。

刘庄村创造了奇迹，史来贺是创造奇迹的开拓者，史来贺的传奇赢得了人们的敬仰。

1952年10月，史来贺作为民兵模范代表参加北京国庆观礼，在天安门城楼上受到毛泽东主席等中央领导的接见。到1990年，史来贺已先后14次进京出席国庆庆典活动，并受到

▲ 1985 年，史来贺在田头察看成熟的庄稼

▲ 骆南海（中）与社员们共商集体化道路

党和国家领导人的接见。

1955 年，在合作社运动中，史来贺成为新乡县第一位劳动模范。此后，县历届劳模会议，史来贺都在劳动模范的行列中。

1957 年，史来贺被评为河南省特级劳动模范。此后，省历届劳模评选，他都被评为劳动模范。1959 年，他又当选第一届全国劳动模范，出席国庆十周年庆祝大会。

2003 年 4 月 23 日，史来贺不幸逝世，中共中央组织部特发了唁电。

2003 年 9 月 15 日至 16 日，连续两天，《人民日报》刊发了记者采写的长篇通讯《共产党人的楷模——史来贺（上、下篇)》，同时刊发了短评《一面永不褪色的旗帜》。

2003 年 9 月 15 日至 16 日，《新华每日电讯》也连续两天刊发了记者采写的长篇通讯《村支书的楷模——史来贺》。

2003 年 9 月 15 日，《光明日报》头版刊发副总编辑赵德润采写的长篇通讯《人民心中的旗帜——回眸史来贺》。

史来贺带领刘庄村人坚定走集体化道路，"村民家家富，日子户户好"的事迹已传遍天涯海角。

3 中国第一个粮食超《纲要》的大队

经最高国务会议通过的《农业发展纲要四十条》（以下简称《纲要》），要求浙江省1967年超《纲要》，其中粮食亩产达到800斤。这在当时人们都认为是难以实现的指标。然而，浙江省建德县千鹤大队的"千鹤首先起飞了"。这只新安江畔的千鹤，在领头鹤骆南海的带领下，粮食亩产几乎以每年递增100斤的速度往上升，到了1961年，522亩农田，粮食亩产就过了800斤，提前5年完成任务，成为全国最早的粮食亩产超《纲要》的大队。1963年，亩产上升到1200斤。1969年跨了双《纲要》，毛泽东主席对他予以了表扬。

这位在浙江创造奇迹的人，在建造新安江、富春江水电站时，又带领村民到江西安家，在江西也创造了奇迹。2015年，93岁的骆南海老人，尽管他耳朵有点不便，但谈起那段历史，却滔滔不绝。

骆南海说："我1925年来到当时的建德县庵口乡千鹤村，

我家很穷，没有耕地，靠租种地主的土地过活，从小就跟着父母下地干活，一家人辛辛苦苦，除去交租，所剩无几。无奈只得靠野菜补充度日。但我跟父亲学了一手种田的'童子功'，如何催秧，如何插秧，何时施肥、犁耕、耙耖的种田基本功可谓是全村的一把手。"

1949 年 5 月，建德县解放了，时年 24 岁的骆南海就当了民兵连长。1950 年，骆南海担任村上的土改主任，他家里分到了 4 亩田，现在种自己的地了，地处新安江畔的沙丘地特别肥沃，当年喜获丰收，一家人过上了丰衣足食的新生活。

骆南海这位见过世面的老人，谈起翻身当主人的话题，一下子打开了他的话匣子，他说："1952 年秋收冬种结束，政府号召组织互助组，大家说，'这个办法好，村上人相互帮助，一起劳动也有劲。'我带头组织了千鹤村第一个互助组，并担任组长。互助组生产也只经历了一年多时间，到 1954 年，就组织了生产合作社，我们村四个低级社，我记得很清楚，那年粮食亩产也只有 410 斤，那时候形势变得真快。但我认准一个真理：'只要有共产党，只要有新中国，穷人就不会受欺压'。因此，政府号召我们怎么做，我们没有一点怨言，一心跟着做。1955 年 1 月，千鹤村高级农业合作社成立了，那年我也入党了，成了千鹤村的党支部书记，并兼任高级社的社长。"

"三十而立"，骆南海 30 岁那年，他真的掌起了千鹤村的大权了。大权在手，他就一心要为大家干事了。千鹤村全村 77 户，245 人全部入了初级社，他带领的千鹤高级社，320 亩水田，202 亩旱地，还有 200 亩山地。骆南海太热爱土地了，他面对新安江畔这一大片农田和山地，心底涌起了一股热流。"今天我们劳动种出粮，再也不要交租，除了交公粮，就是我们农民自己的，一定要带领全村人夺高产，多产粮，多卖余粮，支援社会主义建设。"当时的骆南海心里这样想。

千鹤高级农业合作社以种水稻、玉米为主，冬种小麦，山地种番茄，可谓鱼米之乡。刚从初级社跨入高级社，全村人都想干出一番事业来，但天有不测风云。1955 年入夏之后，雨水特别多。立夏之前，千鹤村的秧苗普遍发黄，已发现 20% 的秧苗开始烂秧，本打算要积 26 万多斤的土杂肥，只积了 9 万斤，春花田坎还有 80% 的杂草未除，水渠也没开好，早稻作物也无法下种，就连家家户户烧饭的柴，由于连日下雨，也快断火了。面对这一困难，骆南海这位社长掐起指头一算，完成今年的夏收夏种，需要 16767 个劳动日。

千鹤合作社男整劳动力 87 个，男半劳动力 28 个，加在一起也只有 115 个劳动力，靠这些男劳动力完成当年高质量的夏收夏种，不讲白天干，就算白天黑夜一起干，也难完成。

骆南海说："当时我们正在束手无策的时候，妇女主任站出来说，我们过去都守在家里围着灶头转，新社会也要从家庭中走出来，参加集体生产劳动。妇女主任的一句话，我的思路马上打开了。我们要解放妇女，让她们也参加集体劳动，共同创造财富，这不仅要对妇女进行教育，对家庭的男人也要进行教育，使男女村民都认识到发动妇女参加集体农业生产的重要性，那些轻视妇女参加劳动的旧风俗、旧习俗、旧思想消除了，这一来，全村的妇女特别是青年妇女和女青年更是摩拳擦掌积极投入集体生产了。"

骆南海接着又说："妇女的积极性调动起来了，我们作为合作社的干部就要想到她们的后顾之忧。比如，如何帮助妇女们合理安排时间和分工，我们首先制定出男女同工同酬的政策，建立了合理评工记分制度，妇女们参加劳动的积极性更加高涨了。我们高级社当时还建立托儿所，全村当时12个幼儿也由村上的老人带，那时，我们千鹤社的男女老少几乎都扑在社里的生产上，一跨进高级社，我们社里的土地好似更肥沃了，当年粮食亩产就突破了600斤。"

千鹤高级农业合作社把全村妇女调动起来投入农业生产的经验，很快传到了浙江省委。1955年5月24日，浙江省委主办的《农村工作通讯》刊发了《千鹤农业合作社发动妇女投入生产，解决夏收夏种劳动力不足的困难》的文章。中央办公厅将此文收入《中国农村的社会主义高潮》一书，在送毛泽东主席审阅时，毛主席看到千鹤村的事迹后，先是把题目改成《发动妇女投入生产，解决了劳动力不足的问题》，继而作出很长的批示：

"在合作化以前，全国很多地方存在着劳动力过剩的问题。在合作化以后，许多合作社感到劳动力不足了，有必要发动过去不参加田间劳动的广大的妇女群众参加到劳动战线上去。这是许多人意料之外的一件大事。过去，人们总以为合作化以后，劳动力一定会过剩。原来已经过剩了，再来一个过剩，怎么办呢？在许多地方，合作化的实践，打破了人们的这种顾虑，劳动力不是过剩，而是不足。有些地方，合作化以后，一时感到劳动力过剩，那是因为还没有扩大生产规模，还没有进行多种经营，耕作也还没有精致化的缘故。对于很多地方说来，生产的规模大了，经营的部门多了，劳动的范围向自然界的广度和尝试扩张了，工作做得精致了，劳动力就会感到不足。这种情形，现在还只是开始，将来会一年一年地发展起来。农业机械化以后也将是这样。将来会出现从来没有被人们设想过的种种事业，几倍、十几倍以至几十倍于现在的农作物的高产量。工业、交通和交换事业的发展，更是前人所不能设想的。科学、文化、教育、卫生等项事业也是如此。中国的妇女是一种伟大的人力资源。必须发掘这种资源，为了建设一个伟大的社会主义国家而奋斗。要发动妇女参加劳动，必须实行男女同工同酬的原则。浙江建德县的经验，一切合作社都可以采用。"

毛泽东主席的批示给千鹤人带来了极大的鼓舞，农业生产积极性空前高涨，妇女们参加集体生产的作用更是发挥得淋漓尽致，千鹤大队面貌焕然一新，粮食亩产逐年递增，自1961年，粮食亩产就跨了《纲要》，成了中国第一个亩产跨《纲要》的生产大队。到了1963年，粮食亩产就上升到1200斤。1969年跨了双《纲要》，亩产达到了1650斤。

就在千鹤人闻名天下的时候，继新安江水电站建成后，富春江水电站又相继建成发电，骆南海响应国家号召，带领 23 户 120 多名千鹤人告别了富饶的新安江畔，来到了江西省武宁县笠箬溪公社新坪大队。新坪是革命老区，发展一直缓慢，当时每个劳动日分红只有二角二分，粮食亩产还没过 300 斤。但千鹤人把千鹤精神带去了，大家齐心协力，拼命干，建了小水库，挖了肥窑等基础设施，可是国家决定在武宁县建设柘林水电站。1972 年元旦那天，千鹤人又挑起了箩筐搬迁到与永修县交界的船滩公社莲塘大队建立了岭上生产队。

莲塘虽然地处丘陵，但山岭上这地方是水利条件差的穷地方。骆南海的堂兄悄悄对他说："南海呀，这里站不住脚呀，如果不搬走，明年肯定要讨饭呀！"但骆南海坚持认为，事在人为，只要依靠集体的力量，一定会在岭上这块贫瘠的土地上创造出奇迹来。他又带领千鹤人认真学习毛泽东主席对千鹤"五五"批示中有关"向生产的深度和广度进军"。"将来会出现从来没有被人们设想过的种种事业的几倍、几十倍于现在的农作物的产量"的教导，开展了"山高水冷能不能夺高产"的大讨论，共产党员方关松说："在浙江千鹤高级社时，我那双塍下 30 多亩田，开始亩产只有 400 来斤，经过几年的改造，后来不是也跨了双《纲要》了吗，问题不在地差，而在人干。"这样一学，二讨论，千鹤人精神又回来了。

要干，要生产，从哪里着手呢？骆南海坚持科学，坚持在"八字宪法"中"水、肥、土、种"四个字上下功夫，没有农田基本建设的基础，就不能稳产高产，他们坚持集体的力量抓"命脉"。男女老少齐动手，大搞农田基本建设，千鹤人在岭上安家不到两个月，就沿山开挖了两华里长的引排水渠道，挑挖了 1500 多担土石方，整修了漏水的"三八"水库，增加灌溉面积 70 多亩，新建了 50 平方米的田间肥坑、厕所，压青沤肥 10 多万斤，为当年农业丰收打下了良好的基础。

那两个多月的时间里，千鹤人特别是妇女更是干得欢，原千鹤高级社的妇女主任吴寿姣在岭上的土地上依旧带领妇女们打青沤肥，仅一个多月时间，积土杂肥 30 多万斤。全队 23 户，每户平均向队里交肥 1 万多斤，千鹤人一年就叫岭上大变样。靠集体，变成了丰产田，尽管当年受水淹，亩产也突破了 700 斤。

就这样，骆南海带领的岭上生产队就成了武宁县农业的一面旗帜。第二年，千鹤人更安心跟着骆南海干集体了。从此，生产队上下一条心，投入生产队的科学种田。这 148 亩山田在千鹤人手里稻穗也比兄弟生产队长得大，谷粒也更饱满。千鹤人来到岭上的第二年，148 亩山田亩产就达到 990 多斤，比他们来到之前翻了一番多。骆南海带领建立起来生产队一跃就成了江西省的先进典型。那一年，曾三次获得浙江省劳动模范的骆南海又评上了江西省劳动模范。1973 年还光荣出席了中国共产党第十次全国代表大会，受到毛泽东主席的接见。

1973 年，担任武宁县革委会副主任的骆南海，不拿国家一分钱工资，照样在岭上村劳动记工分。1976 年初，骆南海来到黄塅公社沙田大队一个生产队蹲点，这个生产队也是新安江水库移民，骆南海回忆起这段历史，非常欣喜地说了移民村依靠集体力量夺高产的故事。

骆南海来到沙田移民生产队，对生产队里的这 200 亩土地一块一块察看，晚上召开生产队的社员大会，他们都是新安江、富春江水库的移民，骆南海对他们知根知底，他在会上十分有把握地说，我们移民人肯吃苦，只要肯干，依靠集体，去年粮食总产量 9 万斤，今年要争取翻一番，达到 18 万斤。听了骆南海的话，大家都不敢相信。在移民生产队的沙田大队叶春莲大队长说，骆主任从不说大话，我们只要按骆主任说的去做，一定能实现。听了叶春莲对大家说的话，骆南海更有信心了。骆南海接着说，一是要把水利设施搞好；二是要大积土杂肥。科学种田我亲自把握。第二天，全生产队的男女劳动力全部投入大积土杂肥和水利建设中去了。骆南海吃住在沙田，那年的选育良种、品种搭配、培育秧苗、整地耕作、科学灌溉、防治病虫等种田的工序，骆南海都严格按科学操作把关，那年收割后，晚稻晒干，全生产队总产量达到 18.5 万斤，沙田移民生产队受到公社的嘉奖。

采访骆南海老人，他还很留恋集体生产的那种模式。他说，我不反对土地承包到户，但集体化的道路搞得好，也能使大家共同致富。

骆南海带领千鹤人走集体化的道路，在新安江畔的建德用两年时间创造奇迹，粮食亩产从 400 来斤翻一番，超了《纲要》。接着亩产以每年 100 斤的速度递增，到了 1969 年超了双《纲要》。在江西，面对那些"靠天田"，骆南海又带领千鹤人艰苦奋斗三年，又从三四百斤的亩产达到近千斤。1976年，骆南海在沙田移民队夸下海口，当年粮食总产量翻一番，结果又实现了。当然，骆南海的聪明才智和他的人格魅力发挥了很大的作用，但最重要的是依靠集体、人力的红利。骆南海使千鹤人、移民人的积极性得到了充分发挥。他们依靠集体的力量，大搞农田基本建设，大搞科学种田，大积土杂肥，同是一块田，同是一片天，他们终于突破了几千年单干，亩产三四百斤的红线，冲上一个又一个高度。

生产力解放之后，有人担心无事干，毛泽东主席在50年代就高瞻远瞩地预见到这一天。过去人们总以为合作社以后，劳动力一定会过剩，原来已经过剩了，再来一个过剩，怎么办呢？对于很多地方来说，生产的规模大了，经营的部门多了，劳动的范围向自然界的高度和尝试扩张了。将来会一年一年地发展起来，农业机械化以后也将是这样，将来会出现从来没有被人们设想过的种种事业，几倍、十几倍以致几十倍于现在的农作物的高产量。工业、交通和交换事业的发展，更是前人所不能设想的。今天的浙江省奉化区滕头村，今天的河南省新乡县刘庄村，今天的河北省晋州市周家庄乡，从1953年走上集体化以后，一直走到今天，村富了，民富了，村庄变成都市了。

当然，集体化道路走歪的也很多，走得人变懒、田变瘦的事例也不少，但无论如何，要走什么路，要让农民有个选择的权利。

4 生产队送我上大学

20 世纪 50 年代末，在全国大办人民公社的浪潮中，我国自行设计、自制设备的第一项水利工程，形成了新安江水库，淳安 9 万多户农家居民背井离乡，离开了故乡，我家加入了 30 万人的迁徙大军，来到当时血吸虫病流行的开化县青阳乡安家。1965 年，我考上大学，在临行的那天，乡亲们紧紧地拉着我的手，再三叮咛："禅福呀，你将来要当了官，千万记得为我们说话，让党中央知道我们新安江移民的苦……"记下父辈们移民史的悲壮，一直是我这位淳安游子的夙愿。这不仅是一种社会责任、历史责任，也是对父老乡亲的报恩。

1959 年 4 月 22 日，到青阳山底安家的第二天，开化县华埠中心小学的老师，一清早就来到我家，把我领到学校。在路上，老师背着我的书包，亲切地对我说："禅福，你在威坪第五中心小学读书很优秀，又是班长，过两个月，就要参加升学考试了，你是插班的，我就不安排你当班干部了。要集中精力，把移民这段时间落下的功课补上，争取考到开化中学去。"

我连连点头说:"谢谢老师了。"

我没有辜负老师的期望。那年秋季我考入开化中学读初中。

浙江省开化县由于地处山区,教育资源奇缺,1945年才在马金镇办起了开化初级中学,在1958年大跃进时代,开化中学才有了高中部,真正成为一所完全中学。开化县委、县政府和18万开化人也深深感到要改变开化贫穷面目,必须从人才的培养上下大功夫。1959年"三分天灾,七分人祸"的灾难已降临中华大地,全国性的缺粮少钱困难已逐渐暴露在政府及人民群众面前了。但开化县政府仍决定凡1958年以后考进开化中学的初高中学生,粮户关系一并迁入学校。我很幸运,正是还在执行政策的1959年,我进入开化中学。在开化中学上学时,就吃上了"国粮"了,一个月29斤的定量,吃饭已经不是问题了。学校还给我每月2元的助学金。不愁温饱的三年初中很快过去了。

时间迈向了1962年,"天灾人祸"的灾难已全面爆发,全国农村已全面进入饥荒阶段。当年6月中考结束,我就拿着开化县粮食局开出的户粮关系迁移介绍信,返回青阳农村了。到1961年,实际上县政府原决定考入开化县中学的初高中学生迁户粮关系的政策只执行了三年,1961年考取初高中的学生户籍关系就停止办理了。我很幸运,赶上了那趟幸运车,使我顺利完成了初中学业。

1962年7月中旬的一天,开化中学高中招生发榜了,那天我起了一个大早，穿上一双破解放鞋，连跑带走赶了50里路到了开化中学。

在校长办公室那栋平房门口，站着很多人。一个比我早到的同班同学，见到我来了，连忙跑过来对我说："你考上了。"听了这话，这本是我意料之中的事，但当时以我的家境，就是考上，读书的梦想也像肥皂泡一样，随时可能破了。随着围观的人群逐渐离去，我再走到红榜下面，大红纸上，一排四人，我的名字排在第五排首位，也就是排在第十七位。第二张红纸上，还有备取三排同学的名字。我再仔细看了"光荣榜"三个大字下的一段话，只见写着："今年开化中学、华埠初级中学、马金初级中学、池淮初级中学，共435人参加初中升高中考试。衢州二中在开化县招收两名学生，开化中学招收一个高中班，正式录取新生50名，再加备取生10名。"也就是说1962年全开化县，共招收了52名高中生。我怀着既兴奋又忐忑不安的心情，离开了开化中学的大门。第二天，又参加生产队里的割稻，每天去挣5个工分了。

我家是新安江水库移民，来到开化县青阳乡，短短三年多时间，一家六口，除小脚的奶奶一年四季不下水外，我们兄妹三人及父母五个人，都曾患上血吸虫病。血吸虫病患者虽然国家给免费治疗，但每个人的身体都受到了严重的摧残，特别是20世纪40年代，日本的细菌战中，我父亲受炭疽病毒的感染，左脚小腿就成了"烂脚管"。但为了一家人的生计，父母还是抱着患病的身躯，下田挣工分。

我上初中，吃的是商品粮，学校里还给助学金，基本生活问题解决了，但到了 1962 年，国家困难，我的家境也更贫困。那年我考取高中，我弟弟考取初中，我妹妹已经 12 岁了，也该读点书。面对如此窘境，放弃上学的只能是我这个老大了。

放弃当然是痛苦的，从初中升高中考试结束那天起，我知道，我的读书生涯算是结束了。参加中考，去学校看发榜，那只是一场游戏，只是离开学校前的一种自我慰藉。那段时间，天天在生产队里劳动，让汗水冲走痛苦，让汗水增添生活的乐趣。

夏收秋种的"双抢"是农村最忙碌的季节，要赶在立秋之前插下晚稻，生产队里男女老少一律不准请假，不准外出，天天起早摸黑下田干活。我逐渐把读高中的事丢在脑后。9 月 1 日开学报到日很快到了，那时农村也进入出工后的"磨洋工"时期了。一天，生产队长问我："上学准备好了吗？"我爽快地回答："我不读了，让弟弟妹妹去读吧。"生产队长淡淡地说了一句："那不行。"可这位生产队长真把我的读书问题当作一回事，那天耘田休息时，他把生产队里几位骨干叫到一起，开了一个碰头会。那天，在劳动休工放假的路上，生产队长对我爸爸说："禅福读书不错，全县 400 多人考试，他进入前 20 名，高中应该让他去读。队里也穷，但大家商议后，第一学期的 17 元书杂费生产队拿出作为奖金，奖励禅福上学。"17 元钱在当时不是个小数字，那时一个学徒工的工资每月也只有 18 元钱。9 月 1 日开学，我妹妹进入小学，弟弟进入初中，我到了开化中学报名，成了青阳公社有史以来第一个高中生，也是青阳公社有史以来一家同时上学的三兄妹。

进了开化中学，也真巧，我的初中班主任厉汉杰，他也升任了高一年级的班主任了。国家的艰难，连同家庭的困苦，使开化县的大多农家都供不起子女上学，很多上学的儿童，只读了小学，有的上了初中就中途辍学了。我们班正式录取50名，另加10名备取生，共60名，开学时，报到只有48人。我如果没有生产队的相助，可能班上只有47名学生了。

进入1963年终的那一天，生产队会计公布一年分红兑现账目，我家倒挂135元8角5分（社员按口粮和工分比例分配粮食，折欠生产队的钱）。那时每天劳动正劳动力10个工分，也只有两三角钱，我家倒挂，也就是欠生产队的，这135元8角5分钱对一个家庭来说是一笔很大的数，几户拿不到分红现金的社员，就指着我爸爸的鼻子说："你们家每年倒挂的钱加起来已超过了400多元了，还要给儿子女儿读书，你家大儿子早该回家种田了。再也不要让我们大家养你们家，给你儿女读书了。"

那天休工，我爸爸在回家的路上，悲愤地自语说："不是日本的细菌战，我不会成为'烂脚管'，不是新安江水库移民，我们家不会老少都患血吸虫病，但给儿子女儿读书，这是自找的。解决眼前吃饭问题是头等大事，今后的希望，只得走一步看一步了。"这时我父亲双眼涌出了泪花。最后他下定决心，不让我上学了。

第二天晚上，妈妈把我叫到她的身边说："儿子，你长大了，你们兄弟俩上学，都要带粮拿菜，一年大米就要拿走五六百斤，而家里6个人一年番薯、玉米、稻谷等毛粮加在一起也只有两千多斤，家里差不多一半的粮食被你们兄弟俩吃掉了，你爸爸在队里被人骂。全家人一年365天，天天是瓜菜代，现在你爸爸'烂脚管'已不能下水干活了，日子实在也难啊，下学期就不要去读了。你回家还能挣七八个工分，帮家一把度过这艰难的日子吧。"听了妈妈的一番话，看着妈妈那骨瘦如柴的身躯，我流泪了，妈妈双眼里也涌出了泪花，我连连点着头说："听妈妈的，听妈妈的。"

那年春节过大年，家里没有欢乐，只有悲伤；没有欢笑，只有沉闷。一家人沉浸在痛苦中度过了春节。正月初三，我就背起锄头，给生产队里烧焦泥灰了。元宵节到了，中小学都开学了，我的心早已飞进那天天让我长知识的学校殿堂，而父母把摆脱家庭困境寄托在我读书上的希望彻底破灭后，我就再也不能跨进学校的大门，心死了。我那段时间几乎没有一句话，只是一个劲地劳动，让劳动的汗水冲走我内心的悲伤。

时间一天天地过去，开学已经一个星期了。一天，参加生产队改造渠道，春雨淋透了我的全身，晚上，发烧了，第二天就没有去生产队里参加劳动。那天是星期日，上午10时左右，一个小朋友跑到我家说："有一个老师来找你了。"我一骨碌起了床，走到门口，见到我的班主任来了。厉汉杰老师冲着我的第一句话就说："怎么不读书了！"我说："家里太苦了，我不想读了。"我的班主任太了解我了，厉老师中饭也顾不上吃，叫我陪他到大队党支部书记家里，大队党支部书记孙彩莲这位有菩萨心肠的书记十分同情我家的困难，也十分支持我读书，那时是公社、大队、生产队三级所有，生产队为基础，大队只是一个空壳。解决吃饭的问题，还要靠生产队。于是，孙彩莲把厉老师带到生产队长家里，他们三个人议论起来了，我站在边上听着，生产队长先说道："我们生产队基础差，禅福他家父母身体又不好，几年来，年年倒挂。劳动力多的社员家里，劳动一年，只有账面上的钱，拿不到现金，意见很大。"从来说一不二的女书记孙彩莲发话了："今天禅福的班主任来了，禅福读书不错，又是班长，是一株很好的苗，将来如果考取大学，也是我们大队的光荣。还剩下一年半的时间了，按原来的办法，粮食照样分，一斤也不能少。"生产队长听了孙彩莲书记的话，连声说："我做工作，我做工作。"

就这样，生产队全体社员的支持让我家渡过了最困难的三年，我也完成了高中艰难的三年寒窗。

我高中读书的开化中学高651班，也就是浙江省开化县1962高中招生报名连我共有48位同学的那个班，由于国家遭受了三年自然灾害，家家都难以摆脱困苦，我班到了高中毕业时，只留下24名学生，一半同学由于家庭困难，中途辍学了。我们这24名同学，参加了1965年的高考，7人被大学录取。我很幸运，挤进了这7人的行列，成为当年全开化县华埠区唯一的一名大学生，户口迁进杭州，再也不吃生产队里的粮食了。在大学里，每月享受 16.5 元的助学金。回忆起高中的三年艰难岁月，不是集体化，我是无论如何完不成那一段艰难学业的。

跨出大学门，我就进基层的新闻单位，当起了编辑记者。父辈们移民史的悲壮，一直在我心底里喷涌着。1989 年，一次偶然的机会，我接受了时任人民日报社总编辑邵华泽的嘱托，邵华泽也是淳安人，他就把抢救新安江水库移民的这段历史的使命，托付给了我。对父老乡亲的报恩，真正付之于行动，也是从此开始，经历了 20 年的苦磨，上京入沪下江西，奔皖访淳去丽水，高端访谈，乡村串门，历经千辛万苦，行程两万多里，跨越浙、赣、皖三省八个地（市），走访了 22 个县（市）的两百多个移民村，踏进了一千多户散落在各地的新安江水库移民家的门槛，记录下大量新安江水库移民的悲壮故事。我的报告文学作品《国家特别行动 新安江大移民 迟到五十年的报告》，在 2009 年 1 月终于由人民文学出版社出版发行了。

20 世纪 60 年代，国家经济最困难的时刻，我家人口多，读书人多，父母又多病缠身，每年欠生产队的钱也越积越多，有的乡亲冲着我的父母说气话，我理解。没有他们的相助，我不会有今天。50 年过去了，乡亲们的寄托我努力办成了，欠乡亲们的情算是还上了。

新中国成立以来，通过土地改革，在消灭剥削和被剥削的基础上，我们党领导广大农民，通过若干具体的步骤，对农民进行社会主义改造，实现了由私有制到公有制的历史性变革。在改革生产关系的同时，通过政府和农民的共同努力，走出一条适合农村发展的路子，但后来由于受到总路线、大跃进和人民公社、"三面红旗"的冲击，严重压抑了农民群众的生产积极性，使社会主义集体道路走上了歪路，但集体化为现代化新型农业的推进奠定了良好的思想和物质基础。特别是对济贫帮困，解决难题，共同富裕，是能发挥独特的作用的。我当时在高中阶段，如果不是集体的帮助，不讲我进入全县被录取的7名大学生行列，就是2017年全开化县考取近400名大学生，我也会被排挤在外，因为像我当时那样的家境，我可能初中毕业，甚至小学毕业，就进城打工，成为一个少年打工仔了。

二 阳关道与独木桥

1980 年 1 月 11 日至 2 月 2 日，国家农委在北京召开全国农村人民公社经营管理会议，安徽代表的观点受到大部分参会代表的反对。

反对者认为："包产到户"就是分田单干，是资本主义性质的，如果不坚决制止，放任自流，沿着这条路滑下去，人心一散，农村的社会主义阵地就会丢失。

反对者还认为："包产到户"调动出来的积极性，是农民个体的积极性，不符合社会主义方向。

1980 年 1 月 31 日下午，中央政治局领导专门听取全国农村人民公社经营管理会议情况的汇报。邓小平讲了话。他说，对于"包产到户"这样大的问题，事先没有通气，思想毫无准备，不好回答。但他讲了一个问题，就是 20 世纪末达到小康目标，人均国民生产总值 1000 美元。

上述这段讲话，是自"文革"结束后，中央领导人在公开场合首次关于"包产到户"的讲话。

1980 年 3 月，国家农委召开七省三县农村工作座谈会，专题讨论责任制问题。会上的争论火药味十足。一些人声色俱厉地提出："阶级斗争还搞不搞？学大寨还搞不搞？"争论的仍是路线问题。《贵州日报》公开宣传的"顶云经验"再次被"千夫所指"。

安徽省农委副主任周日礼却在此次会议上"大放厥词"：责任制不能搞一刀切，要由群众决定、选择。现在群众都说组不如户，我们"包产到户"已经占生产队总数的11%！

周日礼的一番话让会场炸开了锅。经过激烈的争辩和妥协后，会议最后决定："包产到户"的口子可以放得更大一点。

邓小平对这场农村改革及其争论十分关注，他不仅仔细听取了万里的汇报，也花精力翻阅了大量有关材料，认真思考。曾对"包产到户"说"不好回答"的邓小平，经过两个月的深思熟虑后，作出了肯定的回答。1980年4月2日，邓小平找胡耀邦、万里、姚依林、邓力群等人谈话。邓小平说，在农村地广人稀、经济落后、生活贫困的地区，像贵州、云南、西北的甘肃等省份中的这类地区，我赞成政策要放宽，使他们真正做到因地制宜，发展自己的特点。

邓小平强调，政策一定要放宽，使每家每户都自己想办法，多找门路，增加生产，增加收入。有的可"包产到组"，有的可包给个人，这个不用怕，这不会影响我们制度的社会主义性质。政策放宽以后，有的地方一年可以增加收入一倍多。我看了许多这样可喜的材料，要解放思想！

邓小平关于"包产到户"的讲话，无疑是划时代的声音。对于贵州省委、安徽省委以及当时在全国率先试行"包产到户"的四川省委等地的主要领导来说，这无疑是极大鼓舞。邓小平明确指出，"包产到户"不会影响社会主义制度的性质。这是自"文革"结束以来中央领导人首次对"包产到户"作出肯定的表态。

邓小平在不到两个月内，两次就农村改革发表谈话，为全国的农村改革指明了方向。

但党内的争论远远没有结束。1980年9月，中共中央召开各省、自治区、直辖市党委第一书记座谈会，着重讨论加强和完善农业生产责任制问题。在会上，"包产到户"激起了广泛的讨论。

从黑龙江的实际出发，黑龙江省委第一书记杨易辰与支持"包产到户"的贵州省委第一书记池必卿有一场生动的辩论。

杨易辰说："黑龙江是全国机械化水平最高的地区，一搞'包产到户'机械化发展就受影响，生产成了大问题，是倒退；集体经济是阳关大道，不能退出。"

池必卿即说："你走你的阳关道，我过我的独木桥。我们贫困地区就是独木桥也得过。"

……

会后，当时的国务院农村发展研究中心副主任吴象写了一篇文章，题目就叫作《阳关道与独木桥》。文章以两位省委书记的对话为引子，阐述"包产到户"的必然性和必要性。《人民日报》以整版篇幅发表了文章全文，引起极大轰动，广受"包产到户"支持者的欢迎。

"包产到户"是不是独木桥？各级领导、干部群众、新闻单位进而又展开了激烈的辩论。1982 年春，新华社记者与《人民日报》记者在贵州进行了长达两个多月的调查，提出"包产到户"也不是什么"独木桥"，而是花了很大代价，费了很多周折，用了很长时间才摸索出的一条社会主义的"阳关道"，即有中国特色的社会主义农业的新路子。这个结论，不是哪一个人作出来的，而是党与群众的实践相结合的创造。

其实，中国农村改革，特别是农村土地家庭承包责任制，引发的党内争论从 20 世纪 50 年代中期开始，就始终没有停止过。

5 第一次创造"包产到户"的代价

土地问题是社会所有问题的根本，自我国1952年基本完成土地改革，1956年9月基本完成农业社会主义改造后，我国农村全面推行了农业生产合作社，土地实行了集体所有、集体耕种，到1958年人民公社"一大二公"，已经全面走上了集体化的道路了。

刚解放，地处浙南的永嘉县，交通十分落后，山区农民一直处于饥寒交迫之中。新中国成立后，农民有了自己的土地和山林，田变肥沃山变绿，但很快进入高级社，实行了集体耕种。当时，社员们就编出一句顺口溜："干部乱派工，社员磨洋工，出工一条龙，干活一窝蜂"。基层一些干部社员说，这样的大呼隆生产，土地是长不出庄稼的。永嘉县委在1956年春，选派了责任心强、熟知农村工作的戴浩天等一批干部下到潘桥农业合作社。戴浩天是一位肯动脑筋，又肯学习的人，他学习了苏联20世纪40年代实行固定地段联产计酬的办法。适巧，这时《人民日报》也发表了《生产组和社员都应该包工包产》的文章，戴浩天即向分管农业的县委副书记李云河汇报，提出了进行队以下的责任制试验的要求，李云河觉得这是农业管理体制的一大创新。第二天，他带着《人民日报》，赶到温州农工部，把这一想法和盘托出给了地委农工部长。这位部长也觉得这是个好办法，李云河这位性子急躁的汉子，立即向县委书记李桂茂汇报，他俩也一拍即合，并立即召开县委常委会，还作出决定，组建燎原生产合作社责任制试点工作组，并任命戴浩天为组长。工作推进迅速，春耕前，对燎原生产合作社所有土地都包产到户，这一年尽管是遇到干旱、台风、洪水三大灾害，但燎原生产合作社社员的生产积极性空前高涨，连从前抛荒的田地也种上了庄稼，而且庄稼长得特别好。戴浩天当时常常带病领着社员们干活，他欣喜地说："联产计酬真是好，社员们的精神面貌大不一样了。"

1956 年 9 月，戴浩天起草了中国第一个《包产到户办法》并在燎原生产合作社编印了 10 份。分送给县委领导，县委随即召开千人大会，介绍和推广燎原社包产到户的成功经验。不久，由于包产到户得到了浙江省委的支持，从此，永嘉县和邻县近 12 个县的 1000 多个生产合作社，近 20 万户农民都推行了包产到户责任制。星星之火，开始燎原了。

1957 年 1 月 27 日，《浙江日报》发表了李云河的文章，并加了编者按，编者按指出："这是可以讨论的农业经营管理的一个问题。"天有不测风云，1957 年 3 月 7 日，温州地委明确指示："包产到户不能试，一律停下来。燎原社也要停。农民单干几千年了，没有出路，还试什么。"3月8日，永嘉县委作出了"彻底停止包产到户"的决议，但李云河没有屈服。6月，严重扩大化的反右派斗争开始了。浙江省委向永嘉派出了工作组，帮助县委整风。7月31日，《浙南大众报》发表了《打倒"包产到户"保护合作社》的社论，随后一张张大字报就铺天盖地向李桂茂、李云河和戴浩天扑来。大字报从永嘉贴到温州甚至杭州红楼省政府招待所。永嘉县包产到户的联产责任制的这一场烈火被彻底扑灭了。随之，一顶顶帽子就压向这批包产到户的积极倡导者、推行者。

这就是1956年至1957年中国农民第一次实践包产到户的结局。

6 三次上书党中央的民主同盟会员

　　我国自从实行土地集体所有制之后，基层"包产到户"一直在勇敢地进行着，声势浩大的反右斗争，永嘉县包产到户，按劳分粮的责任制"寿终正寝"后，到了"三分天灾，七分人祸"的三年困难时期，1961年3月，安徽省委根据农民的要求，提出"定产到田，责任到队"的田间管理责任制，到当年秋天，安徽实行这个办法的生产队占到了85.4%。同年9月，毛泽东提议把人民公社的基本核算单位下放到生产小队之后，他认为，这就可以解决农村问题，就不要搞责任田了。这年12月，毛泽东向安徽省委书记曾希圣表示了这个意见。于是，中国农民群众的家庭联产承包责任制的创造，再一次被压了下来。而且这一次是毛泽东亲自压下去的。此后，包产到户的责任制问题被作为"单干风"看待。安徽省委书记曾希圣也在1962年的七千人大会上受到批评。1962年3月，安徽省委扩大会议作出决议，承认"责任田"实际上是"包产到户"，在方向上是错误的。

从此，"承包田""责任制"谁也不敢再提起。到了"文革"时期，"家庭联产承包责任制"成了典型的"资本主义"，受到了广泛批判。

在土地家庭联产承包责任制取得伟大成就的今天，我们回顾那段道路开创的艰难岁月，谈起这段历程，对于探路者、开创者，我们应当永远记住他们。《光明日报》原副总编辑，现任中央文史研究馆馆员的赵德润在2008年采写的《政府参事的楷模——郭崇毅》中披露了我国农村走上家庭联产承包责任制中一段鲜为人知的历史。

28年前的春夏之交，中国改革开放的总设计师邓小平在一篇重要谈话中，为当时颇有争议的安徽农村改革作了结论："农村政策放宽以后，一些适宜包产到户的地方搞了包产到户，效果很好，变化很快。安徽肥西县绝大多数生产队搞了包产到户，增产幅度很大。'凤阳花鼓'中唱的那个凤阳县，绝大多数生产队搞起了大包干，也是一年翻身，改变面貌。"

安徽省政府负责人在一次座谈会上动情地说："谈起安徽农村改革，不能不想起一位可敬的老人，他不顾个人安危，凭着敏锐的政治洞察力和大量调研得来的第一手材料，冒着巨大的政治风险，连续三次上书中央，直言进谏，其胆识令人敬佩。他为农村改革所作的贡献，安徽人民是不会忘记的！"

这位老人，就是最早向中央反映农村包产到户、为中央决策提供重要参考的民主同盟会员郭崇毅。

1978年，安徽合肥地区遭遇百年罕见的大旱，从春盼到夏，从夏盼到秋，没盼来一场透雨，晚稻颗粒无收，农民心急如焚。肥西县山南区委书记汤茂林按照省委"借地种保命麦"的指示，联系山南实际进一步放大胆子，将"借"字改为"分"字，把土地分包到农户，抢种保命麦。"借"与"分"一字之差，似乎比多少动员报告都灵验，全区男女老少夜以继日地挑水点种，硬是在一个月内抢种小麦10万多亩，油菜4.8万亩，占全区耕地面积80%以上。

第二年夏季，山南区获得历史上从未有过的大丰收。麦收时节，安徽省政府参事郭崇毅满怀喜悦回到山南家乡。他走村串户，查看实情。看到家家户户门前都是麦堆，有的农户用大被单缝成装麦的口袋，有的把麦堆在床上。夏季收获这么多粮食，连最精明的农民也始料不及。几个正在插秧的青年听说郭崇毅是省里来的干部，便说："要是政府信得过，把田分给我们，保证年年丰收，给国家多交粮食！"

这位曾受到毛泽东主席接见的民盟会员，萌生了一种使命感和责任感。山南区党委冒着风险闯出的路子，虽不为红头文件所允许，却分明抓住了真理。如果广大农村把生产关系调整到适合生产力发展水平，那该产生多么巨大的物质力量！他奋笔疾书赶写调查报告，要把山南的火种保护下来！

1979年6月19日，郭崇毅的调查报告《关于参观肥西县午季（夏季）大丰收情况的报告》，八千多字几乎是一气呵成。他满怀热情地记述了生产责任到户、夏粮成倍增长的生动景象；用令人信服的事实说明了包产到户与"大呼隆"形成的鲜明对比；介绍了丰收后个人、集体、国家各得其所，五保四属得到妥善安排；重点剖析了"包产只能包到组，不能到户，到组还是社会主义，到户就是资本主义"和"只要土地是集体的，按国家计划生产、分配，包产到户还是社会主义集体经济，不是资本主义"两种意见的是与非；建议领导部门和理论机构及时研究解答实践中提出的理论问题，总结包产到户的成功经验。

报告得到安徽省政府秘书长郑淮舟的支持，但他们共同感到事关重大，绝非一省一地所能解决；而省委深得人心的改革当时正引起上上下下不同的议论。于是郭崇毅拿定主意，要到北京直接向党中央反映，让最高决策者了解农村真实情况，了解农民对自主经营土地的企盼。

1977 年 7 月 1 日，郭崇毅选了个"吉日"进京上书。然而接待他的干部和亲友都给他泼冷水：红头文件明明写着"不许包产到户，不许分田单干"，这不是往枪口上撞吗？几经周折之后，老战友蒋树民指点他到中央制定农业政策的参谋部门——中国社会科学院农业经济研究所去试试。

郭崇毅找到位于阜成门外北小街 2 号的农业经济研究所，王耕今所长和几位研究员热情接待了他。郭崇毅介绍了报告内容，阐述了当前农村不改革生产关系别无出路。他加重语气说："你们研究农业，要能到我们肥西去调研，写一篇报告，说明农业责任到户并不改变社会主义性质，那真是字字黄金!"王所长接过报告，嘱咐他三天后听回音。

三天后，郭崇毅大喜过望地得知，报告已经中央办公厅上报中央，中央领导同志给安徽省委打电话支持农民的首创精神。郭崇毅长出一口气，感到一身轻松：总算尽到了自己的职责。

然而，7月28日回到合肥，郭崇毅的神经又紧张起来。原来在他进京上书期间，肥西县委7月16日正式下发46号文件："县委研究决定，重申不许划小核算单位，不许分田单干，不许包产到户。已经包产到户的生产队，要重新组织起来。"郭崇毅赶紧把报告通过省农委政策研究室主任周曰礼报送省委。8月1日，省委《政策研究》加按语全文刊登。8月3日，当时的省委书记万里同志在省委常委会研究农业问题，会上他一条一条念郭崇毅的报告，称赞说："郭崇毅的观点是马克思主义的，报告的意见对的，我们共产党人要向这位党外朋友学习。"会后，分管农业的书记和政策研究室主任直接到肥西，纠正了压制包产到户的错误做法。肥西县委又发出50号文件，允许继续推行包产到户。1977年底，肥西农村97%的村将土地包给了农户。

这一年8月，郭崇毅又应中国社科院农经所之约，写出《责任到户的性质及其有关问题》，对包产到户从理论上加以阐述，分析了"不必要的十大忧虑"，安徽省委印成单行本发到全省；11月，又根据在六安地区的调查写出《关于六安地区七县农业生产责任制的报告》，由中国社科院农经所印发，报送中央参阅。

1980 年 5 月 31 日，邓小平讲话了。他在一次关于农村政策问题的重要谈话中，充分肯定了安徽肥西县包产到户和凤阳县的大包干。8 月 16 日，郭崇毅给邓小平等中央领导同志写信，"恳切请求中央将农业文件中'也不要包产到户'一段，改为'生产队采取哪种形式生产责任制，由社员自行讨论决定'"，"在中央一再号召要按经济规律办事的同时，如果仍然由上面硬压着不准责任到户，反而会造成一些不必要的混乱与损失"。

1980 年 9 月，中共中央发布 75 号文件，农业生产责任制正式写进中央红头文件。由安徽肥西、凤阳等地点起的我国农村改革的星星之火，迅猛燃遍全国农村。郭崇毅五个月内三次上书中央，他要让最高决策者了解农村的真实情况，了解农民对自主经营土地的企盼，让农村改革星火燎原。

7 浙江省金华地区党委书记厉德馨

全国农村改革如钱江潮般汹涌而来，1980年9月14日至22日，党中央把各省、自治区、直辖市党委书记请到了北京。对全国农村出现的新情况、新问题，大家畅所欲言、各抒己见，特别是对多种形式生产责任制作了充分的肯定。9天的座谈会，最后形成了《关于进一步加强和完善农业生产责任制的几个问题》，并以中共中央文件的形式转发全国各省、自治区、直辖市党委。

随即，浙江省委在10月下旬召开全省11个地市党委书记会议。在讨论中，绝大多数同志对家庭联产承包责任制表示赞同。但也有个别同志思想有顾虑，说"辛辛苦苦30年，一夜倒退到49年"（指刚解放的1949年）。最后，当时的省委第一书记铁瑛讲了话，他说，建立多种形式生产责任制要解放思想，大胆探索。第二天，省委内有位领导对家庭联产承包责任制提出一些不同想法。最后，省委把铁瑛同志的讲话稿从各位代表那里收拢回来，修改之后再下发。浙江省以"家庭联产承包责任制"为主要内容的农村改革，推进一直缓慢。

1981 年，农业部长林乎加组织工作组深入安徽农村调研。浙江省委副秘书长厉德馨被点名参加调研组。他们到了大包干的发源地——安徽肥西县和凤阳小岗村。安徽考察结束后，调研组又回到浙江，对嘉兴、宁波、金华和杭州进行了考察。考察结束，事实深深打动了这位深知农村工作，又肯于思考的浙江省委副秘书长——厉德馨。他深思熟虑后写出了《关于农村生产责任制几个问题的研究》。这篇文章在 1981 年 7 月 10 日《浙江日报》上发表后，全省农村震动了。铁瑛同志看了这篇文章，随即对秘书说："厉德馨同志的观点站得住，他对农业生产责任制的问题的认识是深刻的。"

厉德馨的文章公开发表 3 个星期后，也就是 8 月初的一天，浙江省委、省政府两个一把手——铁瑛第一书记和李丰平省长两人一起找厉德馨谈话，也就是征求厉德馨的意见。问这位铁嘴和铁笔杆愿不愿意到金华去当地委书记，去点土地家庭联产承包责任制这把火。

厉德馨在一篇文章中曾写道："也就是这时，一个机遇从天而降，我一下子回答不上来，那年我 62 岁，有老年慢性支气管炎，肺气肿，让我离开安全的家庭，去当快乐的单身汉。而且我长期当助手，现在让我独当一面，我有点顾虑。但我转念一想，地委书记是一个有相当实践权的岗位，说不定有机会把我原来对农村改革的种种思考，付诸实践，原来都是纸上谈兵，现在有机会真刀真枪干。所以，第二天我就上报省委，我愿意去试试。"

8月26日，厉德馨动身去了金华，车到兰溪停下了，他立马深入调研，5天后的9月1日，省委第一书记铁瑛就赶到了金华，急切地想听厉德馨的意见。厉德馨则向铁瑛书记汇报意见，他直言不讳地说："我们各级领导不能和群众去'顶牛'了，要立即停止对包产到户的不当做法。"铁瑛鼓励厉德馨说："金华做好样子，全省推广。"

有了省委第一书记撑腰，厉德馨胆子更大了，他忙着去了常山、开化、磐安、武义等地寻找典型。9月18日，金华地委把13个县的近400个乡镇党委书记，请到了金华地委礼堂。大会开始，常山县五里公社五里大队等7个大队、公社实行包产到户，取得农业丰收的先进典型在大会上发了言。会场一下子轰动了。过去分田单干批判的对象怎么一下变成了今天的先进典型，有人恍然大悟，中央农村改革的春风吹进了金华的黄土丘陵了。知道金华新一届地委要真刀真枪干了。但有的人觉得不可思议，难道风向真的变了？

7位基层乡镇党委书记、大队党支部书记发言后，休息10分钟。大会继续开始，号称浙江省委铁嘴的金华地委书记厉德馨刚上任33天，他开始在大会上讲话了。全场肃静。厉德馨先申明说："会上不要记录，会后请办公室根据录音整理好发给大家。"他言下之意，是告诉大家一是要边听边思考，二是讲话算数放开说。那天的厉德馨书记不是讲话，而是发表演说，他的讲话没有讲稿，只有一本笔记本，这本笔记本渗透着他三年的心血，他从1979年开始就不断收集党中央和全国各地土地承包责任制的资料，并记录了各地调查的真情实况。台下的地、县、乡镇三级大小书记们只见这位省里下来的书记在笔记本上翻来覆去，话是滔滔不绝。事后，厉德馨在省里一次座谈会上说："那次对包产的很多论点、论据和表述方式在我脑海中已经滚瓜烂熟了，可谓是我一生中最精彩的一次讲话。"

厉德馨在这次讲话中，讲了30年农村改革的经验教训，历数了人民公社"队为基础，三级所有"的种种弊端，大家听了都觉得言之有理、言之有物。同时，他又全面地阐述了各种形式的责任制的内涵和利弊，强调把责任制的选择权真正交给社员，此外，他还着重讲了群众观点和群众路线的工作方法。

这个讲话和会议开始介绍的七个典型一结合，使与会者明白了会议的主题。

在小组讨论中，金华地委行政公署几乎所有书记、专员及两办的同志都去听，并要求各位参与同志好话、坏话都要听，都要汇报，不准打折扣。得到的反馈是大多数人赞成。他们知道，群众大多数是拥护包产、包干到户的。再跟群众"顶牛"是不会有好结果的，包产、包干到户，势在必行。对厉德馨的讲话，基层书记们反映："以前听上面的不准搞，听群众的一定要搞，干部夹在中间，'老鼠钻风箱，两头受气'，工作越来越难做。上面一会儿要放，一会儿要收，干部只好当'小炉匠'，自己打自己的嘴巴。这下好了，上下一致了。我们工作也好做了，日子也好过了。"但也有许多干部不赞成，而且很反感："辛辛苦苦 30 年，一下退到 51 年（指 1951 年）。"意思是几十年的工作都白干了。更有甚者，他们责问："地委这样讲，省委是什么态度，出了问题谁承担责任？"还说："这不是'分田单干'是什么？中国'小农经济'搞了几千年，农民富裕了没有？"表现得很气愤，很理直气壮。

而厉德馨对这种反映很淡定，很满意。在会议结束前，厉德馨一再说明："想通了就干，出了问题责任由地委负。意见不同的暂时可以不干，地委不强求一致，不作硬性规定，不会因此处罚任何人。"当时兰溪和义乌的县委书记表示还要再看看，当时厉德馨书记就对他们说："可以，我们等你们。"

会议结束了，全地区组织上万名干部到农村去，宣讲会议精神，宣讲地委文件，一下子干柴碰到烈火，到当年 11 月中旬，70%—80% 的生产队已承包下去，并在冬种中显示出明显的效果。那年冬季多雨，但冬种面积扩大，质量也好。这时候，一些按兵不动的县、区、社感到"顶不住"了，向地委作检讨，表示也要"包"了。地委的态度一如当初，想通了自愿干的就干！还有一些地方，到春节前也"认输"了。至 1982年春节前，95% 以上的生产队均实现了承包到户，从开始到结束历时不到 5 个月。

厉德馨说："一场关系全局、牵动千家万户的重大改革，为什么能够在那么短的时间顺利完成，而且大乱子、中乱子、小乱子都没有出？最根本的是广大农民经过了长时间的磨难和摸索，深知只有改变现状，实行包产到户才有希望。他们的这种愿望，在以前一次又一次地被压下去，现在上面松口了，提倡了，他们就立即行动起来，破除旧体制，建立新生活。"

厉德馨在一次讲话中说：这次农村改革大潮的效果，用"立竿见影"来形容绝不过分。

1982 年的金华地区（包括现在的金华、衢州两市），粮食总产量由 50 亿斤一下子跳到了 60 亿斤。一年增产 10 亿斤，这是历史上从来没有过的。从新中国成立到 1981 年的 30 多年间，全区基本上是平均每 10 年增加 10 亿斤粮食。改革以后，真正是一年等于 10 年，当年就出现了卖粮难。在这以前，多数县都讲统购粮基数过高，负担太重，要求调整。到 1982 年底，这种情况就彻底改变了，不是要求减购，而是要求增购，农民为了卖粮而整夜排队。人还是那些人，田还是那些田，各种农业设施也没有发生变化，为什么粮食增产那么多？没有别的原因，就是包产到户后农民种田有了自主权，家庭有了经营权，因而劳动热情高涨，主动性得到充分发挥，向田里投入的劳动力和资金都大大增加。金华是双季稻种植地区，过去为了解决晚稻插秧不过关这个问题，各级领导不知道想了多少办法，却从来没有成功。而 1982 年，离立秋还有近一个星期，农村已经"关秧门"——插秧结束。还有一种插秧方法叫"东西向长方形"，俗称"屁股转个向，增产百斤粮"，以前也多次推广，但农民不响应。承包到户后，农民自发地用这种插秧法，当年就有 30%—40% 的早稻种植采用了这种插秧法。这说明农民应用科学种田方法的积极性也空前高涨。

当时金华公开倡导搞包产到户，争议很大，中央、省里意见也不统一，浙江其他地区可以说基本都反对，温州当时是农民搞，党委政府睁一只眼闭一只眼，丽水地委书记偷偷找到厉德馨，问："厉书记这样搞能行吗？"直到1983年中央文件明确提出了家庭联产承包制是在党的领导下我国农民的伟大创造，这场争论才告一段落。

在接受我们采访时，厉德馨还讲了金华农村许多改革的故事。

现在很多人已经不知道，在改革开放以前，城市居民是吃不到活鱼的，因为统购统销，活鱼都要冰冻在冷库，只有在节假日才能供应。义乌有座凤凰山，村支书孙荣福要承包小山头养鱼，上面认为他原来是造反派，不能承包，厉德馨听说后觉得挺新鲜，山上能挖塘养鱼，而且要活鱼上市？厉德馨当即表示："你们告诉义乌县委，就说我坚决支持。造反派和承包土地有什么关系？这简直是笑话。"

第二年，凤凰山的活鱼上市，结束了义乌当地市民没有活鱼吃的历史，也就是这个农民，后来还突破了人工喂养娃娃鱼的技术难题，获得了巨大的成功。

义乌后来成为中国的小商品城，现在已经成为国际化的城市，也就是从农民在马路边摆地摊开始的。当时社会上的争论也很大，是资本主义还是社会主义，县委吃不准，跑来问厉德馨，厉德馨回答："先不管什么主义，关键是对农民有没有好处，有好处就搞。"后来的义乌，就成了今天的义乌。

还有永康，当地很多农民都有加工小五金的传统，厉德馨在永康调研时说，永康要从提倡"墁塘之路"开始，号召家家户户办工业，现在的永康可以说是中国的五金城，获得了巨大的成功。

中国的农民其实非常聪明，他们不但创造了家庭联产承包责任制，他们在其他很多方面的创造力也超乎我们想象。

8 "五里"翻身记[*]

常山县五里公社五里大队，在"文革"期间，最多的一年开出过 1200 多张《讨饭证明》，出外讨饭的人占全大队人口的 76%。但这个大队落实了"双包"生产责任制后的一两年内，便摘掉了贫穷的帽子，实现大翻身！

吃尽"左"的苦头

五里大队依山傍水，土地肥沃，具有宜林宜粮、发展多种经营的优越自然条件。50 年代，这里山清水秀，林茂粮丰。当时的五里农业社曾被评为全县的农业生产先进单位，社长刘连法两次出席省劳动模范大会。1957 年以后，由于"左"倾错误的影响，这里的农业生产受到严重的损害。特别是到了"文

---

* 常山县五里村承包责任制的典型，在 1981 年 9 月 28 日金华地委召开的全地区乡镇党委书记大会上发言后引起很大的反响。作者 1982 年采写并全文刊登在当年 10 月 5 日的《金华日报》上，编入 1983 年浙江人民出版社出版的《迈向富裕之路》的开篇。时任金华地委书记的厉德馨同志为该书作了序。

革"期间，生产力遭到更为严重的破坏。1967 年夏天，五里先遭水灾，继遭旱灾，当时"造反派"层层夺权，各级党组织处于瘫痪状态。天灾加人祸，迫使这里的许多社员重新拾起曾经用来进行阶级教育的讨饭棍，离乡背井，四处求生。社会主义社会里居然还有大批人外出讨饭，当时被认为是"阶级斗争新动向"，是给"文化大革命"抹黑。批斗会开了一次又一次。然而风头一过，他们又操起讨饭棍出走了。这是什么缘故呢？说来很简单，"左"的错误越严重，五里人民的肚子越加空。

那时干活"大呼隆"，几十个人一起劳动，吃了早饭还不知道上午干什么农活。有一年春耕开始后，第四生产队社员你等我，我等你，七等八等，八九点钟才派好工，派去撒石灰的一位社员，九点才赶到仓库，心急慌忙挑出一担上好面粉到田里，端起畚箕，三下五除二就把一担上好面粉当石灰撒掉了。社员在生产上没有话语权，干活就不会负责任。那时分配上实行平均主义，多劳不能多得，把人的积极性都搞光了。一年秋季，社员去收花生，连箩筐也不带。地里花生长得稀稀拉拉，收拣花生的男女老少却密密麻麻。大家肚子饿，边收边吃，收吃并举。俗话说，"山宽不如灶膛宽，田广哪有嘴巴大"。大家都吃大锅饭，再厚的家底也要吃空，何况五里已是穷地方。就这样，农民对土地的感情越来越淡薄，劳动积极性越来越低，田越种越瘦，产量越来越低，人均口粮只有 300 多斤，有一年甚至只有 201 斤。人均年收入只有三四十元，有一年每 10 个工分只值 9 分钱。

至于家庭副业和多种经营，更在批判之列。那时大队有个规定，凡是社员自留地上种的橘树，长到七尺高就得收归集体所有。大队特制一根竹竿，逢冬丈量，毫不手软。社员不甘心将壮龄橘树归公，偷偷地把根部挖空，让它慢慢枯死。这种不可思议的事情，在这个大队竟持续发生了十几年，年产柑橘从合作化初期的 86 万斤跌到两三万斤，最低的年份只有 2000 多斤。弄得橘子张口可接的橘乡人民，连饱眼福的橘子都几乎没有了。

社员从集体分配和家庭副业这里解决不了温饱，外出讨饭就避免不了。这个 400 多户，1600 多人的大队，最多的时候仅一年就发出《讨饭证明》1200 多张。五里人民吃"左"的苦头，真是吃到了头。

粉碎"四人帮"以后，五里大队人民的疾苦引起了省、地、县领导的关注。1978 年县委派出工作组，带着国家拨给这个大队的一万元救济款、两万元生产资金、十五万斤救济粮来到这里。然而，"救急容易救贫难"，五里人民吃完了救济粮，花完了救济款，又返回了原路。一位老农沉痛地说："不想办法挖掉穷根，光靠国家救济，有个完吗？"

1979 年，五里公社的一位党委副书记，出于一个共产党员对人民事业的高度责任感，怀着对五里人民的无限同情，自告奋勇，来到这个大队兼任党支部书记。他每天比任何人都起得早，睡得晚，晴天一身汗，雨天一身泥，人熬瘦了，眼熬红了。但是由于长期形成的"左"的框框仍然束缚着人们的头脑，农业管理体制上"大呼隆"、"大锅饭"的弊病没有根本清除，他操碎了心也没有打开五里人民的心扉，五里的变化微乎其微。

在事实面前，人们开始思索，开始醒悟：治穷必须挖根。五里人民前几年既然因"左"而挨穷，那么，就得从纠"左"着手！

探索治贫之路

从这里到1980年夏，随着党中央关于农业改革的几个文件直接和广大农民见面，"左"的思想影响逐步得到清除，五里人民的心才开始复苏。那年双夏，第十一生产队有十多亩亩产可达六七百斤的早稻，过了立秋还没有收割，晚熟还有许多没有种下。社员们着急了。大家商量着，要将三十多户辦成四个操作组（分为小小队）。社员觉得这样化大为小，化整为零，七八户人在一块儿劳动比较自由，分配也比较方便；可是上面派到这里来的工作组，却怕"一枝动百枝摇"，影响其他生产队"所有制"的稳定，不同意。社员刘云海手拿刊登着《安徽凤阳大包干带来大变化》的《人民日报》与工作组评理，工作组才决定先在第九生产队搞划分操作组试点，待取得经验，再在全大队推开。他们认为即使失败了，损失也只是一个队，问题不大。其他14个生产队的社员闻讯后也都自动搞了起来，那年冬季，全大队分成了45个操作组。

比起生产队来，分操作组劳动是方便了一些，效果也比较显著。1980年冬种的进度和质量比以往任何一年都要快要好。可是，"大呼隆"变成"小呼隆"、"大锅饭"改成"二锅饭"，平均主义未根本克服，还是不符合广大社员的心愿。大家都在想，中央文件讲得明明白白，"三靠"地区可以实行包产到户、包干到户责任制，我们五里大队1967年起年年吃国家的救济粮，一共吃了102.7万多斤，国家给我们先后贷款5.5万元，是"标准"的"三靠"队。既然中央允许搞"双包"，大家愿意搞"双包"，我们五里大队就应该搞"双包"。在一段时间里，围绕着搞不搞"双包"责任制，461户农民，家里议，田头议，随时随地开展辩论，社员还找干部讲理，闹起包产到户的"风潮"来。

　　1981年2月下旬的一天晚上，大队会议室里召开共产党员和生产队长会议，但门口、窗口、走廊里都挤满了社员群众，干部会变成群众大会。这是一个决定着五里人向何处去，五里人能否富起来的"非常会议"。会议室里讨论十分热烈，分不清哪句话是谁说的。有的说："田包到户，地包到户，再种不出粮食，饿肚子，我头着地在五里村走三圈！"有的说："我们五里前几年是穷了点，但并不说明我们五里人无能。我们又不比别人少条胳膊少条腿，只要把田包到户种，人人使劲，户户争光，保证一年之内就能改变面貌。"也有人担心："包产到户好是好，就怕不符合社会主义道路，穷的穷，富的富，各管各，出现两极分化。"对此，有的社员回答得非常干脆："我们五里社员已经穷得一贫如洗了，要分化，也不会分到哪里去。我们要的是吃饱肚子的社会主义，不要饿着肚子的社会主义。"会议一直开到深夜一点钟，社员还不肯散去。

这种热烈的场面引起了大队党支部的深思。支部对过去的历史作了认真的回顾。当初五里实行互助组、合作社，农民自觉自愿，生产劲头足，合作社还被评为先进社。后来，初级社还未站稳脚跟就升到了高级社，继而大办人民公社。起初搞评工记分，后来搞政治评分，再到后来干脆只画圈圈，自留地上的橘树都要收归集体所有。从形式上看，劳动组织越来越大，集体化程度越来越高，越来越符合"社会主义标准"。可是，群众没有积极性，干部没有这个管理水平，结果是离社会主义越来越远。比如穿鞋走路，大脚穿小鞋，受不了；小脚穿大鞋，也走不了路。什么样的脚穿什么样的鞋，鞋脚适合才能走得快。因此，大队党支部根据大多数干部群众的意愿，作出了实行包干到户责任制的决定。

五里人民说干就干，在不到一个月时间里，全大队820亩山，640亩耕地，7303株柑橘，按人口或劳动力比例，全部承包到户。到了下半年，在上级领导的帮助下，作了进一步的完善，签订了包干到户的承包合同。从此，干部与群众想到一块儿，责任制形式与生产力水平适应，鞋与脚统一，五里人民起跑了。

灵验的"包"字药

包产田、包产地、包产橘，犹如磁铁，吸住了五里人民，漂流在外地的社员相继回到故乡。第十四队社员刘水标外出讨饭14年，听说队里包干到户，赶忙跑回家，头天分到责任田，第二天就外出调换良种。在包干到户后的20天内，五里社员从外地调回或购进良种15000斤。为了筹集资金，添置农具，社员们四处奔走，多方借贷。刘必胜兄弟7个，6个打"光棍"，节衣缩食，积蓄多年，原想为其中一个兄弟讨上老婆。这次分来责任田，缺少资金，他们就把这笔钱垫上，再向亲戚家借来400元，买来了一头耕牛。春耕开始，不知五里大队社员哪里来的力量，神奇般地买进耕牛23头，喷雾器28架和一批化肥农药。辛勤的耕耘、有效的投入，换来了五里大队前所未有的好收成。1981年粮食总产达到126万斤，比1980年增长54%，人均口粮达到510斤，首次向国家出售加价粮35000斤。1982年，虽然遭到与1967年规模相当的水灾，200多亩水稻被洪水淹没，但是包干到户责任制自有回天力，粮食不仅没减产，反而增至142.4万斤，向国家提供商品粮16万斤。

两年提供19.5万斤商品粮，这在其他大队可能是一个微不足道的数字，可是，在五里却是一个值得大书特书的数字。因为，同是一块地，同是一片天，同是这些人，前14年吃"大锅饭"，不仅无商品粮可言，反而吃了国家一百多万斤救济粮，还要外出讨饭，实行大包干后的两年，人人填饱了肚子，再不需颠沛流离，居然还能对国家作贡献。1982年有20多户农户盖起了新房。大队专门为两位孤寡老人办起敬老院。今日的五里不仅深深地吸引住本队的社员，还吸引着外村的姑娘。原来全大队男青壮年中有 420 条"光棍"，1982 年就飞进了 30 多只"金凤凰"。前面提到的那个刘必胜兄弟，已盖了两幢新房，32 岁的老五结了婚，29 岁的老七也定了亲。他们高兴得逢人便说："中央一帖'包'字药，治好我们贫困病，为五里开出一道富裕门。"

物质生活提高后，人的精神面貌也发生前所未有的变化。大队专门成立"扶贫"小组，共产党员建立联系户制度，帮助一些困难户种好责任田。1982 年 9 月 12 日，刘十五、刘仁叶两户社员家不幸遭受火灾，全大队社员有钱出钱，有粮送粮，有物献物，纷纷支援他们，短短半天时间，这两户社员就收到大米 1009 斤，稻谷 617 斤，衣裤鞋帽 87 件，人民币 16 元。胡水菊背着半箩筐大米来到受灾户，这两户怎么也不肯收她的米："你家吃口重，还是留着吧！""要是过去，叫我拿一斤米都难，这两年粮食增产，日子好过了，你们受灾，我们应该帮着点嘛！"胡水菊边说边把大米倒进受灾户家的临时米柜。

自从柑橘承包到户以后，各家各户都加强了培育管理，原有的高龄橘树像熟知人意似的焕发了"青春"。1981 年和 1982 年又新栽橘树 21000 株，这样平均每户就拥有 80 株，并且出现一批种橘 200 株的重点户。人们十分乐观地计算着，到 1985 年柑橘就能破 86 万斤的历史最高纪录，1990 年柑橘产量可再往上翻一番，五里人民想想这些，对未来充满着信心，都说："好日子还在后头呢！"

三　挑战"三农"报告(一)

水、空气和大地是人类生存的三大要素，民以食为天，人们在解决温饱之后，追求的是更高、更好的生活水准。新中国建立后的 67 个春秋，在探索社会主义救中国的路上，到了 20 世纪 70 年代末，来到了农业农村农民"三农"道路的三岔路口，党的十一届三中全会指明了方向，9 亿多中国农民才真正摆脱了贫穷，解决了温饱，逐渐走上了小康路。但农村发展在经历了几年短暂的繁荣之后，又很快陷入了停滞。20 世纪 90 年代以来，以家庭联产承包责任制为主要内容的小农经济已经不能解放生产力、发展生产力，提高农业生产能力，改善农业生产条件，推进新时代农业现代化，"三农"问题自然也由此逐渐凸显出来。

从 1981 年到 1985 年，我国的粮食产量年年创下了新高，这一时期，农业实现快速发展的根本动力，来源于人民公社转变到家庭联产承包责任制这一生产方式的根本变革。在经历了几年短暂的繁荣之后，很快就陷入了徘徊和停滞。但由于乡镇企业的兴起，特别是浙江省农民的勤劳和智慧，农民的人均可支配收入从 1984 年开始领先全国各省区以来，已连续达 32 年。

但纯农业生产仍不如人意。（见附表1）

附表1充分表明，以家庭土地承包责任制为主要内容的小农经济是解决中国农村农民温饱问题的一条捷径，但要实现新时代农业现代化，全面迈入小康，达到共同富裕，小农经济的弊端就充分地显露出来了。

附表 1　浙江粮食产量和农民人均收入表

年份	粮食总产量（万吨）	粮地亩产（公斤）	农民人均收入（元）	备注
1949	430.05	170	47	共产党执政开始
1978	1467.20	628	165	改革起跑线
1984	1817.15	790	466	改革后的黄金年
1985	1621.69	746	548	农业徘徊
1986	1605.09	750	609	农业徘徊
1987	1588.99	739	725	农业徘徊
1988	1553.64	724	902	农业徘徊
1989	1554.28	720	1010	农业徘徊
1990	1586	735	1099	农业徘徊

9 一位全国劳动模范的无奈选择

担任大队长的洪四火听说公社要实行土地承包，由农家自己耕种了，这位在常山县同弓公社下东山大队的种田能手心想，自己可以在责任田里搞试验，夺高产了。1982 年晚稻收割后，刚过不惑之年的洪四火拿着卷尺，带领干部社员把全村的田全分了。他一家分到七亩三分六厘承包田。这位当过生产队长的汉子，年底大积土杂肥，烧了焦泥灰，当年留好秧田外，在责任田里全部种上小麦。第二年，双季稻又采用了杂交优良品种。1983 年"双抢"季节，东山畈的农民割稻越割心越欢，家家户户喜获丰收。当年，洪四火家的承包田，实现优种优法，亩产达 1500 公斤，比其他农户亩产超出 500 公斤，一下子成为常山县的种田状元。

洪四火自己责任田里高产攻关取得丰收后，更赢得了全大队党员干部的信任。1984 年春，村党支部改选，村里共有 12 名党员，洪四火以 11 票高票当选村党支部书记。洪四火自从当上党支部书记后，干事就更顺手了。他想到自己有一技之长，又是村党支部书记，有带领全村人共同致富的责任和使命，当年他承包了全村114户430亩农田的技术指导任务，他收集资料、自编教材，向农民传授科学种田技术，当年全村的农田，全部实现麦、稻、稻三熟制，结果全大队的430多亩农田，亩产突破了1500公斤，当年增产粮食20多万公斤，每亩节约种子7.5公斤。而洪四火每天起早贪黑跑田头，只收农户每亩一元钱的服务费。贫困家庭，他实行免费服务。下东山大队，连续4年亩产超过1500公斤，最高亩产达到了1792.7公斤。1986年，下东山向国家交商品粮26.5万公斤，连续6年获得常山县粮食丰收奖。洪四火丰收不忘国家，年年超额完成粮食征购任务。1983年至1988年，洪四火一家共出售商品粮25225公斤，6年共超额完成粮食交售任务18955公斤。

自从土地实行家庭联产承包责任制后，下东山村的干部群众精神面貌焕然一新，特别是洪四火，为老百姓服务热心，更赢得了老百姓的信任。他又组织劳动力，在没有承包到户的2000亩荒山上，营造杉木林500亩，马尾松500亩，柑橘200亩，黄桃38.5亩。1989年，洪四火被评为全国劳动模范。当年10月他赴京领奖，受到了邓小平、江泽民等中央领导的接见。

地处江西、浙江两省交界的常山县，这里信息闭塞，为了提高家庭收入，追求新的生活，青年人纷纷走出家门，到杭州、宁波、温州打工去了。责任田开始抛荒了，1990年，下东山村党支部改选，全村党员又一致推选洪四火担任党支部书记，但洪四火思考再三，找到了乡党委书记说："我从1971年开始当生产队长起，已干了将近20年，现在土地全分了，人心也散了，劳动力也走了。我该做的事也完成了，党支部书记职位也该让了。"

乡党委书记对洪四火说："你今年刚年过50岁，在村上威望高，有技术，再干一届吧。"洪四火很无奈地说："村上能干的人都去城里打工了，粮食多了，出现了卖粮难后，很多土地又大量抛荒了，我的种田技术也无用了。您还是让我下吧！"

乡党委书记见洪四火真心推辞，同弓乡党委作了专门研究，同意了下东山村党支部重新改选。

一个全国劳动模范，又是一位种田好手，"五十五，出山虎"，洪四火年龄刚过50岁，他觉得自己在东山这片土地上已经"无用武之地了"，他选择了退出，可惜呀。

10　深山中的失地农民

　　地处浙江省龙游县中南部的溪口镇，这里耕地资源只有
2400 亩，而山林面积接近 11 万亩，是一个典型的山区农村乡
镇，这里盛产毛竹，毛竹林达到 71040 亩，前几年镇上做足了
毛竹的文章，但没几年靠毛竹发财的企业很快就垮了。我专门
踏访了溪口镇所在地溪口村。

　　也真巧，刚好碰上 20 世纪 70 年代就担任生产队长的方国
选。他是一个农村文化人，后来又到镇里当了干部，今年虽然
已年过古稀，但很健谈，他说："解放以来，快 70 年了，这 70
年中，哪个时期都很有特点，我们村 20 世纪 50 年代，就用上
了拖拉机，浙江省第一个女拖拉机手，就是我二姐方文选，后
来她评上了浙江省劳动模范。"

　　接着这位农村文化人从理论上探索了农业生产。他说：
"农业生产的每个阶段都具有不可分割的连续性，它的每一项
具体的劳动，都同最终产品有直接联系，而且各个环节上的劳
动技术含量都不一样。这就极难计算这些具体劳动在整个生产

过程中所占的份额，只有把生产过程中各项有效的具体劳动结合到一块，表现在这种产品上的数量或质量上，才能计算出效益。农业的这一基本特点，要求人们在进行每一项具体劳动时，都要想到如何获得更多更好的这种产品，如果生产者在从事某些具体劳动时，不明确自己的职责或利益，像过去那样把各项具体劳动变成工分，按劳动工分进行分配，人们在进行各项具体劳动时，就只考虑自己能得多少工分，不考虑最终产品的数量或质量；再者记工分也是极不合理的，比如种田插秧，技术的高低、男女的差异、年龄的大小、工作的态度等因素，对于插秧的速度和质量与稻子的生长，都将产生很大的影响。如果按底分，5分、7分、10分，给每个插秧者记工分计报酬，显然是不合理的。这样要搞好生产是很难设想的。因此，劳动时说什么这第一锄是给大队党支部书记挖的，第二锄是给大队长挖的，第三锄是给缺劳动力的农家挖的，第四、第五锄才是给自己挖的，出工不出力已成为'大呼隆'劳动的普遍现象。因此，生产队里的庄稼就是长不好，产量就是上不去，农民们就是粮食不够吃。"这位农村文化人又说："那时有些地方推行'三自一包'的政策，曾起到很好的效应，但时间不长，很快就成了资本主义、修正主义，受到了批判。"

这位农村文化人，又讲了土地家庭联产承包责任制后的生产情况。他说："这条新路子，为什么具有如此巨大的生命力？我们应该往生产的规律性去探求。我们知道，农业生产的一个基本特征，它的对象是有生命的，无论是动物还是植物都是如此，在当时的生产水平和科学技术水平下，无论是动物还是植物，都会受到自然因素的决定性影响。农业的这一特点，要求劳动者在生产过程中的每一件具体事情上，都要有充分的自主权或高度的负责精神，还得掌握好关键技术，以便对随时可能出现的情况，采取相应的对策和具体有效的措施。如果生产者不能灵活自主地解决生产过程中的各种问题，而像过去那样在很大范围内（通常是一个生产队）集中劳动，领导者把什么都揽下来，实行统一指导，那是无论怎样高明的领导人都难以做到的，而且很难避免指挥者犯强迫命令或瞎指挥的错误，最终导致措施失当，因此达不到增产的目的。"

相比之下，我们溪口村是1981年底土地承包到户的，我们第一生产队当时有180人，只有125亩耕地，当时我家四口人分到一亩二分农田、一亩一分山地。那时每家每户都把自己的责任田当作自己的孩子一样呵护。在生产队时，有的人说农药不会配，喷雾器不会背，田不会耕，而现在很多农家买来了耕牛，什么农活都学会了，粮食产量一年一年地往上蹿，过去粮食年年闹春荒，土地承包到户后，我们村几乎家家粮食都吃不完了。

这位农村文化人针对农村出现的新情况、新问题，又继续说："几年过去，特别是袁隆平的良种出现后，最后，随着城镇化的推进，农民工的进城，对土地是农民的命根子的情结已弱化、淡化了。土地抛荒、农田浪费已成为当前农村的普遍现象。我们溪口村原来学大寨开垦出来的500多亩山地梯田，如今，梯田全部荒芜掉了，野草丛生，稀稀拉拉长成了野毛竹林。我家承包来的一亩一分山地，现在也在这片野毛竹林中，这不是国家号召的正规退耕还林，而是农田直接长期荒芜造成的。还有一亩二分责任田也转包给了邻居，每年每亩只给一担谷，折合140元的承包租金。我是种了一辈子田的老农，看到这样下去，心疼呀！"

方国选这位已"古来稀"的长者，更可惜的是那500亩良田废弃了，他更是痛心啊！

刚跨入21世纪那年，毛竹加工生意十分兴隆，溪口镇政府就将溪口村第六、第七、第八三个生产组的500多亩良田，以每亩三万元的征用费全部征用下来，建立了溪口镇工业开发区，招商引资开展后，温州、福建甚至台湾的一个个老板都涌过来了，那几年老板发大财，当地的溪口人也得了利，那些年毛竹价格一年一个价，甚至一月一月地往上涨，最高每百斤的毛竹卖到43元，好的卖到44—45元。溪口山农毛竹越砍心里越喜，但随着市场的变化，竹器制品价格上不去，而且往下降。随着各级政府环境意识的增强，毛竹双氧水碳化等工艺和烧煤造成的污染已到非治不可的地步，竹制品转厂升级也难，一位山农砍了5万斤毛竹，除去成本只收了1000来块钱，山农毛竹也不砍了，很多企业老板钱赚了一笔也就拔腿走了，留下的只是一些破厂房和一批被污染掉的土地了。

溪口村第六、第七、第八三个生产组的300多位山里人，也成了失地农民，他们上访不断。

龙游县政府对这批失地农民无奈采取了一项特殊政策，这三个生产组，女的55岁、男的60岁以上的长者，每人分别一次性交纳3万元至5万元不等的养老保险后，他们每月就可领取1300元的社会保险费。300多人中，只有七八十人享受了这一特殊政策，解决了他们的后顾之忧。还有两百多人成了山坞中的失地农民，他们中的青壮年只能到龙游、衢州、杭州等地打工去了。今后路在何方？他们心中没底，只得走一步看一步了。

一个农村文化人深爱着自己生活的土地，他对新中国成立后，各个时期农业、农村、农民的特点都十分熟悉，他追求着新的生活，但更追求着新时代农业现代化，他这位生产队长的践行经历，使他既痛恨过去那种"大呼隆"缺乏科学性的集体生产模式，但对现在这种轻视农业、放弃农业，让大量土地抛荒的现象又感到无可奈何，只能心痛，特别是那种掠夺式的开发，造成大量的土地浪费、污染，他更感到惋惜和痛恨，他最后发出感叹："今后路在何方？只得走一步看一步了。"这给我们领导者提出一个问题：解决"三农"问题已是迫在眉睫了。

11 土地宁愿抛荒也不肯流转

在浙江、江苏、江西、贵州农村，甚至全国各地的农村，特别是江南东南沿海地区，在稻田谷穗"千重浪"的时期，在田野中还有不少杂草丛生的田块，荒着，干涸着，不种水稻，不种庄稼，他们的承包主人宁愿进城打工干苦力，也不愿将土地流转出去，收那每亩五六百元、七八百元的租金。他们说，这地荒着，是我的，什么时候回家，高兴起来挖挖地，种种菜，多休闲，多自由。流转出去，我看不到自己的地了，用地也不自由了。因此，农村承包土地抛荒已成了普遍现象。

在中国农业正快速迈入现代化的今天，农业的加速转型推进了土地流转，这是发展的必然。当前农村已形成代种经营、出租经营、转包经营、互换经营、入股经营等多种形式。流转经营有长期的，也有短期的，有的流转一两年，甚至一季作物。到 2014 年，全国承包土地流转经营已达 118.9 万亩，仅2014 年流转农地就达 33.66 万亩，比上年增加了 28.3%，但占全国土地总量的比例还是少之又少，全国承包地流转总面积仅占全国总量的万分之六点六。我们在浙江省兰溪市农村调研发现，土地流转大量用于渔场养殖业，真正进入粮棉种植业的土地还很少。土地流转从政府层面看，2009 年，兰溪市政府就号召各地粮食作物种植要实现土地流转，并下文规定：土地流转出户 5 年以上的政府每亩每年补贴 100 元，土地流转出户 15 年以上的政府每亩每年补助 200 元。政府这号召的力度可谓不小，但全兰溪市土地流转的面积却在缩小。近六年全兰溪市共流转承包种粮土地 47434 亩。2014 年，流转种粮土地签订合同只有 4510 亩。到 2014 年，全市流转土地种粮面积缩小到 17376 亩，将近 3 万亩种粮流转土地退了，流转面积只占全市 2014 年粮食种植面积 34.6 万亩的 5.02%。兰溪市土地流转工作在全国应当是先进的，但这项工作要继续往前推，难度也很大。

浙江省兰溪市上华街道王家坎村老党支部书记凭着自己的威望，前几年流转了一千多亩水田，老书记对这片水田进行了整合、排灌，道路实现了园田化，粮食产量提高了，效益增加了。但好景不长，老书记突然脑溢血得了痴呆症，儿子外出打工返乡接下这批流转田。但承包户纷纷退租，收回了承包田。两年后，老支书家流转的土地只剩下 600 来亩，而且这批园田化的田块又变得凌乱破碎，老支书的儿子严柏庆十分感叹地说："靠权力的农业现代化是不会实现的，要靠政策，靠集体来保障，才能实施大农业，才能实现新时代农业现代化。"

当前农村种田的主力军基本上是 60 岁以上的老农民，有的 70 岁以上的老农只是把种田作为一种养身娱乐，在自己家的那片责任田里种一点自己吃的口粮，单家独户种植农业仍是我国当前农村生产的主流形式。当前我国大多数农村家里都种有责任田，极个别种养殖大户在秋收时到种粮大户家，一次购回一年的口粮。闻名兰溪、金华的下孟村蔬菜合作社，该社已发展到 1300 多户，蔬菜土地面积已达到 18702 亩，这应该是一个规模很大的合作社。但只是一个统一规划、统一经销、统一管理的松散型的合作社。种什么菜由合作社安排，什么时候种菜，喷什么农药，由合作社统一进行技术指导，种子统一供应，收种统一安排。但土地还是各家各户自己经营着。种菜还是各家各户单独管理，没有形成一种大农业的蔬菜生产模式。造成这种状态的根子还是在于土地是由各家各户单独经营的，这样的经营模式很难实现新时代农业现代化。

土地流转是土地集中、生产集中的前提。有人担心流转集中起来的土地是否有人或企业来承包，并组织起新型现代农业产业，这种担心不无道理。兰溪市一位基层干部给我们算了一笔账：当地农民打工一般每天可赚 120—150 元；技术强的工匠，每天做工的工资是 220—250 元。兰溪农民工做一天工就可以买到一担谷。但种一亩田，就算亩产千斤，除去工夫、农药、化肥，也几乎没有钱赚。这就需要我们去探索一条新路，用集体经济去推进现代化农业，只有走上机械化的现代农业，才是中国农业的出路，这就需要壮大集体经济。

12 一个家庭农场主的心声

今年 6 月 1 日，新华社受权播发了中共中央办公厅、国务院办公厅《关于加快构建政策体系培育新型农业经营主体的意见》（以下简称《意见》），这份《意见》可谓发展农业的又一纲领性文件。对我正在采写的《走进新时代的乡村振兴道路——中国"三农"调查》一书，非常有指导意义。我选择了常山县第一家庭农场进行了专题采访。

常山县面积不大，却是浙江的一个主产粮区。1981 年，全浙江省率先推行家庭联产承包责任制后，1984 年，常山县粮食亩产、总产都达到最高值，农业人口人均产量 504 公斤，当年提供商品粮 134590 吨，直至今日也没破这个纪录。

常山县第一家庭农场主名叫陈清明，个子不高，刚过 1.60 米。但这位年过半百的农场主已远近闻名。他原来并不是种田的，今日却成了常山县一把种田好手。下面是对他的采访，记述了他创业的一段不寻常的经历和他倾吐的一番心声。

土地承包到户时，我刚高中毕业不久。我家就住在常山县城天马镇上。家里虽然有四五亩责任田，当时父亲正当中年，种田也有技术，这几亩责任田产量也挺高的。我在家里总觉得也该找点事做，但叫我跟着父亲天天下地种田，我也不乐意。于是就请父亲买了一台拖拉机，我就跑起了运输，那时候生意也不错。娶了媳妇之后，我媳妇也是一个能干人。她见跑拖拉机的人多起来了，赚钱也难了。夫妻俩一商量就做起了豆腐，开起了豆腐店。

陈清明是一个精明的人，也肯吃苦，干什么事都能成。正当他豆腐店开得红红火火的时候，他又冒出一个独特的主意。他说，开豆腐店起早贪黑，一天干到晚，除了睡觉，没有一点闲余时间。我在县城读过书，又跑了几年拖拉机，认识的朋友也多，有人跟我说，开豆腐店还不如去杀猪好。我就做起屠宰生猪的生意，当起了杀猪佬。我的青春也很快过去了。觉得应该干一点对社会、对家庭、对自己都更有意义的事了，也就是应该选定一个终生职业。有一天，几头猪杀了，吃过早饭就没事了。从来没有上过书店的我，一头钻进常山县新华书店。理论书读起来太费劲，高端的科技书我也看不懂，我就在普及性的农技书中翻，突然一个新的念头萌发了，当时国家已开始提倡土地流转承包，而且对种粮大户出台了许多优惠政策。那时国家对种粮大户，不仅有农业直补，还有种粮大户补贴、农机补贴，我掐起指头一算，流转一亩地仅国家补贴就超过 300元，我的心一下热了起来，种田划算，这件事可以去试一试。

陈清明也是一个有抱负的人。想赚钱，也想干事。他说："2008 年 12 月，我就报名参加了县农业局举办的农业技术培训班，十天培训班结束后，我就开着摩托车跑到我们常山县水稻盛产区的同弓乡、白石镇等地考察取经，书本知识学了，经也取来了，我终于放下了'屠刀'，拿起了镰刀，种起田来了。"

陈清明一说起成为常山县第一家庭农场主的创业路，他兴奋了，他充满着激情说："2009 年那一年春节前后，是我一生最忙的一段时间，也是我见过领导最多的一段时间，我要找天马街道、金川街道分管农业的街道办主任，甚至还要去见一把手。许多田块是插花田，有几个村的，我又要去找那些村的头头脑脑，还要跑许多承包户农家。那年香烟也不知道递了多少。最后总算把 290 亩土地流转过来了，那时土地流转租金便宜，一亩只需要 200 元。2009 年，仅国家种粮的补贴我就拿到了 10 多万元。那一年县农业局派了一位农艺师，几乎天天来。我也从这位农艺师身上学了不少知识。一年下来，我对各种种田技术也掌握了，那年收成好，一年除去各种开支，净利也超过 30 万元。一出手就尝到了甜头，手艺也有了，胆子也更大了，那一年，秋收冬种结束，我贷款 100 多万元连同国家的补贴和种田的收入一共近 200 万元，一并投了进去，购置了收割机、插秧机、拖拉机等农机具。常山县金仙粮食专业合作社牌子也就挂起来了。"

接着，陈清明对他的创业史继续侃侃而谈："我的合作社土地流转年年在增加，到了 2013 年，流转的土地已达到 700 亩，这时国家鼓励农户办家庭农场。从此，常山县金仙家庭农场就诞生了，我陈清明也就成了农场主了。2017 年，我从金川、天马两个街道的新建、长桥、天马、天安、十五里五个村里已流转了农民的承包田 1800 多亩。我们常山县共有 100 多家家庭农场，土地规模 500 亩以上的农场有 25 家。"

他自豪地说："目前，在常山我的家庭农场应该是最大的。"

接着，陈清明谈起了办家庭农场的苦经："国家鼓励农家办家庭农场，这是件好事。但是我们这些农场主，要向农民流转土地，面对的是千家万户。而且租金是一亩一个价，工作量实在是太大了。目前我们这些经济发展相对滞后的产粮区，大量的劳动力都外出打工去了，农村种田的主力军年纪也大了，土地流转是大势所趋。如果按中办、国办印发的《意见》，培育新型农业经营主体，实现村或乡镇甚至跨乡镇建立农业发展公司，土地实现集体统一经营，我们这些农场主就是农业发展公司的大经营户，这样我们大量的零碎事务性工作就没有了，那就一心一意种田了，那该多好啊！再说我经营的这 1800 多亩农田也不会分成七八个地方了。如果连成一片，那管理就方便多了。"这是他的苦衷，是他的心声，是他的盼望，也是我们政府需要研究的工作。

陈清明又谈了自己的心声："现在劳动力价格上涨。土地流转租金上涨，我们家庭农场现在虽然每亩都是吨粮田，亩均一年毛收入 2800 元左右，除去农药、化肥、劳动力及土地流转租金，成本花去 1800 元，连同机械等财产折旧，剩下就不多了。幸亏国家政策好，对农场主每亩每季补贴 160 元，二季水稻补助就达 320 元。近几年来，我每年几乎就靠这项补贴，农场才发展了。目前我的农场贷款 300 多万元，借了 300 多万元，连同近几年每年 50 多万元的利润，都投入到农场建设。农场已拥有 1000 多万元固定资产，这也就是我家的全部家底。我女儿在农场，她妈也在农场，儿子当兵如果退伍回来，我叫他接我的班。这样我的一家把宝都压在家庭农场上了，中办、国办出台加快构建政策体系，培育新型农业经营主体的决策太及时了，这项工作要加速。"

陈清明最后谈了自己的想法："最近，从国家的层面上来看，对农业是肯花钱花力的，但在具体执行中，就出了偏差。比如，对农业项目水利或道路投入，那些设计师不到田头，更不跟我们商量，坐在办公室里看卫星图，纸上'谈'路，纸上'谈'水。图画好了，承包给施工单位，结果造出的道路，挖出的渠道，路不好走，水灌不到田，国家花了钱，农户不得益。"

据有关资料披露：目前全国农户家庭农场已超过 87 万家，依法登记的农业合作社 188.8 万家，农业产业化经营组织 38.6 万个，新型农业经营主体处在成长的关键期。同时，新型农业经营主体的发展也遇到了前所未有的困难，由于大宗农产品价格下行，经营主体收入下降，加上成本刚性上涨，经营主体负担较重。由于农业基础设施欠账多，靠经营主体自身投入难以承担。特别是信贷保险、设施用地、人才引进等等方面，面临的问题更为突出，加大对新型农业经验主体的政策扶持十分必要。另一方面，有的新型农业经营主体带农助农能力不够强，与农民的利益联系不够紧密，自身运作不够规范等问题还存在。这些问题都严重阻碍着新型现代农业的形成与发展。这就需要各级政府在贯彻《意见》中去理解，去引导，发挥新型农业经营主体给普通农户的辐射带动作用，推进家庭经营、集体经营、合作经营、企业经营共同发展。

四 挑战"三农"报告(二)

13 土地继续碎片化，农业难推现代化

党的十八届三中全会提出，用 5 年时间，基本完成农村土地承包经营权颁证工作，4 年过去了，这项工作开展得如何？我们在江西省南丰县调查发现，这里许多村都向农民土地承包户颁发了《农村土地承包经营证》，许多农户反映，发的大红本上记着的土地数与真的土地数数量不符，南丰县白舍镇胡震隆家承包分到田 4 亩，地 3 亩，但《农村土地承包经营证》上却记着田 7.19 亩和地 6.2 亩，这主要是航拍把路和水渠等计算在内了。但黎川、金溪等县这本红本本都没有发。追究其原因，红本本上记载的是 1982 年土地承包到户的田块方位和田块大小亩分数量。随着土地三五年一调，地块内容早已变更，与当前土地位置不符、土地数量不符，怕留下法律纠纷的后遗症，大红本本都锁在乡镇政府里，没有发下来。这主要是土地频繁调整引发的矛盾。抚州市的 11 个县（区），几乎所有县（区）的绝大多数农村承包到户的土地三五年或八九年都要调

整一次，调整已进入常态化了。

金溪县地处赣东，是全国商品粮基地县，国土面积 1358 平方公里，全县 14 个乡镇，148 个行政村，1439 个村小组，总人口 30 万人，农户 4.3 万户，耕地 42 万亩。

我遇见了刚办完退休手续 5 天的金溪县农业局原党组书记余朝华。余朝华出身农村，20 世纪 80 年代中期，农校毕业后，又回到金溪的黄土地上。他担任过金溪县农业局局长，除了求学，一辈子几乎都没有离开金溪这片黄土地。全县 40 多万亩耕地，大多数田头坞垅都曾留下过他的脚印。对这片土地的认识他可谓金溪第一人了。我专题采访了他。

余朝华身在农村一线，一直关注并研究承包户土地的确权问题。他对土地确权中的矛盾和问题太了解了，他一针见血地指出："承包到户的土地独户经营、碎片化是必然，土地的碎片化无法推进新时代农业现代化。"接着他谈了金溪县近 40 年农村土地制度改革中的困惑和担忧。

余朝华说："频繁调整土地造成了稳定经营与用地期短的矛盾。据我们调查，我县 1439 个村小组中，土地承包经营 30 年以上长期稳定不变的村小组有 141 个，仅占 9.8%；10—29 年未变的有 146 个，也只占 10.2%；两者共 287 个，占 19.94%。9 年及以下频繁调地的有 1152 个，占 80.06%，这些村都是随农户人口增减，三五年一调。据了解，这种用地期短的情况在抚州市，甚至在江西省其他县（区）也普遍存在着。"

余朝华又说："从而引发了生产现代化与土地碎片化的矛

盾。在土地承包中，我县农村各村小组依据土地状况一般划成3—5个等级，分户分等抓阄，一个家庭几亩承包地分成三、四处，集体一垄地分给好几家，有的一丘大田被分割成几个小块。这种土地碎片化的情况，随着频繁调地，愈加严重。"

接着余朝华又说：这两大矛盾给农业生产和现代农业发展造成了三个弊端：

第一是不利于耕作管理和培养地力。土地零散插花，给农民育秧、灌水、喷药、机耕、机收等日常耕作管理带来了诸多不便。农民也普遍认为土地变来变去，水沟没人开，道路没人修，绿肥没人种，冬翻没人搞，塍塝没人铲，田只会越作越瘦、越作越差。

第二是不利于增加投入和农田建设。一畈地、一垄田分给好几户，开沟作路、农田改造等，往往因不能达成一致意见，影响到统一规划、施工。比如，我县黄通乡曾家村山垄深，冷浆田多，现在有的被抛荒了，主要原因就是田地分散在各家各户。村民说，如果一垄十几二十亩都是一户的，开出破腹沟、排掉田中积水产量自然会更高；又比如，石门乡靖思村一个组安排修十条机耕道，但要通过别组几户人的田地，就因为其中一户人家出于积怨不同意补偿方案，而造成几年来一直悬而未决。

第三是不利于规模经营和产业培植。现代农业日益采用先进技术和生产手段，向集约经营、规模效益发展。土地插花阻碍了连片流转和规模经营，也限制了现代农业技术装备应用和培育新型农业经营主体。比如，我县对桥镇一位廖姓种粮大户，前几年租了外村一个整组184亩稻田，每亩每年租金150元。他自己投资开排灌沟、修机耕道，小田并大田，田地产量明显提高。但三年合同期满，他提出适当增租继续耕作时，村组觉得土地整理好了、值钱了，却以每亩400元的租金分散另租他人；合市镇葡萄种植户每次遇到调田时，只能从兄弟家借同等田来补足。相反，我县对桥镇一位投资商建起百亩大棚葡萄基地，陆坊乡一客商建起80亩甲鱼养殖基地，都是与当地村组农户签订了时间较长的流转协议。试想如果土地不稳定、不连片或者没有一定的承包年限作保证，客商和大户是不敢轻易投资建设这些现代农业设施的。据对5个乡镇的5个种粮大户调查，5人共耕作2300亩，其中租赁1年的250亩，主要在本村组；三四年的840亩，5年以上的1210亩。可见种养大户都希望流转期长，投资预期稳定。

不仅熟悉土地，更熟悉种田农民情绪的余朝华，接着又说："随着农业发展带来的观念转变，农民作为生产者，也逐步感到频繁调地无益，并在试图扭转这种状况。就我县而言，1982年分户经营后，10—29年未调地的有146个组，10年以下3年、5年应调而未调的有20个组，两者共166个组，常调的面减少了11.5%。比如，我县浒湾镇一些村组前些年柑橘发展起来了，收益更高了，原定的田地三年一调也就不再调了。有的村组虽然还在调地，但几个兄弟或几户人家自愿合在一起抓阄并地，有的拿好田与他人差田互换，使地块能在一个等级段上连成一片。还有一些村组将土地按产量定成多个等级，实行一户一张钩抓阄，使各家的田块能相对集中在一处。"

频繁调地造成农户土地碎片化决定了农村土地生产经营方式改革的历史必然性。发端于20世纪70年代末的农村家庭承包经营，极大地调动农民生产积极性，是一个巨大的社会变革和进步。30多年来，农业生产力在一个新的层级上快速发展，同样要求生产关系和经营方式与之相适应进行调整完善。因此，把直面破解存在的主要矛盾作为题中应有之义，从而为土地流转，形成适度规模经营演好"前奏"，进一步破除现有农业生产经营方式的束缚，更好地释放农业生产力，发展现代农业，土地实行集中经营可谓是一条新路。

14 死人"种"着地，活人无田耕

　　我曾担任过浙江省委、省政府信访局局长，刚转岗不久，国务院下发了《国务院关于完善大中型水库移民后期扶持政策的意见》（以下简称《意见》），《意见》规定对纳入扶持范围的移民扶持 20 年，每人每年补助 600 元，并规定"生不增，死不减"，像新安江水库移民已经 50 年了，当时真正吃了苦的移民将近 40% 的人已离开人世。而确定扶持的范围是 2006 年 6 月 30 日以前出生的新安江水库移民的后代都能享受这一政策扶持。这里涉及两大问题：一是接受移民的当地农民，他们将土地廉价甚至无偿地赠送或转让给当时迁移来的水库移民，他们也作出了奉献和牺牲。新安江水库移民已经 50 年了，这些四五十年代后出生的人都享受这一政策，而当地的农民，却只有奉献，他们不理解。二是同是移民和他们的后代也难以理解。移民的高龄老人说："移民老人他们去世了，苦了一辈子，现在留下的这些老人可能享受一两年就拿不到这钱了，而小孩要拿 20 年，这显然不合理。"结果花了大量的钱，出台补偿政策，却带来了大量的上访问题。有人戏称"这是烧香引出了鬼"。如果深入调查，实现原迁移民补偿政策，那样花钱少，还得人心呀！

我们在农村调研，土地承包责任制中，农民对"生不增，死不减"的政策也愤愤不平。

我国实施土地家庭联产承包责任制从 1978 年至今，经历了一个从确认、实行到完善的过程。1980 年中央一号文件规定"社员在承包期间因无力耕地或转其他行业要求不包或少包土地的，可以交给集体统一安排"。

1993 年，《宪法修正案》将农村家庭联产承包责任制列入宪法，为建立新的农村土地经营体制提供了宪法依据。

2002 年通过的《土地承包法》规定：县级以上地方人民政府向土地承包经营权人发放《土地承包经营权证》。耕地承包期为 30 年。

2008 年，党的十七届三中全会提出："现有土地承包关系要保持稳定，要长期不变"。

2016 年，中办、国办颁发了《关于完善农村土地所有权承包权经营权分置办法的意见》。

2017 年，基层人民政府都向土地承包经营权人发放了《土地使用证》，确立土地承包人对承包的土地将长期享受承包经营权。

应该说，农村的土地制度，从 2017 年农村土地承包人领到《土地使用证》之日起，家庭联产承包责任制才真正定型并确定下来。土地所有权归集体，土地承包权归承包人，土地经营权承包人可以灵活转让，这为发展多种形式适度规模经营奠定了良好的政策基础。但我们在调查中发现，各地掌握政策的执行力度不一样，就产生了不同的结果。

在调研中，许多农民都认为承包就是分田单干，土地名为集体，实为农户所有。在浙江丽水、衢州发现，农村利用承包土地违章建房常有发生。在衢州市航埠、招贤等地，不少农户甚至违法在自己承包责任土地上建坟造墓，并且坟墓越造越大。农保田抛荒也随处可见。开化县华埠镇联盟村党支部书记童福华说："我们村924亩农保田，全村1263人，外出打工将近300人，现在农民种田就是保口粮，全年全村只有一半的田种粮，其余一半田，几乎年年抛荒。"

还有人反映，承包合同年年在变，常山县白石镇原新移村章新民书记深有感触地说："上面规定承包土地保持稳定，长期不变，实际上，只要土地归集体所有，村两委就有权调整，土地承包关系长期不变是不可能的，村集体土地如何体现公平、公正？"在常山县五里村调研，五里村的老会计冲着我说："土地承包不变是不可能的，我村黄衢等三条高速公路从我村通过，村上几乎一半的土地都被征用了，'生不增，死不减'，承包土地长期不变，我们村将近一半以上的农民就无地可种，成了乡下的失地农民了，另一半的人却有地有田，这样合理吗？"

在开化县联盟村还听到这么一个令人费解的故事：联盟村的黄金发，1982年生产队实行土地家庭联产承包责任制时，他家5个儿子，还有一个母亲，当时家中8个人参加"分田分地"，搞生产责任制。生产队里不论男女老少，每人六分土地，他全家向生产队承包了四亩八分田地，120亩山。联盟村两委坚决贯彻土地承包长期不变的政策。到了2016年底，黄金发家已是一个大家庭了，全家已达19人，但他家还是35年前承包的那四亩八分地（田）和120亩山。其中有三个儿子，他们的小家庭每家四个人，每年每家只耕种这可怜的六分田（地）。

联盟村的郑功明，1982年生产队土地承包开始时，她父母连同两个姐姐三个妹妹和自己一家三代共10个人，他家承包了生产队里六亩田（地）和200亩山林。35年过去了，姐姐、妹妹出嫁了，父母谢世了，自己也考上了公务员，农村户变成了居民户了，儿子也参军当上了士官，郑功明的农村户口本上只有他夫人雷美英一个人了，郑功明一家也就是雷美英一个人享受着联盟村200亩山林和6亩田（地）的承包权和经营权了。

同一个村，同一个生产组的黄金发和郑功明，黄金发一家19人耕种四亩八分田，郑功明一家一个人却耕种6亩田。难怪有人戏称现在农村许多地方是"死人'种'着地，活人无田耕"。

"富强、民主、文明、和谐，自由、平等、公正、法治，爱国、敬业、诚信、友善"24字社会主义核心价值观中"平等、公正"是人们追求的社会的大目标。2007年，全国出现一股信访潮，特别是新安江水库一批老水库移民人和移民安置区农民，他们觉得国家出台水库移民后期扶持的政策对自己不平等、不公正，而引发了新的矛盾，产生了大量的信访。对土地承包责任制保持长期不变，从宏观上看"生不增，死不减"不会错。儿子娶媳妇，男婚女嫁从理论上讲是平衡的。但要承认中国几千年遗留下来的传统，女方出嫁后，在娘家就不享受任何财产的继承权，出嫁后，土地就归娘家兄弟父母所有。男方娶进的媳妇或他们的子女就成了无土地的"赤贫人"了。从微观的家庭来讲，这显然是不合理的，显然是不平等的、不公正的。还有人说："土地承包长期不变，能够求得农村的长期稳定。"这是因为，随着大量的农民工进城，特别是新生代的农民工进城后，农民对土地过去那种渴望观念已逐渐弱化淡化了。甚至很多青年人都不愿返乡种田了。所以农民对承包土地中产生的新问题、新矛盾就不那么十分较真了，甚至像联盟村黄金发19个人耕种着四亩八分田，雷美英一个人却种着6亩责任田，这种绝对不合理的现象，还那样泰然处之，无所谓了。黄金发十分无奈地说："这是国家定的，我们最基层的农民有什么办法呢？"但国家制定政策需要体现平等、公正，否则矛盾会越积越多，等矛盾堆积起来时就不可调和了，那就会成为社会不稳定的严重问题了。

习近平总书记在党的十九大报告中指出："保持土地承包关系稳定并长久不变，第二轮土地承包到期后再延长三十年"。13 天后的 2017 年 10 月 31 日，一部关于 6 亿农民的"土地承包法修正草案"被提请十二届全国人大常委会第三十次会议初审，对农村土地所有权、承包权、经营权分置作了吸纳，从立法的角度上进行了明确，并且明确规定，耕地承包期满后，再延长三十年。这无疑是给农民们吃了定心丸。但生老病死，男婚女嫁，村里、家庭人员变动，这是人类发展的一种常态，当前农村男娶女嫁有一种普遍现象就是欠发达地区向发达地区流动。按照法律规定，农村男娶媳妇，男愿入赘，只要合法，落户何地，夫妻自定。但很多地方，特别是集体经济相对发达的农村地区，他们都制订乡规民约，一家几个女儿，只能选定一个女儿男方入赘，其他女儿出嫁户口一定要迁出。而一家再多的儿子娶媳妇均能落户，这一条具有中国传统文化的乡规民约普遍被村民们接受。农村人口正常和不正常的变化，土地的碎片化和死人"种"着地，活人无田耕的现象存在就是不可避免的，只有采取土地经营权收归集体，统一经营，承包权保持长久不变，采用股份制，壮大集体经济，这些不正常的现象就自然消除了。新时代的农业现代化也就可以快速推进了。

2017 年 6 月 23 日，习近平总书记在山西考察时强调指出："要坚决把解决好农业、农村、农民问题作为全党工作重中之重。要以构建现代农业产业体系、经营体系为抓手，加快推进农业现代化。"习近平总书记把构建现代农业产业体系、经营体系作为解决"三农"问题的抓手。怎么构建的关键是农村承包土地的经营模式。在农村改革的这一重大制度创新中，实践证明，再继续靠千家万户经营自己家承包的"一亩三分地"肯定是不行了。应当说，土地所有权、承包权、经营权三权分置后，经营权收归集体统一经营，是构建新时代现代农业生产体系，解决"三农"问题的一条新路子。

15 6平方米地撕毁了一个家

我在浙江省开化县联盟村调研时，时任村党支部书记童福华说起自己当书记的苦衷，他讲了建造村文化礼堂的艰难历程：文化礼堂本应建在村中或村边，这样大家看书、娱乐、开会也方便。2016年初，安排在村后的一块地作为文化礼堂的地基，手续都办好了。这块地涉及四户承包户，三户近两亩承包地按建造高速公路在联盟村的征地政策落实好了，有一户承包户，却毫无道理地说："我这五分地，村上就是出10万元的征用费我也不给。"村上无奈只得重选地基，现在村上只得在村对面的山坞里腾出3亩地作为文化礼堂的地基，但又碰上一户人家不肯让出3分承包地，最后村两委召集全村40名村民代表专题研究这件事，最后39名代表签下字同意对这3分地进行强制调整。文化礼堂拖了一年多，才在今年7月破土奠基。童福华说到这里，气愤地质问："这土地究竟是集体所有的，还是承包到户就是私有土地了？"从理论上讲这土地是联盟村集体所有的，而两委连3分田的调配权力都没有，这是哪里的理呀！

一天，我来到浙江省桐庐县瑶琳考察，在杨家村碰到一件神仙都难以解开的谜。

杨家村徐家边生产组一幢三层楼房，挡在南北大道中间，只见房子墙上的马赛克已褪去了原先光泽，路上的柏油好似刚浇好，但两旁绿化带树都已长高了，这幢楼不仅影响了村貌景观，更是给人走车行带来极大不便。真是"瑶琳仙境天下绝，杨家村道大楼挡，人车行驰绕屋过，世人称怪神难破。"

1983年10月，杨家村大队全大队所有的土地及山林都相继承包到户了，原徐家边生产队仓库里的犁、耙、秒、箩筐、打稻机都分掉了，甚至把仓库外的晒谷场也划上红漆线界分给了每家每户。平时仓库里空荡荡的，就是到了早稻收割、抢种晚稻的那段"双抢"期间，仓库外的晒场天天晒农户刚收割起来的稻谷，晒场虽然分到户了，但村民们每天一清早，就争先恐后来到晒场，左邻右舍还经常为晒场搞得面红耳赤。大家一商议认为，还是把这个晒场连同仓库一起卖掉。有的村民觉得集体的资产分得越干净越无纠纷。1985年9月25日，原生产队长把全队的16户户主召集起来，讨论决定，把仓库连同晒场一股脑儿全卖给本队的黄木根。协议书上还明确写上，仓库房和晒场总价4000元，分四年付清，协议签订后的1985年付1500元，1986年付800元，1987年付800元，到1988年付900元，期限为1988年12月31日付清。1986年付款的800元还要另加一年剩余款的存款利息。1987年付款的800元，要另加两年剩余款的存款利息，最后 1988 年付的 900 元，再按三年剩余款的利息一起一次付清。这份协议书村里还办得很认真，合同书上还盖上了杨家村村民委员会的大红印章。

仓库买下了，晒场也归黄木根了，整个仓库的大门锁也交给黄木根管了。但每家 6 平方米的晒场，经常引发矛盾，有的农户讲："当时承包到户时，这 6 平方米的晒场，已分给了生产队的每家每户。"而黄木根拿着协议说："我钱付了，这晒场属于我的。"但由于这些农户都是一个生产队的，乡里乡亲低头不见抬头见，一到农忙时期，黄木根家还是让各家各户到晒场晒谷了，但当时围墙的大门连同仓库，一直是由黄木根管着的。

时间很快到了 1999 年，那几年黄木根的儿子黄光符外出打工，赚了一笔钱，黄光符夫人原先是小学代课教师，也转正了，两个女儿也上小学了，一家人其乐融融，把仓库拆了，建起了占地面积 106 平方米的三层楼房，这幢楼当时在杨家村还是挺令人羡慕的。

瑶琳仙境自 20 世纪七八十年代开始，声名鹊起，久盛不衰。进入 21 世纪，社会主义新农村的春潮涌向杨家村后，坐落在瑶琳仙境北侧七八里路的杨家村，16 省道又穿村而过，交通便捷，风景如画，瑶琳镇政府和杨家村村民委员会决定在新农村建设中，把杨家村建设成最美村庄。

这项利民工程于 2006 年启动，南北大道打通了，该后退重建的房子也拆除了。但是黄木根这幢楼房却成为一座南北大道上的拦路虎，施工队把原晒场的围墙强行拆掉了。

黄光符与杨家村开始协商谈判了。

黄光符说："我作为杨家村村民，肯定支持新农村建设。"

杨家村村委会领导说："不要挂在嘴上，要落实在行动上，村上另辟宅基地给你造。"

黄光符说："我现在这幢楼处于村中央，地段好，再说晒场我已买下了，成为我家的宅基地了。只要往东退 10 米，建房补贴的钱、拆迁费我愿意从村里原定的 18 万降为 12 万，给村上省下 6 万块钱。"

杨家村村委会领导说："晒场虽然你出钱买下了，但在你买下之前已承包给各家各户，20 年了，已经是既成事实。"

黄光符说："村里'一女两嫁'，这显然是村里的不对。再说，承包在先，征用在后，按法律以最后为准。"黄光符认为这每家每户 6 平方米晒场的土地，是自己照顾乡里乡亲的。但有一户黄光符的邻居却死也不肯退出。这户邻居说："承包地长期不变，为什么要我变呢？"黄木根的意见是，不肯退的这户工作要由村委会去做。

杨家村村委会领导说："其他农户退出这 6 平方米晒场的工作做通了，但你这户邻居工作做不通，我们也没办法。"

黄光符说："这是村里的事，退后一步，这户邻居的 6 平方米晒场就算是他家的宅基地，我为大局考虑愿意付出合理的征用费。你们把这户工作做通，何时做通，我们何时付钱拆屋。"

双方一直僵持着。

从此，村里就有人不断向镇里、县里写告状信了，告状信中明确提出：新农村建设阻力来自黄光符夫妇俩，他夫人何频身为小学教师却破坏新农村建设，建议县政府和教育部门把何频清除出教师队伍。

何频对村里的告状真的挺怕的，她1993年生第二胎时，村里的人开始告状，认为何频违反计划生育政策，应当开除公职。结果教育部门一查，当时，她还是一个代课教师，还有计生委发的二胎准生证。一场风波过后，这一次风波来得更厉害了，教育部门领导找她谈话说："你现在是正式教师，不配合村上搞社会主义新农村建设，房子不拆，组织上是要处理你的。"她左思右想："年过半百了，教师如果被开除，我一辈子奋斗全完了。"

2007年春节刚过，黄光符和何频离婚了，房子归黄光符所有。

何频和她丈夫离婚后，觉得这窝囊气还得出，她给县委书记、给镇委书记写了信，县委书记明确表态："黄光符的房屋改造要妥善处理好。"

瑶琳镇委、镇政府也两次派了镇纪委书记亲自上门，结果都是不了了之。

杨家村南北大道开通10年了，黄光符的房子，成为村中拦路房子也10年了。

承包到户的土地所有权是集体的，承包户只有承包权和经营权，当前，在农村有些地方对这一点认识还是比较模糊的。

特别是党中央一再强调土地承包权将长期不变后，有的人错误地认为这承包给他的土地就是他家长期不变的一份财产，谁也不能侵犯。开化县华埠镇联盟村建造文化大礼堂，把这村上的公共事业办好，按政策规定用地这是村上的事，村民必须服从，但少数村民认为他承包的地长期不变，村上就不能动，最后村两委无奈采用村民代表"公决"，拖了一年多才开了工。黄光符这位邻居就认为这6平方米的晒场地，属于她长期使用的财产，出让与不出让、调配与不调配，权力都属于她。实际上，这晒场和仓库地是属于杨家村的集体财产。虽然，杨家村第六生产组在1983年已把晒场按组中的户数分配给全组的各家各户。但在第三年的9月，经全组农户代表集体讨论，最终黄光符的父亲黄木根以4000元钱征用下这晒场和仓库的长期使用权。而黄光符这位邻居以承包权长期不变为由，至今仍强占着这6平方米左右的晒场地，杨家村也无可奈何，这是何理？

黄光符当今十分苦恼，房屋建起已20多年，赚了点钱，想装修，遇上建设最美新农村，新屋要重建，拖了10年了，婚也离了，家也破了，钱也贬值了。

当前，农村土地承包的所有权、承包权、经营权"三权"纠纷仍然不少。深化农村土地制度改革，实现土地"三权"分置。明晰农村集体产权归属，赋予农民更加充分的财产权利，是当前深化农村改革的重要任务。

改革开放前，我国农村的最大问题，是农民的温饱问题；

改革开放后，我国农村全面推行了土地家庭联产承包责任制，温饱问题很快解决了，而后又引发出"三农"问题，从此，农村出现了"空壳村"问题、农民工问题、留守儿童问题、留守妇女问题、土地抛荒问题、贫富差距问题、养老问题、干部拉票贿选问题等等。这些问题是发展中产生的问题。随着社会经济的不断发展，这一个个问题都会得到逐步消化解决。

16 一年只住 5 天的农村别墅

2017 年全国人大十二届四次会议上，代表们发出了强大的呼唤："房子是拿来住的，不是拿来炒的。"之后，全国各地出台了商品房限购政策。从此，一直往上涨的房价，终于微微下落，广西壮族自治区还推出了"租房券""购房券"，凭券抵扣租金房款。为打压房价上涨之风，各地政府可谓是想尽办法，各级政府使尽招数，但城市大量的房屋闲置着，"有房无人住，有人无房住"成了中国城市的一大通病，而我国农村大量小洋房和别墅的大门整天锁上，四周长着齐腰高的草，成为中国农村的一大"奇观"。

来自浙江省淳安县里商乡新桥村的左木金夫妇就住在杭州施家花园嘉汇大厦的地下室，这对老夫妻白天打工，晚上就钻进不到 10 平方米的潮湿房，一夜一夜地熬过去。而他家的小别墅一年就是过年回家住上三五天，其余 360 天左右，都是铁将军把着门。

淳安县里商乡是明朝内阁秩一品事商辂的祖居地。明朝宣德、正统年间，商辂参加乡试、会试和殿试皆为第一，被英宗皇帝封为"一甲之首"，三朝皇帝英宗、代宗、宪宗都欣赏商辂的贤能，为一时朝廷名臣。事情也就那么奇，里商自从出了商辂之后，近千年这里的人读书就特别聪明，追究起因，是里商人读书的风气好。左木金的儿子2000年考进县城读书，读书可要花钱呀！左木金一家三口，1982年土地承包到户时，他家只分到8分田，一年辛苦到头，口粮也不够吃。2000年10月，也就是他儿子进县城读书的第二个月，左木金就背起铺盖（棉被）到淳安县城打工去了。

左木金在淳安县城辛辛苦苦打工三个月，天天在工地上扛木头，抬砖块，赚的钱给儿子付了生活费，再给儿子一点零花钱，加上自己吃饭和日常开支，口袋里就没积下几个钱了。听说宁波打工工资高，春节一过，左木金就来到了宁波。他告诉我说："那时已是快40岁的人了，又无手艺，只得干苦力，宁波干了三年。这时，儿子已考取淳安县中学，这是淳安县最好的中学，也是花钱最多的中学，我拼命地干苦力，只盼儿子有出息。"

2006年，左木金的儿子考进武汉警察学院，从那时起，他儿子花钱就不多了。左木金慢慢地也把钱积起来了。到2008年，那年春节，滴滴答答，雨水不停，左木金的父亲1984年建造的房子四处漏水，房屋已成危房，排行老五的左木金看看自己的银行存折，已有6万多元钱了，他与老伴商议说："老大1969年移民去了江西，老二、老三、老四他们在县城打工，他们三兄弟在县城都买了商品房，我看他们是不会回来造这个房子了。我们四处漂泊快10年了，老了总得有个窝。"

正月初二那天，左木金来到老二家，那天老二、老三、老四、老五兄弟坐在一起商量建房屋之事，老二明确表态：不参与修房，也不要这地基，老三、老四表态：我们不修屋，地基还得要。最后形成决议："房屋拆掉，砖、瓦、木料卖掉的钱，全归老二。"宅基地一分为三。2008年那年，左木金没有出门打工，就在他左家的三分之一宅基地上，东拼西凑了30万元钱，造起了占地120平方米的三层别墅。2009年左木金儿子大学毕业，在杭州下沙一家派出所当了警察。从这时开始，左木金夫妻俩双双进城，开始了他们夫妻双双的农民工的新生活了。到2016年，这对年过半百的老夫妻当了爷爷奶奶后，就离开了宁波余姚，回到了杭州当清洁工了。休息时去抱抱孙子，有了天伦之乐。

有一次，我参加一次"三农"问题高层论坛，有位农业专家说："现在大量农民在家乡建起了别墅、洋房，十分壮观，但这些高档农房中，大量无私地让给老鼠住，自己却离家进城租房进了地下室、仓库间当起了城市里的'老鼠'，天天钻地洞。"他的这席话引来了一阵苦笑声。我这位来自农村的人笑不出来，我知道农村的这些高楼别墅，不仅没有人住，连老鼠也没有了，因为屋里没有一粒谷、一颗米，一年到头，就是锁着门的"冷屋"。

如今，左木金那建筑面积约360平方米的乡下别墅，平时的门依然紧锁，他给我介绍说："我家承包了8分田，大概就是刚出来打工的前一年，村里成立了经济合作社，要求全村人把责任田种上茶叶，我把这8分田全种上了茶叶，茶叶种下不久，村上人都陆陆续续出来打工了，经济合作社也名存实亡了。从此，茶叶田也大都荒芜了。今年5月24日，我刚回去一趟，住了一个晚上，那棉被都是霉气。心里真不知是何滋味。那天，我在村上转了一圈，全村42户189人，估计常住村上的不到30人，而且都是老人，因为小孩都跟着他们父母进城读书了。大多数家庭都跟我家一样，整家整家外出走南闯北了。我们村上近20年大概造了20多幢新洋房，估计一半以上的农家洋房跟我一样，一年到头大门紧锁着。我今年53岁，60岁退休，将来怎么一回事，我心中没数，但我肯定，再经过20多年，等我这一辈人离世，我们新桥头村这村庄也就消失了。"左木金最后介绍说："他儿子娶的是杭州三堡农民家的独生女儿，房屋拆迁，房子分到好几套。将来我们老两口住哪里，要听儿子媳妇的。"

我估计：他家的小别墅将来还是无人住的，长期上锁是肯定的。

农民工打工几十年，拿辛苦钱建的房成了摆设，堆在那宅基地上，平时见也见不到。近日，新闻媒体连续不断地披露"舌尖上的腐败"，现在公款吃请少了，但宾馆饭店红白喜事的酒席上吃剩的饭菜还是整桌整桌倒掉，有的高档菜甚至没动一筷就倒掉了，烧饭的厨师都十分痛心地说："见到此情景我们也心疼呀。"有的大学食堂"光盘行动"推进依然艰难。有的大学生振振有词地说："我们花的是自己的钱。"新闻媒体评述说："这中国文化的旧陋习俗应该改一改了，虽然花的钱是自己的，但消耗的是大量社会资源。"由此而推，我国城里的闲置房，广大农村的锁门屋，他们消耗的水泥、砖块、木材等等需要社会资源，释放的二氧化碳，那是无法算清的一笔账，当前这势头还在蔓延。这责任应该由谁来承担呢？

推动形成绿色的发展方式和生活方式是贯彻新发展理念的必然要求，必须把生态文明建设摆在全局工作的突出地位，坚持节约资源和保护环境的基本国策，形成节约资源和保护环境的空间格局、产业结构、生产方式、生活方式。让城市里的空闲房少一些，让农村里的锁门屋少一些，为人民群众创造良好的生产生活环境。这是发展的一次深刻革命，应当引起高度关注。党和政府要想方设法让打工的农民几年甚至几十年的血汗钱不要变成摆设的锁门屋呀！

五　挑战"三农"报告(三)

17 当前农村村庄建设中的几种形态

安居乐业是几千年中国人的追求，居不安则心不定呀！

伴随土地家庭联产承包责任制的全面推进，农民有钱后，第一件事就是建房，各地政府也在积极探索新农村建设，而新农村建设势必征地，但农民的承包地是他的命根子，动土、动地就是要他的命，因此，新农村建设推进十分困难。几年来，我到各地考察，跑了许多新农村、古村落。我国东南西北中，农村村庄建设大致有以下这么几种主要形态。

（一）新老民宅混合的村落

浙江省有着改革开放的先发优势，20 世纪七八十年代，浙江的农村就兴起了建房热，当时的第一代农宅几乎都是拆旧房建新屋，而且大量是"赤膊楼"。有"最美乡村"之誉的安吉县天荒坪镇余村和上墅乡刘家塘村就是典型的新老房子混合的新农村。超千人的余村，村里 280 多户、3 个自然村、8 个居民点排在一条近 5 里长的公路两旁。为创造美丽宜居示范村，国家投资 500 多万元对早年建的小楼房进行粉刷改造。刘家塘村国家投资 200 万元，每人以奖代补 2000 元，国家共投资 700 多万元，将刘家塘村打造成了"美丽乡村精品示范村"，但全村 603 户 2074 人还分别住在 7.8 平方公里的 14 个自然村中。这两个美丽乡村，由于开始缺少规划，建房见缝插针，村落中，房屋高低大小不一，朝向东南西北，有人戏称："只有水泥钢筋，没有建筑文化。"有的甚至说："这里只有新楼房，没有新农村。"

据有关资料披露，我国目前 90% 的农村都是新老民宅混合的村落。这是当前我国新农村房屋总体构筑的主群体，也是需要提升的重点。

（二）重建的乡村新社区

浙江省在全国率先实行了下山脱贫的战略，自 20 世纪 80 年代开始，下山脱贫这项工程就在浙江山区 12 个贫困县展开了，武义、磐安、开化等地出现了一批下山脱贫新建的乡村新社区，龙泉市 21 世纪初进入脱贫攻坚阶段，安仁、庄山、上际、谷坑等 5 个行政村、11 个自然村，7000 多人搬下了山，建立了安泰、安康、安和三个社区，山上的老居民宅全部拆除还了田。

安徽蚌埠淮上区曹老集镇杨湖村和江苏睢县姚集镇农居点是重建的乡村新社区。杨湖村和姚集镇农居点都是国家住房和城乡建设部进行的"城乡土地整理增减挂钩的"试点。杨湖村全村 530 户 2350 人，全村每年有 800 多人外出打工。试点工作从 2009 年开工，2014 年完工，新建的新社区房屋由两层排屋形式构成，一屋六户，每户前面有一个 50 平方米的院子，住房统一 143 平方米。旧房折价每平方米 580 元左右，新房统一价格每平方米 810 元，现在全村所有的农家都住进了新村宅。原来全村宅基地面积达到 750 亩，新社区建设只用了 217 亩，置换出了 533 亩，这批被置换出的土地指标归区政府使用。但是这批土地还是由村集体所有。他们说："我们住上了有安徽农居特色的新房，都住得称心满意。"

江苏姚集镇农居点新社区，原村庄占地面积 720 亩，现在规划后，新社区占地面积仅有 220 亩。清华大学设计院按照当地明清时期的农民建筑风格设计，设计中，还尊重农民的传统习俗，在居民点外腾出一块地，给每家分了两分地，按规划建简易房，放农具、养鸡鸭、养生猪以适应农民的习俗。建好的房子每户 140 平方米，每平方米的价格是 900 元。2015 年 4 月开工，当年年底已经完工，农户已入住，陪同调研的副县长说："按照当地新老旧房的价格和生活水平，90% 以上的农户都住得上新房，还有 10% 左右的原住房少的困难农家，国家采取优惠政策，也及时让他们住进新屋。政府就是要让大家过上称心如意的日子。"我们在考察中发现，安徽、江苏当地的县、乡、村都认为国家这一政策好，这件事政府也办得好，政府、集体、农民都得益。目前全国这样的典型少之又少，且推广起来十分困难。

（三）国家收购开发，名义上的风俗乡村新社区

我国传统民居多利用山坡河畔而建，既节约耕地，又创造了良好的居住环境。特别是一些民居建筑有特色或旅游资源丰富的村落，当地政府采取"空间换土地"的政策，投入大量的资金，收购古村落让农民上楼或搬迁建村。合肥市包河区大圩镇全镇 37.92 平方公里，人口 2.7 万，为省城合肥市的"上风口"，东临南淝河，南濒巢湖，古有"合肥粮仓，鱼米之乡"之称。现为国家农业综合开发区、国家级无公害农产品生产基地、全国生态镇、全国农业旅游示范区、全国民俗文化艺术之乡，被誉为"中国最美的湖区都市田园"。近年来，每年接待游客超过 6 万人次。德国总理默克尔考察参观大圩镇，安排在该镇考察 40 分钟，但她来到这里，流连忘返，一家一家走过去，一走就走了两个多小时。我们在考察中发现，包河区政府已另划出一块地建筑了一批高楼，陪同考察的领导担心地说："我们现在政府安置楼房已建好，按政策收购民宅，就担心 2100 多户农民老房不愿出让，也不肯上楼。"

贵州省安顺旧州镇浪塘村是洪武年间由罗、赵两姓族人建寨，现系汉、苗、布依族杂居的村寨。村核心区传统民宅全部采用石墙石瓦建成，独特而有民族特色，当地西秀区政府已决定对核心区块 60 多幢民族古宅的空心村实行收购。周边的 308 户农家的"赤膊房"投入 5400 多万元，按照"坡屋顶，青石瓦，刷白墙，穿斗枋，雕花窗"进行改造，现在该村已成

▲ 贵州农村的古村落

▲ 贵州古村落中的塔

了贵州省美丽乡村建筑的典范、体验山水情趣的旅游胜地。

（四）民宅古建筑全留存下来并有旅游先发优势的古村落

浙江省兰溪市诸葛八卦村：村中建筑格局按"八卦图"样式布局，且保存了大量明清古民居，是目前国内仅有、举世无双的古文化村落。1993年，国家文物局专家组组长、著名古建筑专家罗哲文先生考察后说："中国传统的村落和城郭布局分为依山傍水的不规则形和中轴对称的方整形两种，像诸葛八卦村这样围绕中心呈放射状的九宫八卦形布局，在中国古建筑史上尚属孤例。"各种建筑的木雕、砖雕、石雕工艺精湛，建筑豪华。1996年，诸葛镇作为整体被国务院公布为全国重点文物保护单位。目前原诸葛八卦村中的236幢的明清古建筑，还有百分之六七十的老房住着诸葛姓氏的后裔，但改革开放以来，如今960多户2800多人的诸葛大村落，已在八卦村周边建起了三四百幢新式洋房。现在已构成外观现代村，内是古村宅的"鸡蛋形"新型古村落了。

诸葛八卦村最大的特点，是由于保护得早，"蛋黄"没有遭到破坏和污染，古村落完整地被保存下来了，现在已成了国内外的旅游热点。

（五）具有后发优势的古村落

小黄村是贵州省黔东南苗族侗族自治州从江县一个美丽侗

寨，是远近闻名的"侗歌窗"。全村740多户3000多人，一条小溪穿寨而过，四周青山环抱，吊脚楼依山傍水，山中有水，水中有山，山水交融。小黄村是侗族大歌的发源地，素有"歌的故乡"的美誉。这山寨不仅歌声漂洋过海，吊脚楼也独具一格。正如时任贵州省委书记的陈敏尔的一句名言，"今日贵州有二宝：一宝是绿水青山，二宝是民俗风情。"当前贵州省的后发优势逐渐显露，山寨的吊脚楼得到完整的保护，如今国家对小黄村吊脚楼实行国家包料、农户投工，修建设计中融入现代中国建筑元素。现在该山寨的吊脚楼，大都修缮一新，已成为全国的重点保护旅游点。

浙江省景宁县大漈乡西一、西二和小佐村三个古村落，离县城百里以外，原来信息闭塞，交通不便，三个村庄的宗祠和古民宅保存完好。近年来山民们才纷纷外出打工，小佐村全村近100户300多人，在外打工者达230多人，至今没有一幢新楼房，原明清建筑的七八十幢全木结构的古民宅已成为浙江省西南农居一大景观。

新农村建设中，几千年的传统古民宅建筑文化不能随意抛弃，这在当前干部群众中已逐步形成共识。浙江兰溪市的领导对此十分重视，近几年，每年投入两千多万元专项资金投入古村落的保护和修缮，全市几年来已修缮各类厅堂800多座，大批古村落也保护下来了。2013年，浙江省政府在兰溪市召开了全省历史文化古村落保护利用现场会。

18 讨饭村跳变成了空心村

　　五里，已有700多年历史，是浙江省常山县一个有名的古村落。我与五里也有缘，我在担任记者时，曾三下五里走访几十户农家，采写了长篇通讯《"讨饭村"翻身记》，《金华日报》总编辑觉得题目太刺眼，就改为《"五里"翻身记》，在1982年10月5日《金华日报》头版加编者按刊发了。34年后，我再次来到五里村，这是一个既熟悉又是那么陌生的村落，走进老村庄，大池塘已填了，造了房。但那一幢幢雕梁画栋、马头墙的徽派建筑，勾起了我许多联想。

　　五里村，南有钱塘江源头流下的常山港，蜿蜒流过，村东西北三面群山环抱，山清水秀，人杰地灵。特别是这里的衢橘，个头均匀，味道特别鲜甜。陪同我考察的村主任刘国富，自豪地说："过去我村土地很多，听老辈人说，我村种田东种到衢州龙游，西种到开化东坑口，一百多公里的地带都有我们五里村人的田。"他指着一幢古老大宅门口的那棵大槐树说："土地改革时，这棵槐树下就镇压了我村上的大地主12人。"

我在五里老村弄巷里走了一条又一条，只见不少古宅的门都上了锁，不上锁的古宅推门进去，也就是几位老人坐在那里，望着天井，一片凄凉。再走到老村外的东西南北，一栋栋小别墅大多还是"赤膊墙"。刘国富介绍说："村上的男女青壮年几乎都外出打工了，不少老人也进城带孙子孙女了。"他手指着这些"赤膊"小别墅，继续说道："他们打了几年工，钱不够，房子的墙还无法粉刷，等打工赚了钱，再贴花岗岩、大理石。"现在，小别墅十有八九空着，无人住。农村一是造房子，二是娶媳妇，这两件大事是农民必做的。

那天我们来到村委会，那是30多年前我曾召开座谈会的一座刘氏宗祠。这座宗祠，1945年修建时，全村主动捐资、捐物、捐劳，共捐稻谷18600斤，每人捐国币500元，每个男丁捐义务工2天来将宗堂拆卸修造。宗祠距今已70余春秋，依然宏伟壮观，我忙对刘国富说，请把我开过座谈会的老书记刘连法、老农民刘云海请来，再报了几个人的名。这位年轻的主任惋惜地告诉我："这些人都谢世了。"

我要找的人一个都没找到，但那天也碰巧，村上的老会计和好几位老文化人都在祠堂大厅帮助村上查账，他们对我说："好像认识你。"这样我们聊天的空间距离就拉近了。我们的交谈便从此开始了。

我从包里拿出已经发黄的《金华日报》，读了开头的一段："常山县五里公社五里大队，在'文革'期间，最多的一年开出过一千二百多张'讨饭证明'，出外讨饭的人占全大队人口的百分之七十六。但这个大队落实了'双包'生产责任制后的一两年内，便摘掉了贫穷的帽子，实现大翻身！"

听了这番话，他们一下子激动起来了。接着这些老人你一句我一句说开了。我们五里也曾有辉煌：50年代，当时的五里公社曾被评为全县的生产先进单位，社长刘连法两次出席省劳模大会。1957年后，我们五里的农业生产遭到严重损失，那时干活"大呼隆"，几十个人一起劳动，吃了早饭还不知道上午干什么活。一位老农还讲了一个真实的故事：有一年春耕开始后，第四生产队社员你等我，我等你，七等八等，八九点钟才派好工，派出撒石灰的一位社员，九点钟才赶到仓库，他心急慌忙挑出一担面粉到田头，端起畚箕，三下五除二就把一担上好的面粉当作石灰撒到田里去了。这样的集体生产怎么搞得好！结果先进村就变成了"讨饭村"了。

"双包"责任制后，又换来了前所未有的大变化，全村人放下讨饭棍，拿起锄头下自己的责任田了。1981年粮食总产量达到126万斤，比1980年增长54%。1982年，遭受了与1967年规模相当的水灾，200多亩水稻被洪水淹没，但是包产到户的责任制有回天之力，粮食不仅没减产，产量达到142.4万斤，向国家提供商品粮16万斤。仅仅两年时间就彻底改变了五里的面貌，两年交售商品粮19.5万斤。

村会计刘顺昌不假思索地一口气报出一串数据，全村2005年上报土地面积1121亩，杭金衢和黄衢南两条高速公路征用土地596亩，加之农民建房，现在全村所剩土地已不多，他自己一家 5 口人，仅有 1.26 亩耕地和 6 亩山林。全村 861 户 2642 人，外出打工的超过 800 人，连同进城带孙子、孙女、外孙、外孙女的老人，全村超过 1000 人长年在外。

五里老文化人的一番讨论，引发了人们的许多思考。

五里村自 20 世纪 80 年代中期彻底摆脱贫穷、解决温饱之后，他们已不满足在自己承包田里"脸朝黄土背朝天"的农耕生活了，他们由于有前十年讨饭闯荡天下的历程，人人跃跃欲试再次走出家门。到了 20 世纪 90 年代中后期，一位没有考上大学的高中毕业生来到温州，这时的温州家庭企业正在兴盛，他一个月能赚千把块钱，这消息很快传回家乡，五里村的青年男女就打起背包奔向温州，后来他们又涌向杭州、宁波等地，有的甚至再次南征去了广州、深圳。到了 21 世纪初，全村的青壮年男女过了春节，几乎都各奔东西了。

我问刘国富主任："你们村除了打工者外，还有大老板吗？"

刘国富立即回答说："有，但很少，我的同学刘方辉，常山中学初中毕业后，来到上海一家兽药厂打工，偷学了一套制药技术，上海打工三年后，跑回了常山创业，在县城边上的二都桥征用了 40 亩土地，办起兽药厂，几年之后又在辉埠镇征用了常山水泥厂 40 亩厂房，刘方辉把厂房改建成饲料厂，他现在是家财超亿元，年净收入超千万。五里村，除了刘方辉就没有第二个大老板了。"

我又问："听说周边的村叫你们'五里'称'无理'，是个内闹矛盾、常告状的无理上访村？"

刘国富思忖了一下说："集体几乎没有收入，除了村支书、村委会主任和村监委会主任的工资由国家转移支付以外，村级运转经费一年5万元还是政府补助的。五里穷，矛盾就多，办什么事也难。我们村解放前这样的大宗祠也靠大家捐资修建起来，现在，国家把自来水管运到村上，出钱雇人给我们安装起来，由于村上的关系协调不好，政府无奈又把水管运回去。现在招贤镇村村都喝上了县里统供的自来水，就是我们这个五里大村还是照样喝河水，我这个主任当得不称职呀。"

我再问刘国富主任："五里村人均土地不到三分，如今你们村宅规模有多大？"

在座的那些老文化人，像烧开的水，全场沸腾了。大家说："村宅从东到西，有700米，南到北，也是700米，七七四十九万平方米。"刘顺昌会计忙拿出计算器一算，说："全村村宅足足735亩，比改革开放前村宅面积250亩扩大了将近2倍。"这位五里会计真会说话。他接着又说："不过我们村有一大笔财富——这100多幢徽派建筑的老房子却保存了下来。"

我再问大家："今天村主任也在场，你们这些村里的贤达给五里出出点子，今后怎么办？"

大家说："靠这样单干下去肯定不行。最近，我们五里村被浙江省政府列为浙江省首批古村落，我们要利用古村落和全村8000多亩的丰富山水资源的优势，组织起来开发旅游、休闲、养生、养老事业。还是要动员像刘方辉这样的大小老板返村创业，如果外出的 800 多名打工的，有一半返回创业，五里村将会再次兴盛起来。"

最后，一位一直没有说话的老文化人提出一个值得令党委政府深思的问题。他说："20 世纪 80 年代，金华地委推广了我们五里村土地承包到户的经验。30 多年了，一个阶段发展过去了，又迎来一个新的发展时期，衢州市委、常山县委再到我们五里搞一个新集体化的点，让我们家家团聚，结束户户'妻离子散'的生活呀。"

公共资源的零散，在一定的条件下，资源的内生力能得到充分的释放，但缺乏了公共资源的集聚效应后，公共资源的总能量就难以扩散出来，甚至压抑着公共资源的效力，破坏了公共资源。"讨饭村"五里翻身后，土地单独经营、小农经济的弱点很快就显露出来了。因此，集体的生产资料要依靠集体的智慧来利用，公共资源的作用才能够充分利用、充分发挥，这是一条新路。农村的有志之士，特别是闯荡世界、有见地的农民工，在有"乡愁"的家乡同样可以创造新的天地。

19 中国最美县城中的破烂村

富春江上端的桐庐县城一座新大桥架设后，1992年，桐庐南岸的土地突然热了起来。冷水田里好似长了气泡，气泡也变成铜钱。新建、乔林、大联、中杭、上杭5个村村民们欢天喜地奔走相告："我们要发财了，我们再也不用一辈子种田了。"

老百姓的喜悦不无道理。富春一桥飞架南北，桐庐县政府北迁南岸。经上级批准，桐庐县政府决定在南岸建立新办公大楼，县政府、部、委、局办全部搬迁南岸。县政府要在大联等5个村的2.5平方公里的地域里动土了，县政府动的土，这批土肯定成为一块热土。

很快，县政府新大楼落成了，新的桐庐县剧院首演了，民政局也搬迁到新址，东西、南北交横的一条条大道铺向中杭、上杭等5个村的田块上，原来的水稻、大小麦、玉米全换成新潮的花木果树了。到了21世纪，桐庐县城成为中国最美的县城了。当你开着车从杭新景高速公路桐庐出口，驰上通往富春江边的南北大道上，确实感到进入了一个新的境地，道美、树美、草美、花美，楼更雄伟、美丽。

让我们把时间倒回到 20 世纪 80 年代初期。1983 年春，上杭、中杭等 5 个村的这 2.5 平方公里的山水、耕地，几乎全部承包到户，5 个村的党支部和村委会手头无田、无地、无山，更无钱，公共事业无法进行，村上一些小企业也转制卖掉了。

在 20 世纪 90 年代初，地处富春江南岸的上杭等 5 个村的承包户，就靠自己的承包田，不仅解决了温饱，也迈入小康了。他们手上准备的一点钱正准备建房时，改革开放春风再次唤醒了这片富春南岸的土地。喜事从天而降，富春南岸开发了。从 1992 年开始，桐庐县政府对 5 个村的土地全面征用开始，同时对村民也开始重新安置。

改革开放不久，这里农民的住房、老房、旧房、小房较多，新房也是先富起来的几户农民建的，这 5 个村的农户怕吃亏，一直"按兵不动"。因此，桐庐县政府采取了老房评估报价、新房按人头经费包干、自由选购的办法。这 5 个村的村民们掰起手指一算，安置房每个人头经费包干 8 万元，安置房每人 60 平方米，价格约每平方米 560 元，仅人头包干费每人可余下 4.64 万元，还有老房的拆迁费，这样，这 5 个村的村民不仅住上了江边的高层景观房，而且还能赚取一大笔钱。特别是县政府还给这 5 个村的江边新区安排了一批集体留用房，作为集体资产。

大联等 5 个村听到这样的好消息，都同意拆迁搬家了。

2012 年，富春江南岸江边的高层景观房和多层小区建好后，大联村 302 户 1067 人搬了，上杭村 560 户 1560 人也搬了，中杭村的 340 多户 1200 多人也及时住进了景观房。他们住进了新房后，一起床，就能见到富春江的壮丽美景。大联、上杭、中杭三个村的 1202 户 3827 人是家家高兴、人人喜庆。但住在上杭村大庄里自然村中的 530 人，100 多户的房子在 2007 年就拆了，但政府为拆迁户准备的高层景观房和多层小区的安置房却住满了，他们无奈也只能每人每月拿到 400 元的过渡补贴，到了 2015 年，每人每月过渡补贴已提升到了 500 元。上杭村的大庄里 100 多户农户虽然没有住上景观房，但也不吃亏，每月每人拿着这么一笔钱，在桐庐租房住，也能过上安居乐业的生活，这 530 多人还是挺满意的。

富春江南岸的大联、中杭、上杭三个村的村民家家享受了乔迁之喜，上了楼，住进新区，成为城里人了。改革开放以后，他们三个村虽然没有办集体企业，集体经济几乎处于空壳，但如今不仅家家有屋出租，户户成了富裕户，集体也成了富裕村。2015 年，上杭村集体分红资金达到 230 万元，每股 800 元，每人人均两股以上，集体、个人不费吹灰之力，每年集体分红将近 2000 元。

政府没钱了，机遇失去了，乔林、新建两个村的村民就无法动迁了，乔林、新建两村也就没有这个“福分”了，乔林村 337 户 1185 人，耕地全部被征用了，只留下全村 605 亩连住房一起的村庄宅基地。乔林村党支部和村委会把征用返回留用的几亩地建了房，靠出租，每人每年年终靠集体分红千把元钱。1996年，城市规划划了红线，村里房屋不能改建，更不能新建，他们家家住着旧房，全村几乎成了最美城中的破烂村了。

新建村，经历半个世纪的风雨兴衰，新建人伴随着新中国70年的历史变迁，更值得写上浓浓的一笔。

56年前，新建村的村民居住在新安江畔的威坪花洲村，全村200多幢住房辉煌壮观，马头墙、徽派建筑令人陶醉，特别是那胡家宗祠，外观巍峨壮观，第一大厅里两个大人才能合抱住的四根大柱子，雕梁画栋，极尽辉煌。据说新安江水库拆房队都不愿下手毁了这值得传承的古建筑。不久，全村1500亩良田，连同古村落沉入库底，5000亩山林全部划入国有。1959年5月，200多名花洲人不愿离开这养育他们的威坪山山水水，投靠了亲朋好友，留下的720多名男女老少阔别了花洲来到了富春江畔，在那"多带新思想，少拿旧家具"的疯狂年代，他们几乎空着双手创立了新家业、新农村。

刚来桐庐，花洲人分散安置在乔林、大丰等几个邻村，人们在"三分天灾、七分人祸"的困难中，270多名花洲人又携儿带女告别了富春江，走向江西，奔向安徽偏僻的深山冷坞，去当山里人了。1960年，乔林等几个村划出500多亩山垄冷水田给了花洲人，留下的450多名花洲人就在这片土地建起了三合公社新建大队。

穷则思变！花洲人成为新建人后，更勤奋了。老书记胡清胜的第一目标，是带领全村老幼把500来亩冷水田改造成旱涝保收的高产田。其次，把100多户人家安置好，让家家安居乐业，成为一个名副其实的新建村。加工厂办起来了，小学建起来了，安居两年后，有"桐庐第一堂"之称的新建人民大会堂也在新建村中落成了。当时，桐庐县开大会也常借用新建村的这座大礼堂。不久，桐庐县县办的五七高中也借办在新建村。当时，新建村成为桐庐县创业的一面旗帜。1984年，新建村就跨进了小康，成为远近闻名的小康村了。

1983年，经新建村改造成为良田的500多亩耕地全部承包到户后，新继任的党支部书记胡泽根牢记他父亲胡清顺常说的一句话："只有走集体化的道路，中国的农民才有希望。"他冲破了层层阻力，办起瓶盖厂、商标印刷厂，并又设法建起海逸宾馆等一批公共产业，在20世纪80年代中后期，村上集体净收入年年超过5万多元。到90年代中期，桐庐县啤酒厂改制后，新建村办的企业也随之改制。到如今，新建村每年年终分红的几百元钱还是靠胡清松带领全村人创下的老产业出租的收入。

如今，新建村落伍了，新建村的村民们埋怨说，改革的春风怎么就吹不进新建村呀。

土地曾是农民的命根子，太平天国农民起义打出的"耕者有其田"的口号，农民们纷纷跟随，中国共产党领导的新民主主义革命为"分田分地闹革命"，牺牲了多少革命先辈。改革开放后，国家向农民征地，发展经济，实现"富民强国"的战略，这是社会发展的必然。新建人在为新安江水库建设，第一次把千年奋斗的积累全部奉献给了社会主义后，第二次为国家作出巨大牺牲的命运又降到新建人的身上。1984年开始，桐庐县啤酒厂扩建，以每亩地价96元的价格征用土地，新建村花了8分田，只换到啤酒厂76元8角钱的土地征用费。

桐庐县城南动迁工程快速推进，土地征用速度也随之加速。到了2012年，新建全村542亩8分3厘耕地，只剩下了15亩7分2厘。而这批土地总共征用费只有781万元，18年时间，新建村615人，人均只拿到12699.18元钱（见附表2）。而国家2002年最后征用新建村芝溪龙30亩土地的征用费每亩5.4万元，而其中10亩国家以每亩450万元出让了。

55年前花洲人在三合公社新建大队时，国家只给移民每人150元至250元不等的安置费，买地要钱，运费要钱，花在建房上的钱就更少了。当时移民房大多是简易泥墙，甚至是篾墙房。20世纪90年代中期，桐庐县政府1996年下文，全面控制新建等村新建房屋的审批。2007年城镇街道在新建村划出红线，在红线以内，规定不能动一砖一瓦，并对违章的房子一律拆除。红线以外的土就更不能动了。

半个多世纪过去了，移民简易房倒的倒，剩下都是危房了，遇到下雨天，外面下大雨，屋内下小雨。有的房子屋柱屋梁已被白蚁蛀空，随时有倒塌的危险，但现在新建人还有15户人家住在这样的危房里。20年了，新建村没有动过土建过房。

附表 2　桐庐县城南街道新建村征地一览表

时间	地址	征用面积（亩）	征用价格（元/亩）
1984 年	啤酒厂扩建	0.8	96
1992 年	啤酒厂	1.26	2700
1992 年	奖地	1.708	3300
1992 年 8 月	大壮	9.50	3300
1992 年 9 月	供电所	5.485	3300
1992 年 9 月	啤酒厂	7.519	3300
1992 年 11 月	中心小学	5.344	1000
1992 年 11 月	中心小学	13.61	3500
1992 年 11 月	开支办	50.88	3300
1993 年 2 月	麻东贩	19.629	3300
1993 年 6 月	学校办	2.93	3300
1993 年 6 月	罗古庙	1.51	3850
1994 年	320 国道	22.39	4680
1995 年	320 国道	11.988	4950
1996 年	迎春南路	4.65	7700
1997 年	县政府	16.332	7700
2000 年	320 国道	1.4	8848
2000 年	装饰城	20.99	12319.06
2000 年	县工业区	37.53	10350
2000 年	白云路	48.816	12319.99
2001 年	方利元	39.94	12320
2000 年 3 月	三合中学	47.82	12320
2000 年 7 月	摩托市场	7.55	12320
2001 年	镇工业兰田	8.14	15200
2001 年	方利元	16.64	12322.5
2002 年	煤气公司	9.93	42578
2002 年	云面路	2.25	30800
2002 年	装饰城	21.808	12320
2007 年	上字城畈	28.594	32679
2007 年	青龙畈	31.968	31627
2012 年	芝溪龙	30.05	4000

备注：桐庐县共征用新建村土地 527.11 亩，总值 781 万元，每亩均价 14816.6 元。

离县政府大楼不足两公里的新建村已成为一个典型的城中村了。新建村、乔林村20年没有遇上好机遇，天天是征地征地，分钱分钱。20世纪末，桐庐江南大发展的时期，新建村、乔林村就列入拆迁规划，县主要领导的更迭，工业开发区的东移，一次机会又失去了，后来县政府决定乔林路商业区整体开发，一天一个价，天天出新价的那些日子里，开发商没有一家敢在这里揭牌开发。

桐庐江南新政府办公区改造工程完工了，大联、上杭、中杭村拆迁了，乔林村、新建村的拆迁成为一个烫手山芋，如果按大联等村拆迁安置政策，拆迁费至少超过20亿，加之现在人工、物价的全面上涨，这数字肯定打不住。面对这棘手之事，当地政府不敢下这个决心，企业更是不敢进入这个"深水区"。

新建村、乔林村土地征完了，新建村每年年终村上分红每人只有七八百元，乔林村人均也不过千元左右，这与2014年就超2万元的桐庐县农民的人均收入相比，只是杯水车薪，新建村、乔林村近2000人今后向何处去？他们瞪大眼睛在盼呀……

50年代开始，淳安威坪的花洲村人移民到了桐庐县的新建村，老党支部书记胡清胜，到他儿子胡泽根，他们都是一心想把新建村人带上小康甚至更高更好的生活水准，1984年，他们就已迈上小康了。如果在20世纪八九十年代，新建村也全面开办村办企业呢？但那时征地的风潮让他们失去了方向。

那个时候，他们的 500 多亩集体土地，集体统一经营，凭着他们的聪明智慧，富裕了新建村人，企业也会办得更兴旺，村规划将会重新设计，小别墅式的新村落、新社区也会形成了。退后一步，假设在桐庐县开发区东移时，在工业区中调剂一块地，让新建村的集体企业搬进开发区，帮助它们转型升级，新建村新集体经济壮大了，新建村的别墅社区也会形成了。

现实，没有如果和假设，但是在大变革时期，可以肯定地说，组织起来的力量比孤军作战要好。

新建村一切机会都失去了，它如今真正成为最美县城中的破烂村了。

20 781 年的古村落衰败了

　　我从 1969 年大学毕业从事新闻工作，到后来进省级机关，其间大江南北至少踏访了村落千家，走访了农家万户。2017 年入梅的第五天，我走进仙居县安岭乡石舍村老会计叶德福家，顿时吓呆了，只见左边的半幢房子已倒下，他家还住在右边的半幢房子里，那天天下着雨，他的住宅里面还滴着水。那天我在石舍全村巷巷弄弄、山山垄垄转了一圈，踏进了几十家农家的破旧房子，见大多房子都是危房，这是我来到世上 73 年，从有记忆那天起，见到最破烂的一个村落了。

　　781 年前，正当南宋后期，当时朝廷腐败，政局动荡，战火不断，民不聊生，石舍村太祖叶伍太尉后代为逃离尔虞我诈的官僚衙门，追寻世外桃源的平静生活，来到温州、台州、丽水三市交界的那重峦叠嶂、壁立千仞、碧波荡漾的深山之中。在一座名叫五指山下的二溪交界口搭棚安寨，并取名石舍，其意是像磐石一样的宅舍，在这山坳中，永远居住下去。从此石舍叶太祖一脉便在这大山中，繁衍生息，一代一代相传，至今石舍叶氏后代人口已超 6000 人，裔孙遍布海内外。如今石舍村已居住着叶氏后代 280 户，1100 多人。

石舍东南紧靠温州市永嘉县，西南依附丽水市缙云县，北接仙居县城。石舍与永嘉、缙云县城都相隔百里以上。离仙居县城也有 145 里。民国时期，石舍村归仙居县金竹乡管辖，到了 1958 年划归丽水市缙云县石舍乡并加入了安岭人民公社，建立了石舍大队。后来区划调整又划归仙居县管辖。这里是一个"天高皇帝远"的地方，居民们远离喧嚣的都市，一直过着平静的生活。1000 多人的古村落，可耕种的耕地只有 315 亩。在民国时期，这里家家户户几乎都靠刀耕火种。新中国成立后土地改革，石舍全村只有一个地主，这家地主人均土地也只有 8 分，只因他当了土匪，才划为恶霸地主，被政府镇压了。石舍村走上集体化之后，全村人改田造地，每天吃饭一干二稀，粮食基本够吃，日子过得还是挺平静稳定的。

当了 42 年村党支部书记刚卸任的王汝火介绍说：我们村就是我们一家王姓，其余都是叶氏后代。我 1972 年退伍回乡就当上了党支部书记。在集体化时期，建造了一座水电站，1974 年全村家家户户用上了电。1975 年开山种了 300 亩茶叶山，办起了茶厂。到 1978 年，集体经济一年收入达到 16 万元。当时仙居县其他村都很羡慕我们。现在我们村青年人都外出打工了，靠老人妇女守家护村。村庄也逐渐老去，衰落了。

我有意问这位老书记，你们这山里人认为是过去集体化好，还是现在搞土地承包好呢。

这位老书记不假思索地说："那当然是现在好咯，现在人走出大山，自由了，钱也赚多了。"他话题一转又说："我们村钱真正多的也是极少数，一年赚一百万以上的老板全村也只有五六个，全村300多打工的，大多数除了吃用开支外，一年到头也赚不到几个钱。过去是穷得平均，大家一起苦，现在是贫富差距大，心里不平衡。"

我问："石舍村去年农民人均可支配收入是多少？"这一问把他怔住了。这位今年5月份刚卸任的老书记答不上来，坐在他边上5月份新上任的新书记也说不清楚。我有点生气了。"你们打电话给会计。"刚当了两个月的新书记拨通了村会计的电话，那头回答说："我也不清楚。"

适巧此时，安岭乡的女乡长来了，我又重提起石舍村农民人均收入，盼这位姓杨的女乡长能回答上这个问题。杨乡长说：石舍村农民的人均可支配收入我也说不清楚。据说是省里定下2016年农民人均可支配收入要比上年增加8%，我们仙居不能低于这个增幅，县政府也确定在8%。这样一级一级到乡到村。因此，我们安岭乡2015年上报全乡的农民人均可支配收入是9525元，2016年比2015年增加8%，那去年上报的全乡农民人均收入就是10287元。石舍村农民人均可支配收入也是这个数。也就是说，2016年石舍村农民人均可支配收入应该是10287元。

我继续问石舍村这两位新老书记："你们村人均可支配收入有这么多吗？"老书记王汝火说："我们村7000多亩山2000

年造公路，没有钱，树全砍了。现在承包到户的 315 亩耕地无人耕种，也全荒了。过去种了 300 亩茶叶，每年卖青叶，每亩可赚上两三千元，全村茶叶收入也就是五六十万元。我们整个村，农业现金收入每人一年也就是五六百元吧！其他就靠打工。现在打工外面企业效益也不好，打工也很难，一年辛苦到头，几乎都没有什么钱拿回家。如果硬说是 10287 这个数，那把几个大老板的收入都加上，平均下来，石舍村 1100 人可支配收入这个数是有的，但我可以肯定地说，我村 80% 以上的农家还不富裕。日子过得还是挺紧巴的。"

我又问这两位书记，你们村小孩读书怎么样。

他们一听到这件事，就冒火了。王汝火老书记先说开了：我们村在民国时期就在叶氏宗祠里办了私塾。1958 年石舍小学建起来了，1969 年，我们石舍人出钱建造一幢综合楼，还办起了初级中学。土地承包到户后，实际上我们村也没有什么土地可以承包，人均分到就两三分土地。随着农民工的进城潮，我们村许多早出去打工的青年人赚了钱，也就把孩子带到城里读书去了。到了 2014 年，崭新的一座石舍小学关门停办了。可惜呀！"刚接任不久的年轻书记王作为接过话茬说："我村小孩读书分三类，富裕的家庭把小孩带到温州、温岭等地上学。钱不多的家庭，送到横溪镇陪读。还有 50 多位小孩因家庭缺钱，无奈只好由奶奶陪着孙子孙女，到安岭乡学校边上租房陪读。"从不发火的王汝火书记火气也上来了，他说："读书真是欺负人，是越穷读书越难，是抹杀人才呀，社会太不公平了。"

我忙说："两位书记别冒火,我们去看看村貌村容吧。"

我们跨过已有 150 年历史的众兴桥,一座叶氏宗祠展现在眼前,但走进已有 250 年历史的宗祠,只见几根栋梁已用新木头支撑着了,瓦缝中还有亮点,雨水不停地往下掉,这也是一座危房。我们往右走进名叫抗里的地方,沿着石板路慢慢地往里走着,天上下着毛毛细雨,石板路的左侧是一条山溪,潺潺的小溪水碧绿碧绿。右侧石坝上是一排排黑白土墙的老屋,我迈上石阶往里走,两位书记跟着进屋了,我们穿过又潮又暗的厨房间,里面是一座四合院。靠山脚下那一排屋半幢已倒下了,屋梁、屋柱、屋栓,还是横七竖八地倒挂着。还没有倒下的那半幢屋中的主人见有来人,忙走出来,王汝火书记指着这位老人说,他是我们村的老会计叶德福,今年 85 岁,会计退休刚两年。我走进叶会计家的住室,黑黑的,潮潮的,地上还摆着接水的脸盆,我指着一位老太对老会计说:"她是你母亲?"叶会计连声说:"不是,不是,是我内人,比我大两岁,今年 87 岁了。"我连声道歉:"对不起,对不起。"走出房间,这四合院中好多家的人,见新老书记陪着客人来,都来到四合院天井。我问一位长者:"这四合院里,还住着几户人家?"这位长者说:"还有 5 户人家居着。"此时大家的眼睛都各自对视了一下,什么话也没说,我四周看了一下,离开了这座四合院。

我们三人,再继续冒着绵绵细雨,踏着石板路往里走。我

▲ 浙江省仙居县安岭乡石舍村的农民住宅大多是危房

见到左侧山脚下有一排无墙的瓦房，我提议去看看，新老书记连声说："那屋无人住，不要去了。"在我的一再坚持下，我们踏着铺满青草的泥路，走进这排屋，新书记王作为介绍说：20世纪90年代初中期，叶汝明带着几位堂兄弟，建了这幢楼房，土墙还没来得及筑，外面的打工潮涌进了我们这个山沟，他们几兄弟都跟潮去了，赚了点钱这房子也不要了。

往回走的时候，那山腰上的一排排木墙结构的瓦房，吸引了我，我不顾新老书记的劝阻，独自一人攀上了半山腰的这一排排木屋，没有上锁的屋，我推门而进，见里面什么东西也没有，只有几双破鞋和生着锈的农家具。我来到一户名叫吴金娥的老太家，她拉着我的手说："你们省里来的人可要帮帮我们，我三个儿子在外打工，他们一家家都进城了，我老头2015年走了，梅季雨下个不停，后山随时可能塌倒下来，到那时我们几排木屋都将葬入土中，我们老人也没命了。"

最后我和新老书记来到了村西侧，名叫长田的山坞中的叶军杰家的四合院中，他的妈妈已93岁了，坐在屋角下。这个四合院已有120多年历史了，外面是泥墙，家家的住宅都是木板隔开的，现在还住着8户人家。但他们家家住的屋都是屋顶漏雨泥墙歪裂的危房。

石舍村我转了一个下午，只见到村卫生院是新建的，还有三四幢房子是近几年建的，但大多数的人住在危房中，老书记王汝火介绍说："现在全村民国时期造的房子，大约有七八十幢。这些房子基本是危房。我村出门打工的人赚了钱，有的在温州，在仙居，在横溪买了房，但购置新屋的人也不过 10 户人家。"

这对父子新老书记最后叹气说："我们石舍村在我们手里衰败了！"

叶氏太祖在那兵荒马乱的年代，逃进大山老林，在近 800 年的历史长河中，石舍村今日已成为一座古村落了。在历史空间中它们曾有平静，曾有安稳。特别是新中国成立后，叶氏宗亲团结奋斗，也曾有辉煌。改革开放的洪流，冲破了固然不变的古村落的平静，叶氏人思想开化了，聪明才智显露出来了，他们纷纷走出大山，这是社会的进步，这是人类的升华。他们造就出一批企业家。41 岁的叶勇飞，初中毕业出山创业，现在成为温州、杭州、温岭等地二十多家连锁饭店的董事长。今日的石舍古村落看似破落，但它一定会"东山再起"。安岭乡的杨乡长说得好："浙江最穷的是我们安岭，是我们石舍。但最富的也是我们安岭，也是我们石舍。石舍的水是最甜的，石舍的山是最绿的，石舍的空气是最新鲜的，我们坚信石舍山山水水一定会成为叶氏人的金山银山。"王汝火老书记接过杨乡长的话茬说："我们村上的青年人赚了钱，也很想为村上干事，仅去年就有 4 位青年向村党支部递交了入党申请书，现在全村已有七八位青年积极向组织靠拢，只要青年人肯挑担，村上就有希望了。"

一场大的变革，给社会、给家庭带来一时阵痛，这是不可避免的。但最终是要给人民带来福祉，这是每步改革的初心和最终归宿。

在那天石舍村考察中，我站在破旧四合院的天井里，面对烟雨中落在我手臂上的雨点，这滴滴雨珠沿着我的手臂往下滚，我沉默了许久，浮想联翩，石舍人将来的路怎么走？我沉思在这乡愁和希望中，顿时，心底涌出了一首不像样的诗——《石舍的盼》：

石舍的细雨，

淡墨的烟云。

洗净的山峦，

我站在危房中……

八百年村，人去楼空。

黑瓦土墙，壁斜瓦碎。

天青水绿，山高林茂。

何时村富，只盼天道。

愿意在院中淋雨，

不想等细雨停歇。

林中飘放天然氧吧，

山民盼迎金山银山。

山里的人想出去，外面的人想进来，这种"围城"式的矛盾心态，正是当下古村落保护、利用和开发的大好时机。一方面是古村落居民对于现代生活的向往，急于搬出老宅，改善居住条件，另一方面则是社会各界对于古村落原生状态的追求和喜爱。休闲、养生、养老的白发浪潮来了，随着农村土地经营制度的改革，青山秀水蝶变成金山银山的时期也来了，这个机会石舍村人一定会抓住的。

六 挑战"三农"报告(四)

21 浙江省最早一对农民工兄弟

　　1980年，实现包产到户的常山县五里村，作为两年大翻身的典型，成了金华地委、浙江省委的一面旗子，强大的政治攻势下，金华地区直至浙江省，1982年底至1983年初，家庭联产承包责任制在全省几乎全部铺开了。生产关系的全面调整，新的生产力把我国的工业化和城镇化推进了快车道。乡镇企业的蓬勃兴起，城市工厂的扩张，劳动力成了城市的稀缺资源。但户口的绳索还是把青壮年捆绑在乡村，结果城市工厂第一线的工人荒出现了，杭州木材厂几次向杭州市政府打报告，杭州市政府都不敢松口。

　　我的一位同事，说起了他一生中最提心吊胆的一件事：20世纪80年代，杭州市控制人口规模，规定杭州市人口不能突破一百万，因此市政府专门成立了人口控制办公室，当时，省级机关人才严重断档，各机关普遍要到基层去选调，我的这位同事说："我被选调上，拿着省人事厅开出的调令和户粮关系转迁证及进杭州的户口指标告示单，到杭州市人控办办理户口转迁手续。那天，我递上介绍证明，人控办的同志潦草看了一下后，严肃地对我说：'我们杭州市一年就给省里 200 个进杭指标，你一家就占了 3 个指标，这可不行啊！'我连忙解释说：'我已年过四十，孩子上学，家庭离不开我呀。'我当时吓得全身哆嗦，幸亏有位杭州市部门的领导陪着。这位人控办的同志，看了这位部门领导几眼后，又以责怪的口气连声说着：'省人事厅这样做不对啊。'最终他勉强拿出公章，盖上了杭州市人控办的大印。"我的同事一家总算没有分居而进了杭州。这件事说明，20 世纪八九十年代要成为杭州人是很难的。

1985 年 3 月，杭州市政府终于批准杭州市木村厂到淳安招工 30 名的指标，批文中规定这 30 人不仅是正式工人，而且是要随迁户粮关系。杭州市批复中还强调指出，"这是一项扶贫工作，请有关部门和淳安县把好关"。这就是说，这 30 人要农转非了，这消息在淳安威坪等几个乡村传开了，村村符合资格的青年男女都报了名，宋村乡双溪口村的余宁智、余宁财堂兄弟俩也报了名。淳安按照招兵的要求招工，最后宋村乡樟树下村魏如兴等 30 名淳安西乡儿女进了杭州，余宁智兄弟俩没招上。这 30 名从淳安西乡招来的工人，虽然全部被分配到南星桥码头等地扛从新安江、兰溪江放排下来的木头，每月工资是 36 元，成为木材厂的装卸工人，但他们吃的是"国粮"，拿的是月薪。杭州木材厂第一批农民转成的工人，也是杭州市直至浙江省改革开放后的第一批从农村正式招收的工人。人人都是挺高兴的。

此后，杭州市不少工厂、企业都向市政府打了招工要求的报告。此门从此封死不开了。从此，宋村乡双溪口村的余宁智、余宁财一对堂兄弟就没有那份福分了。

余宁智的父母，20世纪50年代，随同浙江支宁大军，涌向西北的黄土高原，生在宁夏，他的教书父亲盼儿子聪明，并取名宁智。云源溪冲开悬崖峭壁的二十五里青山，奔腾的激流，升腾的云雾，覆盖了宋村全乡的山山水水。这里的田大都被新安江水库淹没了，留下的是山坡上皮带式的山地，家庭联产承包责任制中，余宁智一家三口，分到了四分田、二分地。这里的责任制搞与不搞，这里的农民平时几乎都是闲着无事干。1985年经杭州市批准，当年7月杭州市第三建筑公司来宋村乡招工了。余宁智带上堂弟余宁财去报了名，招工的人见余宁智有一手好木工手艺，余宁财那副机灵劲也吸引了招工的人。结果两兄弟都被录取了。从来没远行的这对堂兄弟，1985年7月28日，乘船到千岛湖镇等了一夜，第二天坐了颠簸一天的汽车，到了杭州古荡镇108号集体宿舍住下了。杭州三建公司深知这批山里青年人的心理，第二天就把从淳安西乡招来的六十七名工人带到西湖边，让他们绕着西湖蹦蹦跳跳地走了一圈。第三天，公司领导又带他们到中药二厂二组工地视察了半天，下午公司与每位新到的工人签订了合同，公司领导明确告诉这些山里来的青年们，你们这批人，身份仍是农民，但吃的是市政府批给的"特供粮"。这在当时粮食统购统销的年代，有这个待遇，对缺粮的淳安西乡青年已是很满意的事了。他们可谓是杭州的第一批农民身份的工人了，就是如今简称的"农民工"。

杭州市、浙江省一直走在全国改革开放的前沿，杭州市政府给进城打工的农民批给"特供粮"，这在全国也可以说是开创性的创举。因此，余宁智、余宁财兄弟俩也可以称为浙江甚至中国第一代农民工兄弟了。

余宁智、余宁财两兄弟农民工人，刚满18岁的余宁财农民工生涯故事多，就先说这位小弟的故事吧。

余宁财，初中毕业的他，汗毛还没长齐，平时游手好闲，家庭承包土地又少，在家夏天下河摸鱼，冬天兴致来了上山砍担柴。到了杭州，水、电、木工、泥水一窍不通，只得干普工，每天出工的工资是一元五角三分。当时的大学毕业生，一个月工资也不过六十来元，一个普工一个月下来可拿四五十元钱，真的很不错了，给了你这么多钱，公司里的老板是要你干活的。应当说，余宁财在工地上干活还是挺卖力的，个子不高，力气倒不小，抬水泥、拉砖块、扛钢筋样样粗活、累活他都争着干。8月1日开始上班，上班一个星期后的一天上午，他抬着一捆钢筋，不知咋的，在卸下来的时候，一根粗钢筋的头滑下来，戳在他左脚上，他觉得脚上一麻，脱下解放鞋，只见一节二拇趾已掉在鞋里了，顿时鲜血直流。老哥余宁智，听说余宁财脚被砸了，连忙放下铁榔头，把老弟送到杭州中医院，医生说脚上的二拇趾内的骨节已被砸得粉碎，告诉他们兄弟俩这个脚趾已经无法可接，而后包扎了一下，打了破伤风针就离开了医院回宿舍休息了。大家上班了，余宁财一个小伙在屋里自忖：西湖玩过了，杭州城也逛过了，我住在这个郊区，四周都是田，跟老家宋村差不了多少。三天之后，他就独自一人背了棉被回家了。他进家门，就对父亲说："爸，杭州我不去了。"这位从没有到过杭州的山里人，听儿子说不去杭州做工了，火气一下涌上来，"啪"的一个巴掌，这一巴掌把余宁财打醒了，这位懂事的小伙，想起招工报名的那几天，爸爸为争取这个指标，乡里村上不知跑了几趟，这名额来之不易呀。第二天吃了早饭，余宁财又背起铺盖乘船乘车返杭了。

余宁财再次上班后不久，他哥哥余宁智当上了木工班的班长，余宁财年龄最小，工地上大家都喜欢他。一天，公司的一位头头，走到他身边叫住他说："余宁财，你去学水电工怎么样？"水电工这是一门技术活，当然好喽，余宁财满口答应，连声说："好，好，我愿意。"

在学习水电工的同时，晚上又去浙江建设职业学校读书，三年后，他拿到了中专的毕业证书，同时水电工也出师了。一天，他正专心在宝善桥东苑小区第三幢房子楼上安装自来水管时，突然一个公安人员走到他面前说："同志，请配合我们调查一个案子。"结果，公安人员就把余宁财带到楼下，另一位公安人员把一个戴着手铐的青年人从公安面包车上押下来，这位戴手铐的小偷，自称是杭州第三建筑公司的余宁财，前几天偷了杭州杭建三公司古荡材料基地的钢筋。余宁财见到冒名的小偷，举起手"啪、啪"正反两个巴掌，并对着小偷喊了一声："我是杭州三建公司真的余宁财。"然后又上楼上班去了。

时间一晃，余宁财已在杭州打工十年了，他见淳安来的那批老乡，相继一个一个离开公司创业去了，老哥余宁智，前三年也自己去当包工头了。那年企业改制，杭州三建公司改为昆仑建设集团时，他拿到了600元补助，也自己去做老板了。个体户搞装修真是个苦力活，干了几年后，他积累起来几十万元钱，到了2003年，加入了一家装潢公司，成为该公司的项目经理，到了那家装潢公司，才知道他们公司老板是怎么发家的，泥水、油漆、木匠、水电工的项目经理接下装潢公司的活，公司要从项目经理处扣回20%的工程款，材料进场后，公司又要收取10%的设计费。那几年，木工、泥水、水电工工资年年涨，月月涨，涨得项目经理这些小老板们支撑不住。余宁财说："不偷工减料就要亏本，但这种黑心钱我不愿赚。"到了2006年，积累起的40万元钱，竟亏了30多万元。只剩下10多万元钱，我和老婆商量，以这笔钱为本，改行开了一家建筑材料商店，勉强在杭州维持生计。

余宁财在杭州辛辛苦苦30年，上无片瓦，下无寸土，到了2013年才回宋村双溪口造了一幢房子。

再说，余宁智这位老哥，他接受我采访时，拿出了他在杭州三建公司的工作证，见工作证的扉页上记着：1985年8月8日，每天工资1.83元连同浮动工资，8天时间拿了共计36.7元，9月8日月工资81.5元，浮动工资42元（实为奖金）；10月8日，月工资88.06元，奖金6.8元；11月8日，月工资66.06元，奖金 6.8 元。各月工资不同，主要是加班出勤的时间不一样。这样的收入，在当时相当于大学副教授的工资了。余宁智虽然只有小学文化，但由于父亲的遗传因子起了作用，十分聪明，几个月后就当起了几十号木匠的班长了。

1990 年 2 月回家过年，余宁智见到已 3 个月的儿子，高兴了一阵。年过了，这时，杭州传来消息，省里给了杭州三建公司一个外派科威特的木匠指标，公司把这个指标留给了他。据说，外派指标，国内工资照发，国外还有一笔收入，这位性格倔强的山里小伙，见妻子带着孩子忙里忙外的样子，他放不下这个家，便下了决心，不去杭州了。结果这个指标就让给威坪鸠坑的一个老乡木匠了。

为了维持这个家，到了当年 7 月，妻子又含着眼泪送丈夫进杭州了，余宁智凭着他那高超的木匠手艺，很快就融入了杭城装潢大军。20 世纪 90 年代初，城市房改刚刚开始，他做起了小包工头，别人家电风扇还没用时，他家却装起了空调、电冰箱、电视机，他家的家用电器全齐了。正当他赚钱顺风顺水时，1994 年 7 月中旬的一天，家乡来了人，把他硬拖了回去，当天晚上，村上的一批年轻人召开了一个会，要求余宁智这位见多识广的"城里人"，领头到乡水电站去讨公道。余宁智的命运也从此转变了。

20 世纪 80 年代初期，淳安县宋村乡在建造云溪电站时，宋村公社的胡家畈双溪口桐树湾等村投入了大量的人力物力和土地。1988 年电站建成后，一直归乡里经营，因经营不善，收归县管，但当地村民用电一直没有交过电费。1994年以来，乡村农民经常和电站发生冲突。从此，电站经常拉闸停电，余宁智家里的电器无法使用，他对电站也是憋着一肚子怨气，大家推他做这个头，他也不推辞了。到家的第二天，他就带上几个村的20多人去电站讲理，他对电站的负责人说："这个电站连同道路建设，一共花了我们18亩地，没给一分钱，电站是我们全村人、全乡人一锄、一担挑建起来的，现在要我们付电费，我们不答应。"在电站没有答应村民们提出的要求后，几位青年人就开始打砸电站的门和办公用具了，宋村乡乡长闻讯赶来劝阻，几个年轻人对着乡长说，根子就是你这个乡长，把他捆起来打。有的人又说，把他丢在电厂渠道里，淹死算了。

余宁智到电站评理的第二天，就回杭州工地了。

随后，淳安县委派出县委常委、宣传部长带队的工作组，进驻了宋村乡，查明原因，查清了打砸云溪电站的为首分子，余宁智当然也在其中。8月7日晚上7时，淳安县公安局在对胡家畈6名打砸云溪电站的违法犯罪人员执行拘捕过程中，11名公安干警和8名武警被胡家畈100多个村民团团围住，砸坏了两辆吉普车，抢走了四支警棍和两个枪弹匣，一名武警和一名公安人员被村民们丢到厕所里去了，公安干警最后无奈鸣枪警告。淳安县委、县政府闻讯后，带了100多名公安干警及干部赶到胡家畈村，杭州市委常委、公安局长当天也赶到出事地点，直到第二天下午5时30分，被围困的人员才全部撤出，并追回了被抢的警棍和枪弹匣。

那场震惊杭州乃至浙江省的围攻执法人员事件，余宁智虽然不在场，但第一次打砸电站策划指挥者是他，他当然有逃脱不了的责任，从此之后，他就放下木工工具，离开杭州了。手艺活也放弃了，他到了上海、深圳、台州、海宁、萧山等地，去看守工地仓库，逃避公安的抓捕。

参加打砸及围攻执法人员事件被处理后，事件平息，一切工作走上正常。几年后，丧失元气的余宁智无法重振旧业，拿起铇子、锯子做木匠了，像一个小老头一样，只是给老板做做帮工。

2016 年国庆，他的儿子喜事办好后，突然想起自己已经 56 岁了，将来的社保怎么办，他从淳安专程跑到杭州市劳动与社会保障局办公室，接待他的同志很耐心地告诉他，我国社会保障养老保险这项工作是 1994 年开始的，你 1992 年自动离开单位，成了一个个体劳动者，将来的劳保工资就很难办了。余宁智是离家在外闯荡了 31 年的农民工，又重新回到了 1985 年双溪口村，变成一个老农民。

余宁智、余宁财兄弟打了 31 年工，余宁财最后经营一家小店，跟其他一批小老板在一起，消息灵通。2009 年就交了养老保险费，他 60 岁以后，每个月收入至少超过千元，而余宁智就靠国家给他几百元的养老钱了。这俩兄弟都是年过半百的人了。一天，两兄弟凑在一起，聊起未来的生计，余宁智突然来了一个念头，告诉老弟："我想出家当和尚去。"余宁财无奈地对老哥说："你虽然能说会道，但毕竟是一个小学毕业生，你又不懂经文，又没有武术真功，你马上跨进 59 岁的门槛了，哪家寺院要你这个小老头。"

余宁智长叹了一声："那我将来只能在双溪口等死了。"

人、财、物的大流动，推进了工业化和城镇化的快速发展，这是社会的进步，但为社会主义作出重大牺牲和奉献的第一代农民工，目前他们已迈入或正在迈入退休年龄，此时无奈又回到故乡，成为一个守家护村的老农民。他们在城市生活多年，追求着城市的生活方式，追求着城市人的文化需求。他们虽然记挂着乡愁，记挂着亲情，但他们童年、青年成长之地，也已经永远难以留住他们的心。这靠单家独户的打斗，已很难满足他们的新需求。这就需要集体、需要国家帮助他们共同去创造乡村新社区，去创造乡村都市，让他们安度好晚年，这样社会就和谐了。

第一代农民工大部分回乡了，第二代、第三代农民工成长起来了，但农业转移人口市民化问题一直没有破题，改革开放30 多年了，2015 年，我国户籍城镇化率还仅为 39.9%。在新型城镇化试行过程中，一些中小城市，虽然实行了农民进城落户的"零门槛"政策，但农民进城落户的积极性普遍不高，缺乏市民化的动力。截至目前，中国大陆 31 个省（自治区、直辖市）全部出台了户籍制度改革意见，一些省（自治区、直辖市）取消了农业户口与非农业户口性质区分，统一登记为居民户口，已实现了户籍制度的人口登记管理功能。但探究下去，虽然这些改革意见取消了农民的农业户口身份，但是，没有影响附着在农村居民背后的土地承包权、农村宅基地使用权、村集体经济分配权等"三权"，而非农业户口的权益主要体现在教育、医疗、就业、保险、住房等方面，这次户籍制度改革则基本上没有触动。这样的话，要提高户籍制度的城镇化率，难度是很大的。

我国当前的城镇化发展并不是通过农村城镇化、农业现代化和农民市民化的进程实现的，而是被拆分成了"物的城镇化"和"人口城镇化"两大阶段。这就必然导致由"以城为本"转向"以人为本"。我们要把经受过锤炼的农民工送回乡，实现就地就近城镇化，发展乡村都市，这样"人口城镇化"才会落到实处。

22　一个保姆自述打工大家族

　　2015 年 10 月 1 日，国内首本流动儿童教育蓝皮书《中国流动儿童教育发展报告》发布，全国流动人口数量已达 2.47 亿人，全国每 6 个人中就有一个处于流动之中。作为流动人口子女的流动儿童和留守儿童，这两个不同群体总数约 1 亿人。这 2.47 亿人和 1 亿人是权威数据，这与我们中国民间传统生活的起码条件——安居乐业相差甚远。他们一直处于漂泊状态，这些人当然也谈不上安居乐业。他们是中国 GDP 的主要创造者和奉献者，但连最起码的安居的基础生活条件都达不到，这是社会发展的必然，还是社会发展的弊端？应当回首认真梳理。

　　春节后，我忙于调研写作，顾不上回家烧饭，有时弄到晚上 8 点才吃上晚饭，女儿无奈，请了一个烧饭的钟点工保姆，这位不到 40 岁的农村妇女，菜也烧得合全家人胃口，就留下来了。一天吃饭闲聊，我得知她一对儿女在重庆农村念书，我便专门采访了她。

这名保姆名叫张小兰，36 岁，女儿 14 岁，在重庆乡村读初中一年级，儿子 12 岁，在老家农村读小学五年级。儿女读书就在村上，走路去学校只要十多分钟，午饭吃在学校，奶奶是文盲，只管这对孙儿孙女衣食住行，每周给孙女 15 元钱，每天给孙子 1 元零花钱，一对孙儿孙女的教育，她也无法顾上，因为奶奶不识字。

这名保姆，个子不高，长得也挺清秀，给人的印象是嘴甜话少干活利索。但谈起她的年轻时代时，她觉得还是婚前在自己家中依靠着母亲，那种无忧无虑的生活值得回忆，而当了母亲后，留下的是更多的辛酸和劳累。

一天饭后，我女儿洗碗，我就认真听取了张小兰婚后 14 年中酸甜苦辣的外出生活历程。

我老公，罗永洪，在家排行第六，比我大 6 岁，家住重庆市丰都县双路镇安宁村，他 15 岁初中毕业，就闯荡天下，外出颠簸，四处打工。他到过河南、上海、深圳，几年回家一趟。在我们那里，二十七八岁的小伙，娶不上老婆，在外面漂流，心野了就不要家了，也就没有家了。到 2002 年下半年，他两个姐姐、三个哥哥把他请回了家，托媒人来到我家，我妈妈开口了："我们家只有两个女儿，大女儿不出嫁，只招入赘。愿意就做半子，造房娶亲。"第二天，媒人带着罗家老六再次上门了，这罗家老六一见我，就偷偷对媒婆说："我愿意入赘。"

这罗家老六跑过码头，又见过世面，觉得也该娶亲成家了。过了几天，他陪着妈妈，带着自己换洗的衣服，还带着自己几年打工积起的几万钱，来到我家。罗家老六的妈妈说："两个姐姐出嫁了，儿子三个成家了，家里底子薄，现就靠老六积累起的几万元钱在九溪沟安家了。今天老六也不回安宁村了，就留在这里造房子吧。"当时我见两个亲家母都很开心，当天下午，我妈烧了鸡蛋下了面条，老六妈妈吃完就往回赶30里路回家了。

罗家老六从那天起，就成了我张家的准女婿了，永洪由于四处闯荡见识也广，见了村上的人就打招呼，熟了就成了朋友。三间两层的小洋房，三四个月就造好了，还剩下一点钱，买来家具和电视机，2002年春节，我们结婚了。罗永洪真正成了我们张家入赘女婿了。

做女人，结婚就得生子，到了2003年正月初七，21岁的我就当起了母亲。我们重庆市丰都县南天湖镇九溪沟村顾名思义，渠多，沟多，村子也大。过去人民公社时期，曾有10个生产队，每个生产队二三百人上下，近3000人的大村庄，外出打工的就有上千人，一对夫妻长年累月生活在东西，家庭也就不稳定，离婚的，女的跟着别的男人跑了的，男的出门几年不回的，我们村上破碎的家庭就有不少。为了维系自己的家庭，为了照顾自己的丈夫，当年7月，我带着半岁多的女儿，母女俩坐了两天两夜的汽车，到了杭州，虽然年轻，但重庆、湖北的盘山公路，把我全身的骨头颠得都好似散了架。

永洪的三对哥嫂都在杭州打工，永洪在拆屋工程队，拆屋是露天的活，下雨天无法干。一项工程完工后，另一项工程还没有接上来，就在家里待着，一家三口和另外一家重庆人共住一套房，一个月工资只有3000来块钱，刚够吃住行，所剩无几，那年过年也无钱回家。

2004年9月，已怀孕5个月的我，再也不敢在杭州久留了，要不然在杭州生产开支太大了，那就得抓紧带着女儿返回九溪沟，否则怀着八九个月的身孕，经不起近50多个小时的山路颠簸。2005年2月20日在九溪沟，生下了儿子，在家带着一对儿女，足足待了一整年。

2005年9月，我再次来到杭州，永洪起早贪黑赚钱，双手全是老茧，手上带刺，一对儿女都不喜欢爸爸抱他们，这对儿女跟我形影不离，上街买菜也是手上抱着一个，肩上背着一个。虽然累，日子也过得紧巴巴，但看到一对儿女健康成长，一天一个样，哭哭笑笑，我们一对小夫妻也挺快乐的，可谓甜甜蜜蜜地过了一段平静的日子。

上帝就会折磨人，你刚过上好日子，就让你日日不得安宁地度过人生的一劫。到了 2006 年 4 月，3 岁多的女儿突然发起高烧，到浙江省儿保医院一检查是肺炎，马上住院治疗，10 天出院后，1 岁的儿子也发起了高烧，我们有经验了，叫来了二嫂管女儿，夫妻俩就抱着儿子往医院赶，儿子得的也是肺炎，住院治疗 10 多天，一对儿女住院治疗一共花了近 5000 元。杭州大城市孩子生病医药费太贵了，花不起呀！杭州不是我们乡下人久留之地，到了 7 月，把永洪两个月的打工钱都撒在路上，带着一对儿女第三次回到生我养我的故土。

来到九溪沟，儿子还发了一次烧，但在乡卫生院只花了四五百元钱，就治好了病。我们夫妻一商量，叫永洪安心在杭州打工赚钱，我在家带儿女，还能帮上妈妈一点忙。

我父母，特别是我爸脾气不好，回到家，见不顺心的事，就打我妈妈。因此，他在杭州打工，我妈妈平时也不怎么记挂他。他们也是一对命苦的老爹老妈。当时分田单干时，我们一家四口人，只分到两亩田，还有一些散地，现在一亩田送包给人种了，还有一些散地种玉米番薯等杂粮，妈妈也挺忙的。

2008 年 7 月，女儿上村里的幼儿园了，在家里也整整待了两年，我又带着儿子来到杭州，这时儿子已经快4岁了，儿子活泼天真，那年过年没回家，一家三口在杭州过春节，正月放假的几天，我们夫妻俩带着儿子好好地游了西湖，去了少年宫，看了动物园，到灵隐寺拜了菩萨，求我们一家平安。

2009年7月，我带着儿子回家，9月上了幼儿园，女儿也上了小学。见到我妈那么劳累辛苦，我不忍心，看到一对儿女读书识字，内心又充满喜悦。我们书没读好，自己作孽，不能让他们走我们这条打工路了。那两年，白天见到这对活蹦乱跳的儿女，下田上山干活再累心里也是甜滋滋的。但晚上想到永洪在杭州孤单一人赚钱养家，也常常流下辛酸的泪水。

到了2012年春节，永洪回家过年。我们一商量，一对儿女都上学了，我们夫妻俩还是一起到杭州挣钱吧！那年正月初五，永洪返杭。我是元宵过后，正月十六才真正踏上了打工的路。一对儿女也真正成为留守儿童了。在杭州一家工厂做工，我手还算巧，2012年每月工资还超过3000元，但早出晚归，两口子吃上晚饭都要过晚上8点，这让我深感劳累，永洪回到家还要等好久，才能捧上饭碗。

做一个女人真难呀，离乡赚钱整天想着家里的儿女，在家照顾孩子读书，靠永洪一人赚钱，也不够一家日常开支。再说一个大男人在外，也没有人相助。

千千万万个农民工家庭，不都是为了生计在艰难地苦熬吗？我们规定每个星期六给女儿儿子打一次电话，现在好了，视频电话开通了，通通电话，我们能见到一对儿女了。他们在千里之外，也能见到父母的面孔，视频中虽然经常能见到双方的眼泪，但也给我们心里一种慰藉。

作为父母，最担心的是儿女的学习，虽不盼儿女成龙成凤，我们也没有这样的奢望。因为我们相隔千里，顾不上他们，看到城里人每天晚上陪着孩子读书，星期六星期天又陪小孩读兴趣班。我们对不起自己的子女，只得听天由命，这是我们的无奈，也是命里注定的，难怪俗话说："龙生龙，凤生凤，老鼠生儿打地洞"，我们的儿女将来也只能是当农民工的命。

我们是一个大家庭，永洪四兄弟、四对夫妻8个人都在杭州打工。他两个姐夫也在杭州谋生，我和妹夫也只能外出赚钱。我们罗氏张氏两家共有12人在杭州谋生。第二代的6个初中毕业生，只有永洪二姐的女儿初中毕业，考上了护士学校，护士学校毕业后在丰都县医院当护士拿工资。其余5个和现在读小学念初中的5个共10个人，是我们的希望，但这10个堂兄妹、表兄妹估计都要步我们的后尘，走打工之路。

我们家族第一代不识文化命苦，离家打工的

"妻离子散"。我们这第二代依然文化低，命不好，全是靠打工维持生计，第三代我们又无法帮助他们，他们在那贫瘠的土地上，无法全心念书，成才的希望也不大，估计又要打一辈子工。我们不怪天，不怪地，只怪自己的命不好……

罗家张家第一代离家打工，第二代外出谋生，第三代12个孩子全是留守儿童，他们享受着义务教育，第三代靠第一代的奶奶外婆在守管着，奶奶外婆能给孙子孙女、外孙外孙女穿暖吃饱，其他什么都帮不了，这第三代跟城里人的孩子完全处于不平等的竞争地位，被淘汰的肯定是留守儿童，他们难道是当留守儿童的命？他们文化低，无技能，难道就注定无法改变命运，要步上一代的后尘，走打工之路？中国的教育体制要改革，中国的城镇化也要改革，这是社会发展的需要，这也是七八亿农民的渴望和期盼。

改革开放30多年了，第一代农民工已近暮年了。他们因缺乏社会保障而不得不继续工作。他们经受了2000年以前我国初级工业化、城镇化的弊端。他们的工作强度大，工资却不高，更谈不上社会保障。今日，他们因年龄和家庭生活周期等因素，不再具有竞争优势。就此而言，第一代农民工对社会的贡献，应该获得社会的尊重；第二代农民工的现实处境，应该得到社会的关注和同情。

20世纪90年代出现的"民工潮"应被视作那一代中国农

民工主动融入现代化的积极作为。那时正是我国"三农"问题凸显时期，较之留在农村务农，外出务工不失为一项较优选择。事实也证明，虽然城市务工条件差，工资不高，但敢于摆脱土地束缚的第一代农民工总体上获得了较好的人生境遇，有的成了大老板，有的成了大企业家。我国已走过初级工业化和城镇化阶段。农民工工资不断提高，有关部门也在逐渐建立农民工职业化机制。未来，第二代农民工一定会获得比第一代农民工更好的人生机遇和社会保障。这何尝不是第一代农民工的愿望。再说，农村也逐渐做到城乡一体化了，将来农民工返乡也可以大有作为了。

一对进城打工的夫妇

　　这对打工夫妇的男主人名叫李羽祥（化名），广西百色人，比一般的广西人长得高，身体也强壮，大家都称他为"小胖"。"小胖"牌也玩得很好，麻将也搓得精，上桌他几乎不会输。这对打工夫妇的女主人——许漫妹（化名），老家在皖南的黄山脚下，一米六八的苗条身材，母亲的一对龙凤眼，父亲的高鼻梁，都镶嵌在许漫妹丰腴的瓜子脸庞上，还有那口洁白整齐的牙齿和苗条的身段也是她妈遗传给她的。刚进杭州的时候，那些小姐妹都误以为她是哪家水上芭蕾表演队退下来的运动员。

　　李羽祥，52岁，38年前初中未毕业就辍学了，人特别聪明，什么农活一学就会，当然也特别会闹恶作剧。他的父母为了使他的心稳定下来好好参加生产队里的劳动，就想让他先成个家。广西人成熟得也早，"小胖"15岁，父母就给他娶了媳妇。1981年，他家承包了8亩耕地后，家中劳力也不缺，翌年，女儿刚过周岁，"小胖"就外出"闯荡江湖"去了，他到过桂林，到过南宁，到过广州。到了20世纪80年代中后期，深圳一座座大楼拔地而起，一天他从广州搭船来到深圳，一下船，他觉得这里是他的生存之地，在深圳一蹲就几年过去了。

"小胖"好交朋友，袋里钱不多，隔两年回家一趟，每次回家媳妇都给他添个一女半子，到了1992年，27岁的小胖，已经是两个女儿一个儿子的爸爸了。"小胖"应该赚一笔钱好好养家过日子了。那年开春后，他从南宁运了一车皮甘蔗到杭州，路上耽搁了几天，甘蔗质量也不好，那年也是小胖倒霉的年份，火车车皮到杭州后，一车皮甘蔗全腐烂了。这是他人生第一次做的一笔大生意，也是"小胖"第一次做的亏本生意。那笔生意血本无归，几年赚下来的钱全亏进去了。这"小胖"也是一奇人，他发誓从哪里跌倒就从哪里爬起来，他在杭州跑马场租了一间小屋住下来了。

许漫妹在家排行最小，上有两个哥哥，还有三个姐姐，她父母生下第四个女儿后，就给四女儿取了漫妹的名，意思是生满了，再也不想生女儿了，但对这个小名叫漫漫的宝贝女儿视作掌上明珠。她的父亲是在徽州屯溪江打鱼的，家中淡水鱼长年不断。漫妹天天吃鱼，皮肤长得水灵灵的，村上人都喜欢这小丫头，平时不爱说话，听人叫漫漫，她只是微微一笑。1990年那年，漫漫的爸爸刚过60岁，5月份爸爸就得病去世了。当时她两个哥哥都在上学，十分懂事的漫漫就背回书包，再也不去读书了。从此漫漫就辍学帮妈妈下地干活。那两年她放牛、种田，除了耕田不会，其他农活都跟妈妈学会了。那年春节过后，她妈妈把不多言语的宝贝女儿送到江苏徐州机场，让她到姐夫姐姐那里去锻炼。

漫漫在徐州机场贵宾室当了两年服务员，见多识广，但与人谈吐依然腼腆，仅仅是甜甜地一笑。1992年回到杭州，经她表哥介绍，在工厂里干了两个月，那时同龄姐妹在一起，这个久教无语的"八哥"终于开口了，见到这些姐妹们，漫漫爽朗的笑声不断，话语也滔滔不绝地说不完。后来漫漫来到杭州花园饭店当起了迎宾小姐。

20岁的漫漫，像一朵盛开的鲜花，吸引着许多小伙和富二代的公子们。但她爱情的那个角落始终空着位。当大老板的表哥给这位表妹带来许多帅小伙，她一个也没看上。漫漫一走出花园饭店，就躲进她租住的闺房，这位迎宾女就在不足10平方米的出租屋里看书学习。1993年春节前，花园饭店除夕之夜，送走客人，餐厅的年轻朋友们，就坐在一起欢乐。许漫妹平时只会看书，不会唱歌，更不会跳舞，平时很少参加聚会，这天她坐在边上的一桌，一个人嗑瓜子。李羽祥走到许漫妹身旁，邀请她跳舞，漫漫连连摇手："不会，不会。"两人面对面腼然一笑，"小胖"对漫漫这淡淡的一笑留下了深刻的印象。漫漫对"小胖"这结实的年轻人，印象也不坏。从此之后，"小胖"对漫漫用心了。

当时的花园饭店，地处庆丰村，庆丰村还是一个农村，一到晚上，这里黑灯瞎火，一片凄凉。"小胖"从结识漫漫那天起，每天晚上都在饭店门口等漫漫，用自行车载着漫漫回"闺房"。一个月、两个月、三个月，天天如此，那年清明节后的一个晚上，"小胖"邀请了几对青年男女，在他房里喝茶，那天天下着雨，漫漫又住得远，其他伙伴都相继离去了，"小胖"对漫漫说："等雨停了，我送你回去。"那天也巧，雨就是不停，而是越下越大，有时还闪着雷电。经"小胖"再三挽留，那天漫漫在小胖家里过了夜。"小胖"那天晚上发现，漫漫是一个正经的姑娘，越发爱上漫漫了。

后来，听"小胖"的老乡说："李羽祥家里有老婆，有儿有女，你这样漂亮的女孩，还愿当小三呀。"

此时的漫漫家里虽然不富裕，也不是阔小姐，但论条件，"小胖"要文化没有文化，要财没有财，相貌也不出众，到现在漫漫也说不清楚当时怎么会跟着"小胖"的。

当时，有些人当面对着这对男女说："漫漫这朵花，真是插在牛粪上了。""小胖"总是自豪地说："这就是我的福分。"

自从清明节那夜之后，"小胖"和漫漫就成了一对"小夫妻"了。1994年春节过后，"小胖"就带着漫漫南下深圳，找老朋友去了，这对"小夫妻"就在深圳一家造纸厂里安下了家。到了1996年底，漫漫这位徽州小美女挺着大肚子返乡了，这位窈窕村姑变成雍容少妇了，但村上没有人知道这位少姑奶奶的姑爷是何许人也。

1997年春节，"小胖"到了广西百色老家看了父母、儿女和明媒正娶的妻子后，正月初五就踏进了黄山脚下的漫漫娘家门槛。漫漫的哥嫂、姐姐、姐夫和外孙们等一大家子人都来一睹这新上门的姑爷。木已成舟，全家也接受了这位姑爷。但背后的事，村上的人至今也蒙在鼓里，全然不知。

"小胖"和漫漫选了正月初六的好日子，把结婚和催生两件喜事一起办了，挺着大肚子给乡亲们敬酒的漫漫，对着亲友们说："小胖，没貌没财，他可是我们家的上门女婿，大家要接受他呀。"

那年农历三月，他们的宝贝儿子就降生了，当年下半年，漫漫的妈妈和她家三口三代人一起再次来到杭州创业。他们在庆丰村租了屋，开了一家食品店，此时的庆丰村，人气也旺了，食品店开得也挺红火，到了1999年，漫漫被她表哥请去当了饭店的总领班。后来她又开了快餐店，再后来在文三西路又开了一家麻将室，对"小胖"来说这是内行，麻将室生意也很兴隆。

漫漫是个很爽朗的人，人活得正直大方。"小胖"带着儿子隔两年去百色看父母、儿女和妻子，漫漫也常给从来没见过面的公公婆婆和"小胖"那边的儿女买些衣服、鞋子或小孩们的礼物。漫漫从来也不叫"小胖"去百色离婚，也从来不提结婚登记，当起了一个有礼节的"小三"。

到了2007年，儿子已经10多岁了，那年"小胖"回黄山脚下待了半年，把一幢小别墅造起来了。到了2013年，小胖终于下了决心，赶回百色与在家的妻子离了婚，但是离了婚的原妻依然带着儿女住在李家。"小胖"回杭之后，他再催着漫漫回到黄山办了结婚登记手续。

漫漫那位老板表哥，昔日经常对漫漫说："我最大的一件憾事，就是没有把表妹嫁一个富家子弟。"而这位如今像祥林嫂一样的漫漫，却冲着老板表哥说："我这一辈子，最大的幸事，是选了一位能够依托的老公，他如今一切听我，我多幸福。"

我国不仅有几千万留守儿童，还有几千万留守的中青年妇女，家中的老人需要她们照顾，家中的小孩需要她们看管，家中的责任田需要她们耕种，她们无法离开自己的家宅，她们无法离开自己的故土，每当春节过后，她们目送丈夫外出打工的时候，她们双目无神，含着眼泪望着丈夫离去，每当稻田收割的时候，她们挑起沉甸甸的那担稻谷，泪水就从眼眶里流淌出来。"我嫁丈夫为的是什么？这与寡妇又有何区别？我简直是一个活寡妇呀！"一连串的问题从她们心里喷发出来。

上面说的这个真实故事中，漫漫和"小胖"这对夫妇是幸福的，但他们的内心却欠下广西百色那位守了近20年活寡女人的债，特别是"小胖"，他是缺乏良知的，给原配妻子造成心灵和肉体的双重创伤，他们，特别是"小胖"要受到法律的制裁和道德的谴责。

"小胖"从爱上漫漫那天起，他就应该有一种负罪感，他既欠原妻，也负于漫漫，"小胖"对漫漫好，也是一种负罪的报答，这份报答是终生的。"小胖"、原妻、新妻这三人的悲喜交加，原因固然很多，但主因应是"小胖"。但我们这个有缺失的社会也要承担责任。一对青年男女常年不生活在一起，生儿育女近 20 年又无人知晓，无人过问，也能瞒天过海。一对合法夫妻 20 多年名存实亡，这反映出社会对人们缺乏关爱，人们对社会缺乏信任，这是一种可怕的现象。

农村文化受到冲击

一天，我来到安吉县天荒坪余村文化礼堂影剧院，影剧院中正放映着刚上映的新片，影剧院里已座无虚席。我站了一下，在这里看电影确实是一种享受。接着就去参观图书馆了。余村有浙江省"最美乡村"之称，而且上过中央电视台的新闻联播，那影剧院和图书馆当然是一流的。后来，陪同考察的安吉县文化广电新闻出版局的同志介绍说：余村文化礼堂，又称余村影剧院，是由村里的老厂房改造而成的。余村集体经济也不宽裕，就靠几个景点出租的租金收入。但他们争取到了"美丽乡村精品示范村"建设的项目，享受国家500多万元的奖励和补助，对文化礼堂进行改造，政府又给了40万元的奖励。余村影剧院里内装饰采用高档影剧院的标准，文广系统又无偿赠送余村全套现代化的音响设备。浙江省文化厅又给予了特殊的优惠政策，每周安排三场电影，影片上映与大城市几乎同步，余村农民与杭州城里人享受同等文化待遇。村里的人看电影不花一分钱，所以余村文化礼堂放电影，几乎场场爆满，不少村民观众在放映前半小时就提前来到文化礼堂了。

而在兰溪市上华街道横山村文化礼堂，见到的却是另一番情景。那天正巧，碰上一对青年男女结婚之喜，文化礼堂里还是挺热闹的。村委会主任徐晓平告诉说："我们上华21个村，只有两个村建了文化礼堂。我们村的文化礼堂省里给了2万元补助金，市里街道穷无钱补，村里也没钱。我们利用老的大会堂，里墙外墙粉刷了一下，瓦片翻盖了一下，把原来人民大会堂的大字换了，就变成如今的横山文化礼堂了。我们村集体经济几乎是空壳，没有一分收入，只让村上的老年协会管着，他们靠场地出租，办红白喜事，收几个钱维持着。"

我们在兰溪市农村文化调研时，也考察了几家文化礼堂。许多乡村干部无奈地说："我们这里是有礼堂，无文化呀！"

浙江省从2013年开始推进村文化礼堂建设，每年省财政拿出3000万元，以奖代补在全省范围内建设1000个农村文化礼堂。这是推进浙江省农村文化建设的一项重大惠民文化工程。浙江省对农村图书室的建设也下了大的决心。到2015年底，浙江全省已建成文化礼堂4928家。这些礼堂真正如余村文化礼堂那样人声鼎沸我估计不多。因为那是各级政府扶持的一面旗帜。兰溪市文化礼堂反映出的问题，是当前劳动力输出县（区、市）的农村带有的普遍性问题，当前农村几乎所有的山、田、地和水名义上几乎都属于集体所有的，但实际上集体是无收益的。因此，集体无法投资建文化设施，连维护好文化设施都非常困难。这里守村护村的老太老爷他们也无心去文化礼堂享受文化啊！

在兰溪市农村考察中，深深感到农村文化受到了来自经济大潮等各方面的冲击。

在上华街道下龚村委会座谈中，村党支部书记郑有芳说："现在的农民不像改革开放前，如今种田不用牛，收割不用镰，插秧不弯腰，农民已经很惬意了。"的确，现代农业彻底改变了传统的耕种方式了。郑有芳接着又说："过去种田，谷种要催芽，做秧田，培育秧苗，一遇寒潮，还担心烂秧，再是牛耕耙田，拔秧，插秧等，现在这些工序只留下催芽，其他都省了或机械化了。现在的农民也真好当了。"在调研中，我们发现兰溪市90%以上的农户还种着口粮田，解决自己的吃饭问题。他们还传承着传统的耕种文化，按程序经历着种田过程，有的山区农户还养牛耕田，享受着几千年传承下来的那种耕种文化。随着现代化的逼近，农耕社会已产生时代性的巨大振荡，传统的农耕文化在弱化着，在消失中，这是必然。

在新农村建设中，小村落和古民居也正在逐渐消失着。据统计，兰溪市2015年农村从业人数33.13万人，其中从事农业生产的人只有9.71万人，从事第二、第三产业的人已达到了23.42万人。全市农村劳动力的70.7%的人当了农民工。农村居民从种养业这块收入中，人均收入达到7737元，扣除成本，农业带给农村居民的可支配收入也只有5000元左右。也就是说，2015年兰溪市农村居民可支配收入的15307元中，其中2/3以上是靠农民工打工赚来的。农民工赚回了大量的现金活钱投入了家庭建设，有的小村的农民向中心村靠拢了，山上的农家搬下山了，一些偏僻的山区村落、中小村落也自然消失了，特别是清末民初建成的一些居家古建筑。由于富起来的农民都渴望都市人的洋房，渴望都市现代建筑的设施，渴望这些设施所带来的生活上的舒适或便利，或满足攀比心理，他们缺乏保护意识，把充满中国传统建筑文明的古民宅拆了，垒起了一堆钢筋水泥。兰溪市芝堰村，有"江南丽江"之称，村落形成于南宋，村庄古宅明清建筑众多，还有元代的祠堂，其建筑除了有浙江民居的传统特色，又受到徽派建筑的影响，堪称"江南古民居博物馆"。芝堰村村干部介绍说："前几年村民建房由于宅基地调整难，加之也不富裕，为了节约成本，拆了不少古民宅，后来，我们改变了思路，另辟新址建新村，才把留存的老房子全部保护起来。"新农村建设中，会有小村落和一些古民宅消失，这是经济发展的必然结果。据报道，2002年全国有村落360万个，到了2012年，村落减到270万个，当然有一部分是并村导致数量减少的，但这些村落好大一部分是在经济发展中彻底消失的。

宗教文化的融入，给农村文化带来了新的挑战，家族文化同时也在经济大潮中淡化着。教育的缺失、金钱的诱惑，人们的信仰在潜移默化地变化着，特别是在当前农村集体经济普遍薄弱的状况下，人们的物质追求不再依赖于集体，从而导致人们精神追求的多样化，如今宗教信仰在社会发展中越来越兴盛。宗教文化的融入，给农村文化引来了新的挑战。据调查，兰溪市佛教、道教、基督教、天主教、伊斯兰教等五大宗教齐全。20世纪90年代，五大宗教都相继成立了协会。1997年，兰溪市政府将民族宗教事业科升格为民族宗教事务局。近年来，兰溪宗教信徒不断增加，场所不断扩大，目前全市依法登记的宗教活动场所已达68处，民间信仰场所565处，信徒接近7万，占到了全市总人口的10.6%。其中基督教活动场所25处，教职人员82人，信徒超过1万人。

新农村文化的多元化，特别是大量的青年人进城，他们对农村的孝道等传统文化也日趋淡化，伴随着城镇化的推进，血脉亲情也会逐渐疏离，甚至维系着血脉纽带的那份脉脉温情也会淡化。在外打工的人，他们祖辈的坟头也可能就湮没在草木之中，晚辈们可能连先人埋骨何处都不得而知了。

传统的农耕文化在弱化着，小村落、古民宅在消失着。

新时代农业现代化的推进，传统的农耕文化在弱化、在消失，这是社会发展的必然结果。小村落和一些古民宅的消失和拆除是推进城乡一体化、新农村建设的大趋势。但传统农耕文化、有价值的古民宅该保护的还要保护，这是作为世界四大文明古国之一的我国必须要做的事。但农村，由于集体经济的薄弱，单家独户经营，一些人把命运和情感归宿寄托在上帝或佛的身上，宗教影响、宗教问题不同程度地发展蔓延，这不得不引起我们关注。发展农村文化，政府帮是应该的，但不能走余村之路。应该立足自身，发展村级集体经济，只有发展壮大集体经济，中国的农村才有希望，中国的"三农"问题才会被破解。

七　坚定走好自己的路

党的十一届三中全会的春风，吹暖整个大地，大江南北的山山水水涌动起来了。从 1978 年开始，1979 年、1980 年、1981 年、1982 年的四年时间里，全国农村生产队、生产大队全面推行了农业生产责任制。1982 年中央一号文件《全国农村工作会议纪要》指出：截至目前，全国农村已有90%以上的生产队建立了不同形式的农业生产责任制。据时任中共中央书记处农村政策研究室主任的杜润生回忆，在全国推行土地家庭联产承包责任制中，当时只有80 多个生产大队继续实行土地集体经营。这一次在农村实行的大改革，不是分田单干，更不同于解放初期甚至新中国成立前的土地私有化，而是推行土地家庭联产承包责任制，土地仍为集体所有，农户承包的土地只有使用权、经营权、转包权，没有买卖权。

选择什么样的生产责任制形式，这是当时农村面临的一大困境，除了全国多数地方选择家庭联产承包责任制以外，在一部分发达地区和集体经济较为巩固的极少乡村，却选择了专业承包，包产到组或"三包一奖"的责任制，他们坚持走的是一条新集体经济为主体多种经济成分并存的社会主义的新路子。这些村几乎都获得较大的成功。河南省的刘庄村、河北省的周家庄乡、浙江宁波的滕头村就在此列。

25 杜润生特批刘庄村

走土地继续集体经营的集体化道路

全国实行土地改革后不久，1953 年，土地收归集体，实行统一经营的河南省新乡县刘庄村的领头人史来贺带领全村人，将全村的 4000 多块碎地整平为旱涝保收的棉花田。1957 年，创造了皮棉亩产 53.5 公斤的全国最高纪录，一跃成为全国的先进典型。1959 年，史来贺被评为全国劳动模范。从此，刘庄村扬名天下。

1978 年党的十一届三中全会后，全国大多数农村实行了土地家庭联产承包责任制，农村呈现出生机勃勃的景象。国家大形势再一次将史来贺和刘庄人推到历史潮头：在全国实行土地承包到户的情况下，刘庄的土地、村办企业到底是分还是不分？刘庄村今后的路该如何走？

史来贺和刘庄村党支部反复学习，不断琢磨中央文件精神，不断观察周边村庄的形势和动态。党支部开会，学习中央文件可谓是一个字一个字地抠，一句话一句话地理解。中央提出：实事求是，因地制宜，允许有多种经营形式。史来贺领着党支部一帮人思考、研究，啥叫实事求是？啥叫因地制宜？啥叫根据不同形式？啥叫结合实际？咱刘庄是啥实际？啥形式？通过不断研究思考，他们认清了刘庄的实际。

第一，当时刘庄的农业机械化，已经达到了相当高的水平。那时刘庄已经有了联合收割机，播种机，已经形成9块100亩的农田以及相配套的水渠。在这种情况下，土地再承包到户就会造成大部分农业机械派不上用场，势必影响到刘庄农业现代化的进程。因此，对刘庄来说，承包责任制不适合它。

第二，刘庄相当一部分人，已经转移到了工副业，集体经济已经有一定的基础，在这种情况下，如果采取一分了之的方式，势必会影响到工副业的发展，从而阻碍生产力的进步。

刘庄大队党支部吃透了中央精神，带头人史来贺心里还是忐忑不安，不踏实：社员们怎么想呀！一天晚上，史来贺特地访问了几户社员，故意试探地说："咱们还是分了吧？你看人家分了的，多自由，愿意上工就上工，不愿上工就不上工。"社员们几乎一个意见，他们说："那可不中。咱要是分了，咱的拖拉机咋办？那还不得用铁锹挖地？这不是倒退吗？"大队党员干部和社员的想法一致了，他最终下定了"不分"的决心。一天召开了全大队社员大会，史来贺在会上提出："谁愿意分，可以分给你土地。但是，工厂不能分，机械、车队不能分。"结果刘庄群众没有一个人愿意分。认清了前进方向的刘

▲ 新"三农"领头人史来贺：河南省新乡县刘庄村原党委书记

永遠的楷模

▲ 刘源题词

庄人，在史来贺的领导下，制定了"集体经营，继续前进"的工作方针。

史来贺和党支部一帮人的决心下定了，但压力还是铺天盖地地向史来贺压来。刘庄所在的七里营人民公社、新乡县委、新乡地委的领导来了，他们指着史来贺说："新乡的土地承包责任制，推不推得开，就看你们刘庄，就看您史来贺了。"

尽管史来贺头上有一顶顶桂冠，1964年12月20日至1965年1月4日，第二届全国人大一次会议召开，史来贺当选全国人大代表，并出席会议；1978年，48岁的史来贺在全国人大第五次会议上还被选任全国人大常务委员会委员，但面对上级党组织的压力，他只有一句话："让我试三年，如果我失败了，我带头把田分了，把农业机械卖了，彻底搞单干了。"

上级的层层领导，面对史来贺的铁心，他们也十分无奈。

史来贺这位倔强的基层干部，也是一位敢承担责任的高级领导，他一身浩然正气，认准的路是绝不回头的。

从1981年开始，刘庄村年年以优异的成绩向国家汇报经济发展情况。设想，如果当时刘庄随大流，采取简单"分"的办法，我们今天所看到的可能只是一个和全国大部分农村一样景象的刘庄，而不是现在这个富裕、民主、文明、和谐、家家住4层别墅的社会主义小康村。当然，历史是不能假设的，但历史可以给我们提供丰富多彩的启示。

1964年，中共中央、中南局、河南省委、新乡地委组织"四清"工作队，33位同志同时进驻刘庄大队，经过6个月的调查，对刘庄村的所有账本翻了又翻，对村上的每一户访了又访。最后宣布，刘庄大队为"四清"队。同时也宣布史来贺，是一位"四清"干部。

"文化大革命"期间，极"左"思潮覆盖大地，史来贺把刘源作为一名知识青年从北京接到刘庄插队落户，并且把刘源的吃住安排在自己家里，劳动也随时带着这位知识青年。北京、郑州来人，并且要揪斗刘源，史来贺顶着巨大的压力，不让他们带走。"四人帮"被粉碎后，刘源考取了北京师范学院，1982年毕业后，刘源又回到刘庄，大学毕业的刘源，从河南省新乡县七里营人民公社革委会副主任起步，到1992年卸任河南省副省长，要离开河南省这片中原土地时，他激动了，在离开郑州的头天晚上，他专程从郑州赶到刘庄向史来贺书记和刘庄人谢恩，那天晚上，刘庄的干部群众激动了，刘源副省长也激动，他挥毫动情写下："永远的楷模，学习刘庄和史书记。可谓终生不尽忆，十年间情与事，学生刘源没齿不忘。"

史来贺赤胆忠心，一心要把刘庄人带到富裕的大道上。

1952年10月1日，史来贺就参加了国庆观礼，在天安门观礼台上，受到了毛泽东主席等党和国家领导人的接见。1958年10月，中央政治局委员、国务院副总理李先念亲临刘庄村视察，史来贺始终陪同。史来贺凭着丰富的人脉资源，离开了刘庄上京去了。在北京他找到了时任中共中央书记处农村政策研究室主任的杜润生，杜润生主任十分了解史来贺，杜润生也十分了解中央政策情况，他们经过一番长谈后，杜润生主任理解了史来贺的选择，史来贺还向杜润生主任保证："请求让我试一试，如果失败，我就不是一条汉子。我乐意接受组织处理，我也愿向全村人谢罪。"

杜润生主任却出乎意料地鼓励史来贺说："刘庄一直搞得很好，你们应该按照自己的办法去办。"

史来贺凭着一颗赤胆忠心，一心想把刘庄人带到富裕的道路上去。杜润生这位为中央制定农业政策的专家型高干同意了，史来贺好似吃了定心丸，但他仍然艰难往集体化这条路上一步一步坚实地向前迈着。

1981年1月4日，史来贺上书国家农委，汇报刘庄1980年生产、收入分配情况。1月24日，国家农委主办的《农委简报》，刊登了史来贺来信全文。并加了编者按，表彰刘庄村率先实现小康的创举。

那年开春不久，中共中央书记处农村政策研究主任杜润生、农牧渔业部副部长赵修一行来刘庄调查研究，史来贺接待陪同，并回答了杜主任、赵副部长提出的农业问题，在谈到刘庄实行的"综合经营、专业生产、分工协作、奖罚联产"的生产责任制时，杜主任说："这种责任制符合刘庄生产实际，中央不搞一刀切。"

1981年12月30日，史来贺以《河南省新乡七里营刘庄大队的情况报告》为题，上书中共中央，汇报全村1981年生产、收入和社员分配情况，是年，刘庄总收入252万元，人均收入2051元。

1982 年 1 月 24 日，《人民日报》以《来自刘庄大队鼓舞人心的报告》为题，全文刊载了史来贺 1981 年 12 月 30 日给中共中央的报告。

3 月 23 日，中共新乡地委作出《关于在全区农村开展向刘庄学习的决定》。

1983 年 6 月，在全国六届人大一次会议上，史来贺继续当选全国人大常务委员会委员，并兼任人大财经委员会委员。

12 月，根据中央、国务院关于农村政、社分设，实行机构改革的指示精神，七里营公社改为乡，并成立了乡党委、乡政府、乡经济联合社。刘庄大队党支部改为刘庄村党支部；并建立了刘庄村民委员会；把原来刘庄工商联合会社公司改为刘庄农工商联合社，联合社下设 7 个专业，36 个生产经营承包单位。

12 月 20 日，史来贺以《进入小康不停步，收入三年翻一番——刘庄 1983 年经济发展情况的报告》为题，致函中共中央政治局委员、国务院副总理万里，汇报刘庄经济发展情况，是年，刘庄总收入达 411 万元，比 1980 年翻一番。

万里同志坚持从实际出发，他 1978 年坚决支持家庭联产承包责任制，现在又认可刘庄人选择的集体化道路。1984 年 1 月 30 日，万里副总理致信史来贺，祝贺刘庄 1983 年取得的可喜成绩——实现人均收入 1000 元。并预祝刘庄在新的一年里扩大生产领域，夺取新的胜利。

1984 年 2 月 4 日，《人民日报》头版头条。以《万里写信给史来贺，祝贺刘庄实现人均收入一千元》为题，报道了刘庄取得的新成绩。

2月23日，史来贺在北京定购了一架"蜜蜂三号"超轻型多用途飞机，准备供刘庄千亩梯田喷洒农药使用。

6月25日，"蜜蜂三号"飞机飞到刘庄，做试飞表演，市县有关领导及数千群众观看表演。刘庄成为全国第一家购买飞机的农村用户。

9月9日，中共中央政治局委员、国务院副总理姚依林来刘庄视察，史来贺接待陪同。姚依林视察了刘庄的村办企业后对史来贺说："要干就干大企业，把小企业留给周围村去办。"为刘庄经济发展指明了前进方向。

1985年12月22日，国务院副总理田纪云带领国务院13个部的部长来到刘庄视察，史来贺接待陪同。田纪云一行视察了刘庄的农户、学校及村办企业，听取了史来贺关于刘庄经济发展的汇报，肯定了刘庄人走的集体化的道路。

短短的一年时间里，三位副总理相继批示或亲临视察，肯定了刘庄人走的路，史来贺日夜担心的事如心头一块巨石落了地，从此刘庄人的社会经济发展真正走上了快车道。1985年，刘庄村的公共积累已达到1500万元，集体总收入达630万元，人均集体分配1300元，成为名副其实的"中原首富"。但是，史来贺和他的父老乡亲并没有让成绩成为前进道路上的"绊脚石"，而是让它成为创大业的"基石"。

以史来贺为首的刘庄村党支部认真分析了该村经济发展的

实际情况，并且进行了广泛的市场调查和科学论证，决定引进一项高技术生物工程，生产当时我国还不能满足市场需求、需要从国外进口的成品原料——肌苷，并建立华星药厂。史来贺说："开过药铺、打过铁，什么买卖都不热。"不过，农民搞高科技产业似乎是天方夜谭。有人不无担忧地问史来贺："这高、精、尖项目，咱农民能搞得成？"史来贺满怀信心地对刘庄群众说："事在人为，路在人走，业在人创。人家能干成，咱也能干成！"作出决定之后，他们马上开始行动。刘庄人开始筹建自己的药厂。资金不足，他们就依靠集体积累和社员集资；没有设备，他们就自己动手设计、制造、安装，华星药厂的所有设备几乎都是刘庄人自己制造安装的；技术不足，他们就派人到天津、无锡学习，还从那里的研究所聘来搞生物发酵的工程师和技术人员。经过几百个日日夜夜的奋战，到 1986 年 5 月 20 日，华星药厂建成投产。药厂投产以后，却遇到了染菌问题。这给刘庄造成了一定的损失，甚至有人说："刘庄要砸锅就砸在药厂上。"看着一罐罐发酵液被倒掉，不光村民们心疼，药厂的工人和技术人员也心疼。但是，史来贺并没有放弃。由此，他深刻认识到把刘庄人教育好的重要性。他说："把人教育好比啥都强。"他和技术人员一起加班加点检查设备、分析问题，终于找到了染菌原因并研究出了解决染菌的办法，提高了肌苷发酵单位，使肌苷生产达到国内同行先进水平。

1989 年，国内生产成品药的医药企业多，而生产原料药的企业却很少。刘庄村党总支决定抓住机遇，抢先上一条抗生素生产线。但是，一些群众、干部却认为一分厂已见效益，害怕决策失误造成血本无回，所以不愿冒这个风险。史来贺深知时间就是机会，失去时机就等于失去市场。刘庄群众不接受上药厂分厂项目，他急得心头冒火。他明白这是"小富即安"的小农思想在作怪，是刘庄群众害怕担风险。为了尽快筹集资金，再次抓住机遇，使刘庄经济再跨上一个大台阶，史来贺毅然与全村人签订了一份"不平等合同"。这份合同上写着："史来贺同志提出建华星药厂第二分厂，因多数人思想不通，让社员讨论：谁建厂谁自报，结果干部、村民没人报。在这样的情况下，史来贺同志自报建厂。经刘庄党总支、村委会、联合社讨论决定，并经社员大会通过，同意史来贺同志在刘庄、用刘庄的地建华星药厂第二分厂以及第二分厂的资金再建新厂。建厂由史来贺同志建，资金由史来贺同志筹集，厂建不好，经营不好由史来贺同志负责，不让家庭和个人负责赔款；厂建好了，经营好了，史来贺同志把企业不保留地交给集体。""不平等合同"使刘庄群众吃了"定心丸"。厂子建好了，经营赢利了，史来贺把工厂及全部收入交给了集体。

1990 年 6 月 15 日，时任国务院总理李鹏视察刘庄后，十分高兴地题了"发展农村集体经济、走共同富裕的道路"。并鼓励刘庄人这条路要继续坚定地走下去。

1991 年 2 月 6 日，中共中央总书记江泽民视察刘庄，高度赞扬刘庄人们走的这条路。他挥毫题下"加强基层组织建设，走共同富裕道路"。

从此，华星药厂不断发展壮大。1993 年，建成青霉素钾、青霉素钠生产线；1995 年，开始生产红霉素；1998 年，氨苄西林投入生产；1999 年底，技术含量更高的生物发酵分厂开始建设。刘庄村的支柱企业——华星药厂开始向多元化发展，集体经济的活力不断增强。现在的华星药厂，不仅是我国最大的肌苷生产厂家之一，而且是国内最大的抗生素原料药品生产基地之一，生产的抗生素系列产品畅销国内外。

在高科技领域占有一席之地，使得刘庄村集体经济实力更加强大，人民生活更加富裕幸福。

2003 年 4 月 23 日，史来贺因病医治无效去世。4 月 29 日，时任中央政治局常委李长春发来唁电，高度赞扬史来贺"使昔日贫穷落后的村庄变成了文明富饶的社会主义，成为农业战线上高高飘扬的一面旗帜"。

当年 9 月 15 日至 16 日两天，《人民日报》发表了长篇通讯：《共产党员的楷模——史来贺》。并加了本报评论员的文章《一面永不褪色的旗帜》。

没有史来贺的刘庄发展得如何？50 年形成的体制已经完善巩固了，刘庄新的党委没有停步，而且走得更坚定了。他们坚持走新兴工业化道路，发展现代农业，推动刘庄集体经济再上新台阶，展现了集体经济的强大生命力。

在坚持集体经济发展道路、坚持全体村民共同富裕的前提下，刘庄党委与刘庄人民积极探索集体经济的有效实现形式。

他们先后入股北京、上海等地的企业，并与沿海发达地区的企业合作，由华星药厂等投资组建了河南绿园药业有限公司。绿园药业总投资达10.8亿元，由核工业第四研究设计院负责工程设计，立足于高标准、高起点，瞄准国际先进水平，严格按照国家GMP规范进行设计、施工和验收运行，同时达到美国FDA和欧洲COS等国际标准。该项目分为3期，主要生产半合青系列产品、头孢系列产品、克林霉素系列产品、山梨醇、克拉维酸钾、舒巴坦钠及苯甘氨酸邓盐等其他5大系列产品，30多个品种，产品主要销往欧美、日本等发达国家。同时，绿园药业采用了先进的绿色环保生产工艺，产品技术指标高，主要原材料消耗低；配备了国内外最先进的高效、环保设备，工艺过程全程封闭运行，杜绝了生产过程中的任何跑冒滴漏，保证了源头治理效果；强化智能自动化控制水平和监控系统，使整个生产过程完全处于可控平稳运行状态，保证了工艺的优化目标和生产的安全运行，可以完全杜绝人为可能发生的任何生产事故；广泛采用了环保节能先进技术，如高效蒸馏回收和尾气收集回收技术，在各车间全部配置了尾气收集、吸收及回收循环系统，保证了尾气的排放污染为零，同时还显著降低了溶煤消耗，真正坚持了发展循环经济的原则，生产过程达到了节能、高效、绿色环保，保证了零污染和完全达标排放。

刘庄新的带头人史世领一直强调："创业难、守业更难；要想守好业，必须创新业。"在贯彻落实科学发展观、推动经济发展转型的过程中，刘庄党委始终注重创新、鼓励创新。他们放眼全国、全球找差距，努力超越自我，在追求绿色 GDP、发展循环经济，走新型工业化发展道路的过程中，刘庄走出了一条对引进技术、设备的消化、吸收、再创新的路子。同时，他们专门设立了"创新奖"，奖励那些提出推动刘庄发展创新建议或者在生产中取得创新成果的村民和职工，刘庄群众以更加饱满的精神和意志建设更加美好的社会主义新刘庄。

现在，刘庄已成为国内最大的肌苷和抗生素、维生素原料药生产基地之一，产品出口总量在全国同类产品中名列前茅。刘庄产业结构实现了从低技术、粗加工到高技术、精加工，从劳动密集型到资金、技术密集型的转变，刘庄走上大投入、高效益、集团化、可持续的发展道路。2007 年，刘庄出口创汇达 11422 万美元，上缴税金达 1.98 亿元，人均纳税达 11.5 万元。2008 年，受世界经济危机影响，刘庄出口创汇有所降低，但销售收入依然达到 19.8 亿元，纳税总额为 1.36 亿元，人均纳税为 8 万多元，农民人均现金分配达到 1.64 万元，福利增加到 49 项，农民可支配收入超过 2 万元。仅 2006—2010 年间，刘庄上缴税金就达 5 亿多元。2010 年，人均可支配收入达 2.6 万元。目前，全村固定资产超过 20 亿元，较 2005 年增长 1 倍以上，为刘庄的经济社会发展和村民的富裕幸福增添了新的动力。

如今，刘庄村 1050 亩耕地依靠机械化，只有 19 位农业工人，粮食亩产一直稳定在 1000 公斤左右，农民人均可支配收入达 37000 元。2015 年工业生产值超过 30 亿元，全村 1709 人，

▲ 共同富裕的刘庄新社区。河南省新乡县刘庄村荣获全国先进基层党组织、全国模范村民委员会、全国文明村镇等荣誉称号

372 户，户户住进了有车库、有花园，每套 472 平方米全框架结构的别墅新社区，刘庄村的概念逐渐淡去了。如今，这里已成为一个典型乡村都市了，这里的农民已完全成为乡村都市的居民了。这里的农民实行退休制度。男 68 岁、女 60 岁退休，每月可拿到退休金 800 元。这里没有暴发户，没有贫困户，家家都是富裕户。

刘庄创造的奇迹，举世瞩目，他们自己选定的这条路，一直走到今天，今后还将越走越宽广。

史来贺已离开我们 10 多年了。但他的精神长存，特别是对村集体经济、农村走集体化道路，有理论、有实践、有经验。2001 年 11 月 17 日，史来贺就刘庄走集体化道路作了一次讲话，这次讲话以集体经济的优越性入题，连讲了三个问题。这番讲话离开我们虽然已经近 20 年了，读起来还是那么真切，那样接地气，那样符合实际。再次全文引用史来贺的这次讲话，读后，对你的思想一定会有触动。

史来贺谈刘庄走集体化道路的体会

一、集体经济的优越性

现在刘庄是集体经济、集体所有制，是村级经济核算、自负盈亏。农工商总公司是村级集体经济组织。刘庄凡是集体经济都属于总公司所有。总公司下属企业和经济单位与总公司的关系是领导与被领导的关系。所有企业由总公司委托独立法人，实行生产经营单独核算，面向国际国内市场，企业自主生产经营。企业和总公司每年签订一次经济合同，按照合同完成任务或超额完成任务，根据完成情况分别给予不同程度的奖励。完不成任务，是人造成的，根据减少任务的不同程度，给予相应的处罚。实行按劳按效取酬、合理差别、共同富裕的分配方式。这个集体经济所有制形式的好处是：

1. 能抗拒自然灾害和市场波动，适应市场经济变化发展的规律；有差别的按劳取酬、共同富裕能做到逐年对国家增加贡献，集体经济所有制积累逐年增多，人民群众参加集体工作劳动的收入每年增加，消费逐年提高，生活逐年改善。刘庄每个人都能就业，都能做事，都能创造财富。

2. 现在，刘庄走上了以高技术医药产业为主、贸工农一体化的经济形式。刘庄企业的产品，适应国际国内两个大市场的需要，能够随着国内国际市场经济的变化而变化。

3. 有利于发展生产力，有利于逐年增加给国家的贡献和增强刘庄的集体经济实力，有利于刘庄每户每人收入不断增加、生活不断改善。经济搞上去就是硬道理。给国家的贡献逐年增加了，集体积累逐年增多了，收入逐年增多了，生活逐年改善了，这就是中央路线、方针、政策在刘庄的落实，就体现了中国共产党领导好、社会主义好，体现了中国特色社会主义的优越性。

4. 50年来，特别是党的十一届三中全会以来，刘庄从一个穷庄变成了一个有一定程度的富裕、民主、文明、现代化的社会主义新刘庄。从实践上看，最基本的原因就是有一个好的党支部，有一个好的党支部书记，有一个好的党员干部队伍，还有14姓村民团结一条心，热爱集体，大家一心搞好刘庄集体，心往集体上想，劲往集体上用，力往集体上使。同时，也应当看到，几十年来，党员干部、职工、村民，有一部分人创造的财富最多，一部分人创造财富比较多，一部分人创造的财富一般，一部分人创造财富少，还有一部分人创造的财富还不够每年拿走的，这是客观存在的，因为每个人的整体素质和能量不同，创造财富多与少永远也不会平衡。这是客观实际情况，要认识这种情况，要承认这个情况。几十年来是这种情况，将来也是这种情况。

5.几十年来，号召无私奉献，不怕吃亏，不怕用心，不怕出力，不怕惹人，为国家，为集体，为人民群众，没有这一条不行。作为个人应该这样，但是作为组织、集体，不应当叫人家长期吃亏。

实践证明，平均主义打击人的劳动工作积极性，破坏生产，破坏生产力和生产的发展。但是，又不能差别过大，两极分化，多数人富不起来，少数人很富，这也是破坏人的积极性，破坏生产力的。平均主义和两极分化，这两条路都走不通。看来，还是按劳按效取酬，合理差别，有差别的共同富裕的这条路走得通，能调动人的积极性，发展科学技术生产力。在实际当中，看起来，在体力劳动方面人与人有差别，但差别不那么大，不会一个人创造的财富顶两个、四个、五个人创造的财富。而在脑力劳动、科学技术方面差别比较大，一个人创造的财富不仅可以顶两个、三个、五个、十个人，甚至可以顶上百个上千个人创造的财富。

在干部当中，干部与干部之间差别很大。经销人员与经销人员之间差别很大，财会人员与财会人员之间差别很大，职工与职工之间差别很大。

6. 要历史地、唯物地、辩证地看问题。世界上没有绝对的平均，没有绝对的合理。要求绝对平均、绝对合理只是一种幻想。事和人都不会百分之百的正确。真理是相对的，一切人和事物都是一分为二的。人和事在主流上是好的，就确定一个人、一件事基本上和本质上是好的……要经常教育党员干部职工群众，树立唯物地、辩证地、实事求是地看问题的观点，历史地看社会、现实地看社会，就会一清二楚。历史地、唯物地、辩证地看问题，这就是历史唯物辩证法。

7. 不管到什么时候，如果选不好能把全村领导好、管理好的人，刘庄就不可能继续发展好。一个村、一个企业，没有这样的人，这个村、这个企业就不用想搞上去。有一个能把刘庄领导好的人，再配上几个助手和一个领导班子，就能把刘庄搞好。一个企业同样也是这样。不会领导，没有能力，再加上怕吃亏、怕惹人、怕出力等几怕，如果选上这样的人来领导刘庄，刘庄就要遭殃、垮台，全村就会穷下来、由富变穷，就会倒退。还有些老好人，选举得票多，要选上这样的人当干部，刘庄就会穷下来，到时候后悔都来不及。

在基层，干部换得越勤越糟糕。干部队伍要稳定，少数老干部带，中青年干部干，青年干部在岗位上学。

如果刘庄不稳定、不团结，不是在共产党领导下，刘庄党组织五十年来带领党员、干部群众，刘庄能由穷变富吗？会有现在的刘庄吗？

二、假如刘庄集体经济的优越性不存在了，变成非集体经济，比较起来会出现的问题

假如要改成各种非集体经济，那咱刘庄现在的集体经济就全部不存在了。一个是农业，包括农林牧；一个是工业，包括医药、车队运输；一个是商业，服务行业，这些集体经济就不存在了。还有现有集体建设的公房，以及今后建设的公房也就不存在了。如果实行房改，自己就得出钱买房。按劳取酬，合理差别，大家共同富裕，月工资、月奖金、年终分配，享受集体福利事业的分配方式都不存在了，集体主义思想也就不存在了。如果出现这种局面能带来什么问题呢？

1. 人心会散，不受集体的约束，自由的情况会比现在增多、扩大一些。但是，那就要用另一种办法来管理人，用另一种制度来约束人、规范人的行为。不管采取什么形式，都得有制度。没有规矩，不成方圆。

2. 现在大家享受的全村共同富裕的这一套东西就不存在了。由集体统一安排劳动力，各尽所能，都有事干，都能得到报酬，这些也不存在了。全村现在的高标准分配（月工资、月奖金、年终分配），高收入，高生活水平，也都不存在了。一切免费的集体福利事业，以及退休制度，都不存在了。

3.收入逐年增多，家庭存款逐年增多，劳力素质差一点的收入也能增加，这些情况就不存在了。

4.劳动力要自然地进入劳务市场了。劳力就成商品了。到哪里干？要不要你？不是你说了算。不会像现在这样，什么大事都跟工人商量，因为你不是主人了。可能有个别落后的、不讲理的、胡搅蛮缠的、素质低的、有残疾的人，这五种人要价不多。没能力的老实的好人，要价也可能不多。

5.收入多的和收入少的差别很大，所以就会导致富人和穷人差别很大。可能咱刘庄会有少部分户、少部分人会发财，会大富起来，少部分户和人则会穷下来，甚至连吃饭、穿衣都会很困难。大部分户将由现在的集体致富、逐年富裕，变成逐年下降，甚至大幅度下降。大部分户不会独立地办工业、经商，就是种地，一个人几分地，净收入也不会有多少。根据这些情况分析，大部分人打工，有少部分人做生意，有少部分人办工业，经商，还有少部分人可能打工也打不成，就会没人要。总体上来说，用不了三五年就会出现这几种情况。

6.现在有形的固定资产就搞不好了。一个方式是作价，这样的话，如果贵了就会没人要，很便宜才会有人要。还有一部分会流向非集体公有制企业。甚至有些企业的固定资产卖不掉，放一到三年就会变成废物。现在一万块钱置的，那时候一千块钱也会没人要，甚至有的大设备是一百万元置的，一万元也会卖不到。

7.村里的东西和钱就会越来越少了。家庭和个人存的钱会越来越少，花一个少一个，不可能不花吧？甚至有些人会往外放高息贷款，或者入股，搞不好的话全都坑了你。代代靠这个，是根本不行的。如果到了这个程度，那么咱刘庄下一辈的小孩结婚都会成问题。那就不会像现在这样上八个小时的班，实行"三八制"。家里吃得好、用得好，还有存款，这种好事就不会再有了。西边的小市场也就不会有了。为什么会有小市场？刘庄富裕嘛！

8.如果公房要实行房改，除少数户外，大部分户把全家的钱全部拿出来也不够。

以上八个问题，如果实行集体制度就都不存在了。

50年来，解放前"方圆十里乡，最穷数刘庄。住的土草房，糠菜半年粮"的穷刘庄，在中国共产党的领导下，在上级党组织和上级党委的带领下，坚定不移地走社会主义道路，坚持发展集体所有制经济，经过全村广大党员干部、人民群众的努力奋斗，变成了今天这样一个文明、富裕、民主、现代化的社会主义富刘庄。如果不实行集体制度，村里富，人民群众也富的美好时代，就会到此结束了。社会稳定、人心安定、人民群众安居乐业的美好生活就结束了。下一代究竟是会再富裕起来，还是会穷下来，那就很难说了。如果要走那条路，就回不来了，即使后悔也没用。……看一下其他农村的情况，大家就会一清二楚了。如果变成那种情况，尽管个别人也许还可以，但在相当长的时间内，在总体实力上不可能超过现在的刘庄。很难说，不好预料。

三、刘庄要沿着集体经济继续前进

刘庄的实践和理论说明了三点：一是刘庄50年来的历史就是由穷变富的历史。二是刘庄的现实情况是，人民在物质上是富裕，在精神上是健康的，社会比较安定，展现了欣欣向荣的景象、气氛和发展进步的势头。三是未来，刘庄还是要坚持有中国特色的社会主义道路走下去的。要坚定一个方向，就是有中国特色的社会主义方向；要继续走一个路子，就是坚持发展集体经济，实行按劳取酬，实现有差别的共同富裕；要坚持一个制度，就是以集体经济为主、多种所有制共同发展的制度。按照这条路子走下去，就能赶上和超过世界发达国家农村的水平，就能建成富裕、民主、文明、现代化的新农村。

我们要研究代代都要走下去的共同富裕之路。根据形势的发展变化、时间的推移、人的思想的变化，刘庄的这一种形式要不断改革，以跟上时代的潮流，向前发展。

几十年来，着眼于实际，我们坚持做到：一是对刘庄的发展有负面影响的，都要改革；凡是能促进刘庄发展的，都要坚持。二是对人的积极性和正气的发扬有负面影响的，都要改革；有利于调动人的积极性、有利于发扬正气的，都要坚持。三是村党组织、村干部能适应两个方面情况的，都要坚持；村党组织、村干部不适应这两个方面情况的，都要调整。

只有唯物地看历史、看现实，才能预见未来。这是村级领导必须具备的素质。刘庄要想巩固和发展，就得培养和选拔这样的人，不断补充到党委、村委、总公司和各企业。还要培养适应刘庄这种形势的高素质人员。

实践证明，在分配上，对于劳动能力一般的甚至最差的人，不能减少，而且还要逐年增加；福利事业不能减少，而且要有计划地逐年按劳动量和绩效提高。对素质高的和比较高的领导组织人员、管理人员、科技人员、经销人员、财会人员，要实行按劳按效取酬，让他们多得一点。对素质高的、创造财富多的工人，要适当地多分配一点。对于那些对集体和人民群众有特殊贡献的，要给予特殊奖励。这样，就能充分体现按劳按效取酬，合理差别，实现共同富裕。让这一部分人多得一点，才能带动多数人共同致富。

农村党支部书记，可以兼任总公司总经理，也可以身兼三职；需要分设的，也可以分为三个人；还可以由一名副书记任村委会主任。特别是支部书记的待遇要合理。国家干部担任支部书记的待遇，与农村干部担任支部书记的待遇应该不一样。各企业法人、厂长、经理也要按劳按效取酬，但可以多得一点。"头"很重要。"千军易得，一将难求"。这些人一是要真正有领导能力，有生产管理和经营能力，懂科学，有文化；二是要正派，要有正气。这些人的待遇要合理，但是他们不能胡搞，群众之所以拥护他们，是因为他们能为大家带来利益。

鼓励竞争上岗，鼓励毛遂自荐。村里也可竞争：党员在党内竞争，村委在村民当中竞争，企业在职工及干部当中竞争。竞争的结果，最后由党委、村委确认。要根据企业的规模大小和科技含量、效益的高低，合理地、有差别地确定企业干部报酬和奖金。

现在我国处于社会主义初级阶段的过渡时期，刘庄则处于富裕时期，剩余多。为什么要提出家庭再分配呢？不实行再分配，年轻人就会没病装病，小病大养。20 世纪 50 年代，没有剩余，家庭之间也不吵架。因为那时候是采取评分的办法。人民为什么风格高呢？一是有觉悟，二是还想让评分高点。那时候，我还比同等劳动力少得百分之十。那时候创造的剩余少，现在创造的剩余多。人见财帛红了眼。存在决定意识。现在官兵分得很清楚。战争年代，官兵一致，苦得很呀！现在全村普遍创造财富多，剩余多。创造财富多的人你不让他多得一点，人家就不会给你好好干，人家有能力就是不给你发挥。

1991 年 2 月 6 日下午，时任中共中央总书记的江泽民来刘庄视察，史来贺向总书记汇报了刘庄的"集体家庭"。江泽民拉着史来贺的手说："我比你年长 4 岁，但要论起农业，你比我懂得多，说句心里话，社会主义好，刘庄是有说服力的。"

刘庄已走出了以集体经济为主体的社会主义乡村新社区的一条崭新路，是中国农村的榜样。

26 绿色发展、共同富裕的滕头村

"滕头村很小，位于中国东海之滨，很难在地图上找到它。同时滕头村很大，因为我的父老乡亲们所追求的是全人类生生不息的伟大主题——人和自然和谐共存，人与人和谐相处。"这是滕头荣获世界十佳和谐村庄时，村党委书记、滕头集团董事长傅企平向世界宣读的一段宣传语。

滕头村镶嵌在奉化与溪口之间，地处萧江平原、剡溪江畔，昔日这片水泽地没有给滕头人带来福祉，而是代代贫穷。当时有句民谣："田不平，路不平，亩产只有两百零，有囡不嫁滕头民。"昔日滕头是光棍多、文盲多、穷人多的地方，在实现集体化之前，滕头人盼富盼了五百多年了。但滕头这地方一场大雨来了，全村750多亩土地一片汪洋；一遇干旱，稻苗全完了。500多年来，全村人住的依然是泥草房，这样一年复一年，日子越过越穷。1949年5月，奉化解放，滕头获得新生。滕头人从1953年组织合作社后，就走上了集体化的道路。从1955年就担任滕头村党支部书记的傅嘉良觉得，要彻底挖掉滕头人的穷根，只有一条路，依靠集体力量，兴修水利。从那时候起，滕头全村近 200 多个男女劳力，晨踏朝阳路，晚踩月下光，共投入了 43 万工，把 750 亩高低不平、常遭旱涝的低产田改造成 200 多块大小划一、沟渠纵横、排涝方便的高产田，粮食产量很快超了《纲要》，破了千斤关，盼上了超"双纲"，达到亩产 1600 多斤的高产粮，成为省里，甚至全国"学大寨"先进单位。傅企平介绍说："但那时候，我们滕头是'学大寨'的全国先进大队，但是家家户户并不富裕。当时，养一只鸡是社会主义，养三只鸡是资本主义。这个资本主义的尾巴一定要割掉的。否则就不是农业'学大寨'的先进单位了。因此那个时候滕头村，外面是很红的，里面也是很穷的。"

今日，滕头村的领头人傅企平曾担任过生产队长、滕头大队副大队长、滕头村党支部副书记，在接受采访时的一番对话，引人深思。访谈记录如下：

问：你们村实行土地承包责任制，当时选择的是走集体的这条路？

答：我们滕头离奉化只有 6 公里，到宁波也不过二十七公里，改革开放前，我们这里就是服装之乡了。对发展乡镇企业具有得天独厚的优势，在粉碎"四人帮"之后，我们大队兴起了办厂热潮，我办过菌种厂、服装厂。到了 1982 年底，我村村办企业已经达到了相当高的水平，全村近 300 多个男女劳动力，一半多劳动力进了村办企业。当时，我担任滕头大队党支部副书记，我一向支持老书记傅嘉良的工作。一天老书记问我:"企平,我们大队土地分不分?"我已经当了15年副书记的副手,也壮着胆说:"我们村有这么多村办企业,土地分了,不好办。"老书记说:"那就看社员们的意见吧!"

问:那后来怎么办的呢?

答:当时,村村都在量地分田,我们村土地整理得方方正正,丈量也方便。1983年春节刚过,召开全大队社员大会,那天晚上,老书记傅嘉良把大队家底全部亮出来了。他说:"现在村上有十多家村办企业,如果大家要分,村办企业怎么办?如果实现明分暗不分,农业继续集体经营耕种,村办企业继续努力办好,根据当前的形势,名义上把土地分到户,每年每亩承包土地发放承包费500元不成问题。"

会场顿时热闹了起来。老书记傅嘉良继续说:"土地承包领导小组,已把土地量好算清,每人可以分到承包田8分8厘,如果谁家愿意单独经营,明天就可以测量拿田,自己耕种了。"

台下就一片哗然,有的会算账的精明人就说,土地种得再好,除了工夫、肥料、农药,一亩田一年也拿不到500元。台下人都说:"不包不包。"滕头"明包暗不包"的生产承包责任制就这样确定下来了。

问:每亩500元反包费,在当时是要冒很大风险的,你们如何兑现的?

答:我们有企业,这不成问题,关键是集中的土地怎么经营好。土地没有承包到户,但粮食生产不能放松,我们滕头成立了农业公司,这是滕头农业产业化的开始。刚开始,粮食照样年年丰收，但全国上下卖粮难后，国家粮食政策进行了调整，农业公司先后种了梨树、葡萄，发展鱼塘。我们搞起了立体农业，在田里开始养鱼。特别是我国国门打开后，改革开放给我们带来了机遇。当时，我们走出国门，看到国外很多地方是很漂亮的，树种得很多很多，城市绿化得太美了。我们国家生产发展了，生活富裕了，肯定要跟上，这关键的一步，我们滕头人抓住了。在原来生产粮食的土地上，发展花卉苗木，给滕头村带来了更多的经济效益。随着各地对绿色环境的要求越来越高，村里的花卉苗木生长发展得更快，不仅在滕头村里成立了苗木公司，在滕头村外还建立了苗木基地1178个，滕头生产的苗木越来越多地被送出去，成为其他地方的新风景。

发展苗木的尝试让滕头尝到了甜头，当时还有一件让我们滕头人至今津津乐道的事情，那就是绿化工程队接下了2008年北京奥运会3000万元的绿化业务，我们村绿化工程被奥运会看上了，香港、澳门他们都要，结果培养出了一大批园林花卉专家。

问：那生态旅游民族文化村是怎样形成的？

答：经过调整和优化农业产业结构，大力实施"科技兴农"。我们建立了高科技蔬菜种子种苗基地、植物培育中心、农业观光示范区，形成了"精品、高效、创新、生态、观光农业"于一体的发展格局。特别值得一提的是，我们村整治改造工作从20世纪70年代就开始了，当时把解放前造的泥草屋及五六十年代无规则建造的房子全部拆除了，盖成了两层单体青

▲ 新"三农"领头人傅企平。浙江省奉化区滕头村党委书记。荣获世界十佳和谐突出贡献奖、全国劳动模范、中国功勋村官等荣誉称号。当选第十届、第十一届、第十二届全国人大代表

▲ 滕头村一角

砖瓦楼房。到了2000年，村集体经济雄厚了，实行了"统一规划、统一建造，自报公议，福利加补贴"的政策。200、230和360平方米三种规格的小别墅，每幢别墅家庭只要分别支付8.5万元、9.5万元、17.5万元，当时缺乏财产观念。360平方米的四幢大别墅，是村里动员了四户大户人家才报名享受的。第二期改造的房子，全部腾出留给外来民工住。从此，滕头，村在景中，景在村中，以观光农业、农俗风情为特色经典的乡村生态旅游"文化村"就形成了。一位诗人考察滕头后欣然写下"青山碧水胜桃源，日丽花香四季春。人间仙境何处寻，且看奉化滕头村"。

问：光靠农业旅游是难以支撑起这兴盛的滕头村，你们工业又是如何发展起来的？

答：滕头的工业从20世纪70年代起步，一直没有停顿，20世纪80年代，我们滕头建起了千亩工业园，A、B、C、D四个工业区，80多家村集体企业组建成的滕头集团公司，2009年就跨入了全国最大经营规模、最高利润总额乡镇企业的行列。2015年，全村实现社会总值90.75亿元，利润9.81亿元。但滕头人讲诚信，1993年，村里就成立了环保委员会，对村上引进企业实现环保一票否决制，至今已否决了46家经济效益好，但有污染的企业。

问：如何让全村人共享改革开放的成果呢？

答：滕头全村337户，810人，2016年滕头村村民人均可支配收入超过了6.5万元。我们村的一条规定，每年正月开年上班第二天，召开全村户主代表会，80多家企业承包人全到会。重要的一项工作是要全村的所有劳动力都就业，这项工作要由企业承包人包下。滕头不允许存在一个懒汉，一个吃闲饭的人，要人人劳动，家家致富。我们土地承包金每亩已从500元提高到1050元。另外，每月每人可拿到福利金1500元，同时，女55岁以上，男60岁以上的老人每人每月享受福利金2000元。村上还为老人免费安排一套85平方米的公寓楼套房。并实行小学到大学的免费教育，考取大学、研究生还可拿到3万至5万元的奖学金。

听了傅企平的介绍，我十分感慨地说："作为一个滕头人真幸福呀！"

滕头64年的集体康昌大道越走越宽广，如今已成为全球生态500佳，世界十佳和谐乡村、中国首批文明村和中国十大名村。时任中共中央总书记的江泽民，视察滕头村后，充满着激情说："了不起的村庄。"

滕头村今天令世人羡慕，他们千条经验归纳为一句话，就是滕头有个敢于冒险的傅企平，带领大家走上了一条合民意、接地气的好道路，走进了以集体经济为主体的共同富裕路。傅企平自从担任村书记以来，不仅埋头拉车，还时时抬头看路，顶着压力往前闯，跌倒了爬起来再继续往前跑，现在这样的人太少了，见不到了。确实，打铁还需自身硬，滕头有个"三先"原则值得点赞，即要求村民做到的，党员干部首先做到；

▲ 滕头村新社区风貌。荣获首批全国文明村、世界十佳和谐乡村、中国十大名村称号。腾头村党委荣获"全国先进基层党组织"称号，2016 年农民人均可支配收入达到 65000 元

▲ 联合国常务副秘书长阿莎·罗斯·米基罗女士为滕头村颁发奖牌

要求党员干部做到的，党委成员首先做到；要求党委成员做到的，党委书记首先做到。滕头就凭着这种"一犁耕到头"的无私精神，闯出一条康庄大道，实现了由贫困到小康，再到富裕的跨越。滕头村有句妇孺皆知的话："一家富了不是富，集体富了才是富。"各级领导特别是掌握决策权的领导，要结合中国的实际，认识新型的以集体经济为主体的社会主义乡村新社区道路。

27 三千多户主摁下手印坚持走集体化道路的周家庄乡

　　1955 年下半年，中国农业合作社运动兴起了新的高潮，当年 11 月份，中共河北省晋县委员会把周家庄农业社作为全县的重点，扩大社的规模，当时称为"由半社会主义的初级社转为完全社会主义的初级社"。1956 年 6 月，周家庄乡的周家庄、刘靠庄、北王庄、南王庄、东张庄、北捏盘共 6 个村庄 1509 户组建成周庄高级农业生产联村大社。到 1958 年改建成周家庄人民公社时，全乡分成了 10 个生产队。到 1983 年 12 月，拆社建乡，仍实行乡社合一的组织结构。对外称周家庄乡，对内还称为周家庄村，下设 10 个生产组。

　　周家庄领头人雷金河，抗战时期，日伪悬赏几千元伪钞买他的头。新中国成立后，他是周家庄第一任党支部书记，带领周家庄群众创业，曾荣获周恩来总理签署的先进单位奖状。就是这样一个在党和群众中享有很高威望的老党员，"文化大革命"中竟被戴上"走资派""核心人物"的帽子，拖着扫帚扫大街，含冤十多年。1978 年 12 月 28 日，在周家庄近万人的社员大会上，河北省晋县县委领导庄严宣布，彻底平反雷金河同志的冤假错案。就这样，这位年近花甲的老同志，重新当上了周家庄公社的党委书记。

雷金河接过这副重担时，当年周家庄年底分红，社员人均收入只有 70 多元，90% 以上的农户粮食不够吃，许多农户辛辛苦苦忙一年，换来一张白条。乡亲们见到重新担任书记的老雷，少不了这句话："老雷书记呀，折腾了这十几年，咱算知道哪头炕热啦！啥时候才能过上好日子呀？"

听着这些感人肺腑的滚烫话语，望着那一双双充满希望的眼睛，雷金河情不自禁想起"文化大革命"以前的往事……

1952 年，雷金河办起晋县第一个合作社，他和干部社员总结出"三包一奖"等一整套有效的管理制度，调动了社员的积极性。到 1965 年，日工值达 2 元以上，荣获全国农业先进单位奖状。"文化大革命"期间，"三包一奖"被当成"三自一包"的孪生兄弟横加批判。大锅饭严重挫伤了群众的积极性，好端端的富裕公社被搞成这个烂摊子……

"要想让社员再过上好日子，先得把批判过的好经重新念起来。"雷金河在公社党委会上，提出全面恢复"三包一奖"定额管理责任制的建议。

是的，实践已充分证明以"包"字为核心的各种责任制是个好东西，但是，在两年多以前，当极左还禁锢着人们的头脑时，雷金河——这个被打倒在地 13 年的"走资派"一上台就要搞被批判过的"三包一奖"，这需要有多大的魄力和勇气！

"雷金河一上台就搞'复辟倒退'。"别有用心的人乘机大造舆论，甚至往上告状。

雷金河的爱人想起他创造推行的"三包一奖"，自己被逼与老雷离婚，她不肯，竟因此被开除党籍。她流着眼泪劝老雷说："别再当出头椽子。"好心的亲朋也说："你到底图个啥？"雷金河说："俺，啥也不图，就想让乡亲们快点过上火爆的日子。"他终于耐心说服了爱人和亲朋好友。

这时，上级领导也向雷金河打招呼："你们大搞'三包一奖'谁批准了？"老雷正经地说："社员们早就批准了，这是党中央下的60条上写过的呀！"

经过一番斗争，从1979年1月开始，"三包一奖"使周家庄庄稼恢复了元气，年底不仅还清了18万元的国家贷款，人均收入也达到了145元。比1978年提高了一倍，口粮525斤，比1978年增加95斤。

党的十一届三中全会以来，党的富民政策又来了，老雷信心更足了，他瞅准"棉花这株摇钱树，谁种好了谁先富"。1980年，他们扩大棉田面积2000多亩，亩产175斤，居华北地区第一位，棉花总收入340万元，人均收入达到了228元，公共积累达到了280万元，年终分配超千元的社员户占四分之一以上。

雷金河的壮举，引来了媒体的广泛关注。

1980年4月23日，《人民日报》发表了新华社记者撰写的长篇通讯《雷金河一心奔四化》，并加了述评。

▲ 新"三农"领头人雷金河。河北省晋州市周家庄村原党委书记。荣获全国劳动模范称号，当选第七届全国人大代表

各驻华使馆首席馆员参观周家庄农民文化宫

1980 年 6 月 29 日，《河北日报》发表了题为《把各种车厢都挂起来，向着四化前进》的长篇通讯，并加了题为《学习雷金河，争做合格的共产党员》的社论。

雷金河的名字随着他的事迹扬名天下，特别是在河北省，在晋州地区，更是成为人们街谈巷议的美谈，雷金河这位老人，不断在创造奇迹。

1981 年 7 月，《中国农民报》刊发了长篇通讯《老书记，俺们信得过你》。

1982 年，家庭联产承包责任制的浪潮涌向河北省，涌向周家庄。晋县其他公社大队的眼睛都盯着周家庄，盯着雷金河这个全国闻名的老先进。

跟着潮流把周家庄 14791 亩耕地分了，这是一件很简单的事，几天就完事了。

周家庄公社往何处去？那几天，全公社一万两千多双眼睛，都盯着雷金河。雷金河这位老人吃饭不香，睡觉不眠，全公社 10 个生产队在他的带领下，粮食棉花年年增长，工业起步势头正旺的一幕幕全展现在他眼前……

周家庄地处太行山东麓前的冲积平原，地势宽阔平坦，这里寒暖适宜，夏无大暑，冬无大寒，唯春日风多雨少，气候干燥，积温基本能满足一年两熟制要求，周家庄农民自己组织起来后，依靠集体力量，进行了大规模的水利工程建设。188 眼机电双配套机井，极大增强了抗旱能力，成为夺取粮棉丰收的可靠物质基础。统一治沙，改良土质，平整土地，规划田、水、林、路、电，适应水利化、机械化和电气化的发展，实行了园田化种植。结合自己具体条件和情况，积极推进机械化及农产品初加工机械化，农业劳动生产力、商品率和经营效率都有明显提高。1951 年，周家庄粮食播种亩产仅为 72 公斤，总产 543 吨，到了 1982 年，粮食实现了亩产 237 公斤的高产纪录。尽管腾出 2000 亩耕地种棉花，1982 年粮食总产仍达到了 3238 吨。

周家庄工业发展可谓是新中国农村集体经济起步、成长、壮大历程的一个缩影。

新中国成立后，特别是 50 年代初中期，周家庄合作社广泛开展了副业生产。农村副业是相对农业而言的产业，一般是为农业生产和人们生活服务的附属生产。合作社副业有集体经营和社员家庭经营两种形式。1954 年周家庄村合作社有 9 摊集体副业，收入 1.2 万元，占总收入的 4.22%。1957 年，全乡副业有 27 种，计养猪、繁殖牲口、养羊、养蜂、打井、磨坊、粉坊、油坊、豆腐坊、木器加工、运输、缝纫、种菜、烧砖等生产项目。收入 16.53 万元，占总收入的 15.25%。在副业收入中，集体占 21.25%，家庭占 78.25%。家庭副业收入远超过集体副业收入是这一时期的显著特点。副业产品除国家派购任务外，由集体和社员自由支配，或卖给国家，或由供销社收购，或拿到集市上出售。农村副业对于利用农业剩余劳动力，利用当地农副产业和自然资源，增加社员收入，巩固和壮大集体经济，满足人们生产和生活需要，都发挥了重要作用。但与旧中国农村工商业相比，并无质的变化；与 90 年代相比，则

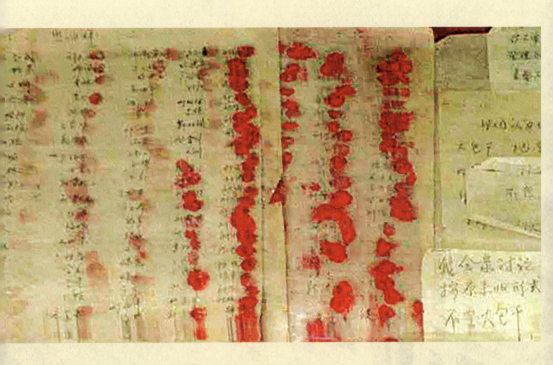

▲ 1982 年 11 月 30 日，公社公决，3055 户都摁了红手印，一致同意坚持集体经营管理

▲ 河北省晋州市周家庄两次荣获国务院总理嘉奖令、全国文明村镇、中国乡镇之星等荣誉称号

显得微不足道。

1958 年，在中共中央"人民公社必须大办工业"号召下，周家庄公社仓促上马了农具修配制造厂、小型磷肥厂、粮食综合加工厂、轧花厂、运输队、木厂等一批集体企业，开始了社队企业（人民公社和生产大队兴办的企业）时期。到 1962 年，上级多次要求公社和生产大队"一般地不办企业"，原有企业，分别情况，"转给手工业合作社经营，下放给生产队经营，或者改为个体手工业和家庭副业"。修配厂、磷肥厂和棉油厂被迫上交县有关部门经营管理。另外，一些企业确实不具备生产条件，个别干部又多吃多占，安插碌碌无为的人，铺张浪费，导致社队企业几乎全部停办。

1965 年 9 月，中共中央、国务院下达了"大力发展农村副业生产"的指示，要求各级党委和政府，进一步贯彻执行"以农为主，以副养农，综合经营"的方针，大抓副业生产，大力发展农村副业，以促进整个国民经济的进一步发展。在继续大抓粮食和主要经济作物生产不断高涨的同时，周家庄公社副业生产很快恢复，在三年经济困难时期坚持下来的集体副业（轧花厂、农具修造厂、砖厂等）得到进一步发展。

"文化大革命"初期，尽管有"割资本主义尾巴"、"堵资本主义路"等"左"的干扰，但因为社队企业在解决农业生产资金不足、满足市场商品需求等方面的不可替代作用，仍然得到一定发展。70 年代初期，各地兴办了许多设备落后、工艺陈旧的"五小"工业，即地方小钢铁、小煤炭、小水泥、小化工和小机械。周家庄公社除公办厂外，各生产队也都先后办起了规模较小企业。1971年全社工副业收入占总收入的7.47%，1974年占24.94%。1976年，社办修配厂有职工317人。

在社队企业曲折、缓慢发展的同时，作为屡屡遭禁的社员家庭副业一直存在，从未间断，即使"文化大革命"时亦是如此。家庭副业，包括耕种自留地、开垦荒地、缝纫、木工、豆腐坊、养蜂和饲养猪、羊、兔、鸡、鸭、鹅等牲畜家禽以及庭院种植等项。实践证明，发展家庭副业，对充分利用闲暇时间，增加社员收入，活跃城乡市场，都有着重要作用。禁止搞家庭副业，采用一切由集体经营的办法，一是行不通，有害无益，二是做不到，明禁暗搞。

70年代末，按照国务院1977年批转的农林部、轻工业部《关于把农村手工业企业归入人民公社领导管理的报告》的批示精神，周家庄公社把原由集体创办而在"文化大革命"中上交县管理的修配厂、棉油厂及时收归公社管理。80年代初期，全社农民在党的十一届三中全会精神鼓舞下，埋头苦干，自力更生，节衣缩食，不贷国家一分钱，陆续办起数家工业企业。1981年，集体企业收入占集体总收入中的比重由上年的33.23%上升到46.67%，上升了13.44个百分点；而大农业则由64.59%下降到48.6%，下降了15.99个百分点。此时周家庄的集体企业已是名副其实的支柱产业了。

周家庄的每一步发展，每一项事业的成功，都渗透着雷金河这位老人的心血和汗水。

这一幕幕，雷金河这位老人怎么也不会忘却。雷金河在思考：如果把全公社的土地都分了，就好似在全公社的社员刚从谷底向上攀的时候，把他们的保险带全解了，全村企业会全面地滑下去，他们每个家庭、每个人都会承担巨大的风险。如果把全乡的土地都分了，全乡社员刚恢复起的元气，会一夜之间消失，农业现代化也就无从谈起了。当然，土地分了，周家村也可能有几位能干的人会冲闯出去，成为村上的几家富翁。粮食产量开始几年也会上升，但是今后，向下滑是肯定的，贫富差距的拉大是肯定的，两极分化是肯定的。这是已被几千年的小农经济充分证明了的。

1982 年 11 月 30 日这天，雷金河老人在第一生产队的社员大会上，向大家提出一个问题："我们周家庄土地是承包到户好，还是现在这样走集体化好？"大家都说："许多地方劳动一天，只有两三角钱，而我们这里劳动一天年终分红，正劳动力就能分到五元五角，这当然是走集体化的道路好。"

那天，雷金河老人体察着社员们的内心情绪，他发了 274 张"公决"的票子，当场收起来，274 张票，全部同意走集体化的道路。这位老人底气足了。反正我已经被打倒一次，我的党籍也被开除过一次了，雷金河下定了铁心，周家庄集体的土地肯定是不能分，但个私企业照样要发展。这个头要我来牵，这个担要由我来挑。

那年秋天的一天，雷金河把 10 个生产队的队长全请来了，还请来了周家庄人在公社当干部的几位领导。公社党委召开的党委扩大会议上，当时大家心神不定，雷金河先开口说："县领导已找我几次，要求我们跟上形势，把全公社十个生产队的土地承包到户，大家看怎么办？"队长们和公社干部心里都清楚，这是大是大非，十年的"左"倾思潮，逼得大家都不敢说话了。这时的会场，静得掉下一根绣花针都能听到。过了许久，不知哪一位打破沉默说："我们听老社长的，你说分，我们支持；你说不分，我们也拥护。"接着大家连声说："是，是！"大家把头都低下来，不敢看老社长一眼。

雷金河老人完全想不到是这样的结局，不仅全公社一万多人今后走的路由这位老人来确定，还有来自各方的压力也得由这位老社长来担当。当时，雷金河肩上的分量压得太重了，他想了想，坚定地说："安徽小岗村人为了摆脱贫困，为了吃上饱饭，十八户农民摁下手印，立下生死状，把生产队的土地一分不留承包到户了。我们周家庄为保持农业、工业企业生产的好势头，让全公社社员共同富裕，家家户户过上幸福生活，我个人认为，周家庄公社土地不承包到户，实现集体所有，集体经营这样比较好。"接着他又说："如果同意我的意见，全公社十个生产队进行土地集中经营，不承包到户的公决。如果全公社大多数农户同意不分田到户，我们就向上级党委写保证书，请求上级组织同意我们试一年，农业、工业生产落下来，我们马上掉头包产到户。如果同意这个意见，就按此办。"大家连声说："这个办法好。"

雷金河老人真有先见之明，过了不到一个星期，1982年

12 月 4 日，农村土地归集体所有就以宪法的形式确定了下来。这为坚持土地集中所有奠定了法律的基础。这为雷金河实行土地集体经营更有底气了。

1982 年 11 月 30 日，这是周家庄人永远不会忘记的日子，也是值得他们永远纪念的好日子。这一天晚上，全公社 10 个生产队分别召集社员大会，会上，各生产队长，传达了头天公社党委扩大会议精神。那天晚上，全公社 10 个生产队的 3055 户社员家长几乎都到会了。那天晚上全公社社员摁下 3055 个大红手印，全部同意土地实行集体所有、集体经营。并保证试行一年的公社党委扩大会议决议。

12 月 1 日这天，雷金河拿着一大沓摁着手印的保证书，到晋县县委书记办公室，亲自将保证书递给了县委老书记，雷金河老人只说了一句话："书记，让我们试一年吧！"

县委书记见到这位老人的背影和那稳健的脚步，他拿着这份十分沉重的保证书，自言自语地说："只能这样了！"

这件事传到了石家庄，传到了北京中南海，主管农业的中共中央书记处农村政策研究室杜润生主任说话了，他说："周家庄老百姓，不愿意将土地承包到户，那就让他们再试一试吧。"

从此，周家庄迈进了以集体经济为主体，走共同富裕的道路的试验期了。

从那以后，周家庄乡党委、政府和合作社把带领农民群众走共同富裕道路作为一项战略措施，列入议事日程，并把优先抓好社办集体企业作为工作的重点。集体企业发展了，就能够以工补农，增加农民收入，改善农村文化教育条件，发展各项公益事业，建设富裕、文明、繁荣的新农村。同时，集体经济的壮大，也是加强党的领导，改善干群关系，巩固基层政权必不可少的物质条件。

周家庄集体企业管理实行职工全员承包、厂长负责制，并规定周家庄集体企业投资者是乡合作社。因此，企业财产所有权属于乡合作社。合作社集体对企业的重大问题，如投资额度、建设地点、产品方向、固定资产处理、基本分配方案及厂长（经理）人选、厂级班子组成等有决定权和监督权。

集体企业经营者是合作社的部分农民，实行的是职工全员承包、厂长（经理）负责制。企业经营权归企业，厂长（经理）在乡合作社受权范围和任职期限内全权处理企业供、产、销业务；各个企业均独立核算，自主经营、自负盈亏，经合作社批准后可按本单位要求条件到生产队招聘员工；企业经济效益好，厂长（经理）报酬从优，完不成任务，厂长和职工都要相应降低报酬标准。

合作社集体企业不搞个人承包，既为了防止公共财产流失化大公为小公，或变相为承包人私人占有，也为了防止少数人依仗职权垄断承包、压价承包或转手承包等不良现象发生。

周家庄发展工业的战略措施制定出来了，集体企业的管理制度制定出来了，他们真的要大干快上了。他们在16平方公里的社区范围内，选择了周家庄村的旧墓地和废弃宅地作为工业小区。很快，新办的修配厂、印刷厂、五金厂、水暖厂、轧钢厂、建材厂、纸箱厂等 11 家工业企业建起来了。还创办了贸易货栈，建筑施工队和运输队等三家商业流动企业也新建起来了。

到了 1992 年，集体企业已发展到 18 家，收入达到 2603 万元。乡村企业的迅速崛起，也促进了农业的发展。到了 2001 年全乡农机总动力达到 4363 千瓦，拥有收割机 9 台，柴油机 83 台，电动机 252 台，小型拖拉机 40 台。周家庄到了 21 世纪初，全乡从耕种到收割实现了一条龙作业，大大解放了生产力。粮食亩产从 1982 年的 237 公斤增加到 2001 年的 348.9 公斤，总产也从 1982 年的 3238 吨增加到了 6560 吨，翻了一番多。（见附表 3）

附表 3　周家庄乡 1982—2001 年各项收入及比重表

年度	总收入（万元）	集体农业		集体企业		非公有制企业	
		收入（万元）	占比（%）	收入（万元）	占比（%）	收入（万元）	占比（%）
1982	849.39	452.48	53.27	396.91	46.73	—	—
1984	1501.61	530.84	35.35	657.42	43.79	313.35	20.86
1986	2111.27	624.59	29.58	1122.25	48.42	464.43	22.00
1988	3216.0	840.3	26.13	1486.3	46.21	889.40	27.66
1990	3612.6	1041.2	28.82	1678.5	46.46	892.90	24.72
1992	5514.0	1316.0	23.87	2603.0	47.2	1595.0	28.93
1994	9508.0	1645.0	17.3	3530.0	37.13	4333.0	45.57
1996	16234.0	1851.0	11.4	10013.0	61.68	4370.0	26.92
1998	20247.0	1905.0	9.41	13387.0	66.12	4955.0	24.47
1999	22280.0	2265.0	10.71	15136.0	67.93	4879.0	21.9
2000	22556.0	1793.0	7.95	15262.0	67.66	5501.0	24.39
2001	24957.0	1868.0	7.49	17491.0	70.08	5598.0	22.43

注：1983 年以前未进行非公有制经济统计；所占百分比均以总收入为底数。

从上表看出，1984 年周家庄尽管农业生产增长幅度较大，但村办企业和非公有制企业收入达到 64.65%，远远超过农业 35.35% 的水平。到了 2001 年，周家庄集体经营的农业收入占总收入的 7.49%，集体企业占 70.08%，也就是全乡的公有制经济收入为 19359 万元，占总收入的 77.57%；非公有制经济收入 5598 万元，占 22.43%。这张表中的数据，特别是 1984 年和 2001 年的相关数据充分证明周家庄乡已完全走上以集体经济为主体的社会主义乡村新社区道路了。

周家庄全乡人民不忘初心，坚定不移走合作化道路。至今已 68 年了，1983 年成立农工商合作社，是我国唯一坚持走合作化的乡。现在，全乡一社，乡社一体。统一土地经营，统一种植计划，统一记分标准，统一时间分红。合作社实行社、队两级所有，乡统一核算管理体制。在生产劳动中，乡合作社对各生产队依然坚持实行包工、包产、包成本，超产奖励、减产处罚的"三包一奖"生产责任制；生产队对社员实行"劳动定额"岗位责任制。这种管理形式，表面看是大集体劳动，好似大锅饭，而实际上是一种责任制。它的核心是按劳分配、同工同酬。正确处理了集体与个人、个人与个人、集体与集体之间的关系，达到了责任、权利、利益的统一。这种管理形式至今已实行了 66 年。

周家庄人在致富理念上，60 多年来，始终坚持发展集体经济，团结共同致富。不让一户贫困，不让一户后进，不让一人掉队，不让一人受罪。社员均衡富裕，共享幸福滋润。经济上不能贫困，思想上不能滑坡，行为上不能违规。这是建社宗旨，也是全乡群众的共同心愿。

周家庄人在利益分配上，始终坚持：国家、集体、个人三头一本账。完成国家的、留足个人的、剩余全是集体的。集体的实质也是个人的，只是作为公积金、公益金和再分配风险基金等公共积累而已。做到富不忘国，富不忘民，富不忘集体。不能分光吃净，不能只顾个人。

周家庄人在实现新时代农业现代化中，面向市场，建立了五大基地：即10000亩小麦育种基地，3000亩葡萄示范基地，2000亩鸭梨基地，2000亩大棚蔬菜种植基地，1000亩高档苗圃示范基地。坚持统一管理，实行服务十统一：包括种植计划、生产购置、耕播收打、生产管理、劳动定额、生产技术、市场信息、产品销售、财务管理、劳动形式。农业呈现出8个特点：田园化、规模化、集约化、科技化、机械化、安全化、优质化、多为订单生产。

2004年以来，周家庄人乡集体陆续投资1400万元建设了奶牛场。占地150亩，存栏1200头。奶牛全部为澳大利亚、北京等地的优良品种，年产鲜奶4000吨，年销售收入为1400万元。由于奶质好，信誉高，与河北三元签订了长期收购合同。并先后荣获农业部颁发的标准化规模示范场，河北省畜牧局无公害畜产品产地认定单位，河北省畜牧局奶生产性能鉴定优秀奶牛场，河北省奶业发展重大关键技术研究与示范基地，通过了中国良好农业规范GAP一级认证。2008年12月6日，在石家庄市建设食品安全放心城市万人承诺大会上作先进典型发言。

周家庄人不满足现状，对原有的集体企业阀门厂、彩色胶印厂、纸箱厂等10多家厂，均实行了转型升级。原龙头企业阀门厂年创产值达到4亿多元，出口创汇1200多万美元，年实现利税5000多万元，"JS"阀门商标被国家工商总局评为"中国驰名商标"。

周家庄人在农业、工业上拓展了思路，他们又在金融业、商贸业等领域开辟了新的阵地，他们创办周家庄乡资金互助社。自2007年成立以来，确保了集体资金保值升值，不仅支持了全乡工、农、商业的发展，方便了全乡社员的生产生活，而且增加了集体收入。多年来，从没有出现呆账死账，受到省银监局充分肯定。2014年，乡集体投资1.5亿元，建乡集体商业区5万平方米，商户抢租，使集体有永久性收入。

周家庄人在经济大潮中，事业样样得心应手，他们又借助独特体制和资源优势，开创发展旅游业。聘请省地理科学研究所进行了规划设计。于2007年开始分批分期进行建设。共投入资金2000多万元，完善了旅游基础设施。目前，旅游形成了"人民公社"感受区、牡丹园观赏区、榆叶梅观赏区、油菜花观赏区、红玉兰观赏区、梨花观赏区、葡萄采摘区、鸭梨采摘区、草莓采摘区、樱桃、桃采摘区、蔬菜采摘区、娱乐区、餐饮区。

旅游项目有：一是参观合作史纪念馆。能领略到大集体的独特魅力。二是大集体观光、采摘、游玩。每年4月份前后可以观赏百种花木，可采摘草莓、挖野菜。8月份后可以欣赏丰收果实，并且可在观光园内进行采摘，采摘品种有葡萄、鸭梨、雪梨、毛豆、玉米、西瓜等10余种；还可以刨花生、刨红薯，能在这里租种土地和认领果树，能捉农家鸡、拾土鸡蛋、走苗木迷宫，观赏使用传统工具等。就餐可以在人民公社大食堂和林中餐厅吃特色农家饭。周家庄乡农业观光旅游被河北省旅游局确定为"首批省级农业旅游示范点"，是国家3A景区，"全国首批旅游模范村"。成功举办了晋州市8届梨花节、8届秋季采摘节和五届草莓采摘节。游客逐年增加，果品和土特产均以比市场高3—5倍的价格出售。初步实现了农业增效，农民增收。

今日，周家庄乡早已成为实现劳动机械化、生活城市化、娱乐时尚化的乡村都市了。如今社员也进入干活省心、居住宽心、饮食放心、出行顺心、日子舒心的乡村新社区生活了。

1982年，全乡采取统一规划、统一标准、民建公助的办法，同步建设新农村，都是单门独院二层楼房。共建住宅小楼3426座，24900间，64万平方米。新民居建成后，不仅未占一亩耕地，而且还节约宅基地842亩，全部复耕。各村各队，大街宽阔，小巷整洁，院落干净，室内敞亮，被誉为"乡村新社区"。同时，集体投资2000多万元，建设了农民文化宫、农民影剧院、图书阅览室。2003年，乡政府不盖办公楼，把资金建了农民乐园。

2009 年，全乡开始搞第二轮新农村建设。以改善农村面貌、提高社员生活质量、优化社员居住环境、节约宅基地为目的，大力推进第二轮农村新民居建设。共建住宅楼 41 栋，共 28 万平方米，社员已入住。

周家庄乡的文化、教育、卫生等工作呈现一派欣欣向荣的景象。1982 年，乡合作社纪念馆和荣誉陈列室，是传统教育和改革开放成果展示的教育基地。从 1982 年起，全乡就实行了九年义务教育。乡办中学被石家庄市教育局命名为"规范化学校"。乡建有宽阔、舒适、高雅、现代化的幼儿园，可容纳全乡 7 岁以下的幼儿入园。河北省重点示范高中的晋州一中坐落在周家庄乡，这样，全乡幼儿、青少年即可受到良好的全面教育。各生产队有卫生室，全乡有卫生院。社员看病，小病不出村，中病不出乡，大病不误诊。乡卫生院被石家庄市卫生局授予"标准化医院"。

周家庄在走合作化道路中村富了、家富了，但他们仍然关注着社员们的福利。自 1982 年起，就对全乡社员逐步实现了 12 项福利，主要有：全乡老人的津贴制、干部退休制、五保户残疾人供给制、军烈属优抚制、全乡社员水电医疗优惠制。具体内容是：

1. 60 岁以上的老人，除享受国家发放的新型农村社会养老保险外，乡合作社每月还发放养老津贴。标准为：60—64 周岁的老人每月发放 80 元的养老津贴；65—69 周岁的老人每月发放 100 元的养老津贴；70—74 周岁的老人每月发放 120 元的养老津贴；75—79 周岁的老人每月发放 140 元的养老津贴；80 周岁以上的老人每月发放 160 元的养老津贴。

2. 对享受养老津贴的独生子女老人，在发放养老津贴标准的基础上再加发 20 元。集体出资为独生子女家庭入意外伤害保险。

3. 60 周岁以上无儿无女的五保户老人，集体负担其生活费用，有病派人伺候，医药、丧葬费集体负担，并按独生子女老人的养老津贴标准，每月发放零花钱。

4. 65 岁以上，连续工作 20 年的农民干部实行退休制，每年享受在职干部的平均生活水平；对老党员在养老津贴的基础上，每月再加发 17—30 元补贴。

5. 社员新型农村合作医疗个人筹资款全部由集体负担。

6. 烈属按直系亲属计算，除国家补助外，每人每年集体再进行补贴。

7. 对全乡每家每户无偿供应自来水。

8. 民建公助统一兴建住宅楼，免费清理生活垃圾。

9. 对完全丧失劳动能力的聋哑呆傻者，集体负担生活费；对精神病人员，每人每年发放 600 元照顾款；对工伤致残者每年发放 3000 元补助。

10. 对本乡社员实行电费补助，每人每年补助 100 元。

11. 凡是我乡农户的社员每人每年给予 500 元生活补贴。

12. 义务服兵役期满后，正常复员的除国家补助外，集体给予 3000 元的一次性补贴。

近年来，周家庄全乡福利事业和公益事业集体每年开支 3000 多万元，人均达 2196 元。不走合作化的道路是任何村都办不到的。

20 世纪 80 年代初，杜润生主任答应让周家庄人再试一试，继续走合作化的道路，一试，30 多年过去了，新的周家庄乡在华北平原诞生了。如今，周家庄乡全乡 6 个自然村，10 个生产队，4562 户，13658 人，土地 18046 亩，整半劳力 6351 个。2016 年，全社工农业总收入 107406 万元，纯收入 26066 万元，上交国家税金 2960 万元，留公共积累 3596 万元，社员分配 19430 万元，人均现金分配 14226 元，人均纯收入 19085 元。高出全国人均可支配收入 6722 元，高出河北省农民人均可支配收入 7066 元。集体公共积累 2016 年底累计余额 59886 万元，在公共积累中，公积金 39977 万元，公益金 1623 万元，待分配风险基金 18286 万元。与 1978 年相比，集体累计公共积累增长 119 倍，社员生活水平增长 153 倍，工农业总收入增长 216 倍。

周家庄乡曾两次荣获"国务院总理嘉奖令"、"全国先进基层党组织"、"全国文明村镇"、"全国计划生育先进集体"、"中国乡镇之星"、"牵手·2014 中国最美村镇"、"全国首批旅游模范村"等荣誉称号 80 多项（次），自 1985 年至今连续被河北省委命名为"文明乡镇"。雷金河曾 12 次出席全国农业会议。

杜润生主任在 2002 年 10 月给周家庄党委的一封信中说："小农经济由分散经营走向联合，是一个大趋势，但联合应该有多种形式。周家庄选择了集体经营和个体分包相结合的体制。只要经济发展，群众满意，就应该坚持下去，并不断进步。"今天，周家庄这里没有亏损企业，没有失业与下岗人员，没有外出打工的人。户户住上了两层的小别墅楼房，农民文化宫还引来了各国驻华使馆首席馆员参观，周家庄现任党委书记雷宗奎深情地说："我们村 1927 年就成立了党支部，现在周家庄村 592 名党员和一万多村民，对共产党是情深义厚，我们深深感到合作化是人民共同富起来的路，我们对党员的教育，对村民的管理，都十分便利，不论党支部，或党总支开会，就是全乡党员会或全乡村民代表大会，只要通知下去，20 分钟就会全部集中起来到会场。"

八　乡村振兴抉择报告（上）

20 世纪 80 年代中后期，不少乡村农民日日思念成为城里人。许多先富起来的那些农民花上几千元钱，买上一个蓝皮户口，就把孩子送进城读书了。到了 90 年代初期，自由买卖的粮食市场形成了，城里人一斤粮票能换上一斤鸡蛋的时代也就结束了。从此农民们为摆脱贫困就从承包田里走了出来，他们走上城镇，走上大都市，全国出现了劳动力大迁徙。改革开放把我国 960 万平方公里的土地，特别是东南沿海的这片广阔土地变热了，成为全国人民向往的热土。30 多年过去了，20 世纪八九十年代走南闯北的农民工已年过半百。他们纷纷离开城市，回乡重新背起锄头下田。但第二代、第三代农民工依然在城里打拼。他们今后将向何处去？几乎都心中没数，只是走一步看一步……

2017 年 3 月 5 日，国务院总理李克强在 2016 年政府工作报告中指出："支持农民工返乡创业，鼓励高校毕业生、退伍军人、科技人员到农村施展才华"。因为我一直在琢磨研究这件事，对其特别关注，所以我发现 3 月 17 日正式公布的 2016 年政府工作报告中，这一段改成了"支持农民工返乡创业，进一步采取措施，鼓励高校毕业生、退伍军人、科技人员到农村施展才华"。"进一步采取措施"7个字是修改后定下的，这里传递出一种信号——中央和国务院采纳了全国人大代表和全国政协委员的意见建议，深化农村改革要"进一步采取措施"，步子要加快了。

政府工作报告强调指出："发展多种形式，适度规模经营是中国特色农业现代化的必由之路"。这是30多年农村改革闯出的一条建设中国特色社会主义乡村新社区的新路子，也是农村土地经营体制改革中，实施乡村振兴战略，解决"三农"问题的科学总结。

在30多年的农村土地经营体制改革中，全国各地的农村进行着勇敢大胆的探索。

中国是农业古国，地大物博，人口众多，历史上名人名村举不胜举。进入改革开放后的年代，名人名村更是层出不穷。钱塘江喇叭口东岸的航民村是全国五大强县（区）萧山区的首富村，当然也是杭州的首富村，而承德避暑山庄郊外的周台子村，是国家级贫困县滦平县中家家都是小康户的幸福村。大江南北的这两个名村，尽管富裕程度还相差甚远，但他们有一个共同点：都有一个创造奇迹的领头人。生活在这两个村的村民们，都觉得生活在他们所在的这块土地上的自己是最幸福的人、最幸运的人。

28 共创共享的航民富裕村

相传很久以前，钱塘江流经萧山航坞山归入大海，越王勾践修筑都城，曾在航坞山屯兵，并在江边建筑了停泊船只的船坞。后来，聚居在航坞山旁的先民们就把此村取名"航民村"，并一直沿用至今。

传说，当时航坞山上有一盏航标灯，日夜闪着灯光，指引着在翻腾的江潮上航行的船只。如今，这盏灯已不复存在，但现在的航民村犹如那盏航标灯，在改革开放的大潮中，航民村成为以集体经济为主体的社会主义乡村新社区的一盏明灯。

1997年8月，浙江航民集团公司诞生，到了2016年，集团工业总产值达到124.7亿元，集团利润8.21亿元，上缴国家税金5.05亿元，就业人员1.2万人。

航民人2016年人均可支配收入达到5.8万元，其中股份分红航民人每人超过1万元。职工年收入人均达到5.5万元。从幼儿园到大学实现免费教育，上大学的学生每年享受生活补贴。从2016年开始，航民人每人享受集体福利金3000元，其中男60岁以上、女55岁以上的老人，集体福利金每人提高到6000元。全村统一推行村民养老金和职工社会养老保险制度。航民人家家住进了小别墅。

如今，航民人生活、医疗、就业、上学已无后顾之忧了。

然而，十一届三中全会以前的航民村，还很穷。

航民村先辈们苦怕了，他们昔日主要以打渔为生。解放前的航民村民俗称"三只半米淘箩，三十六根讨饭棒"，不少农家都讨过饭。1953年，实行互助组走上集体化道路以后，天天喊着"以阶级斗争为纲"，"割资本主义尾巴"。全村800多人，守住400多亩土地，到了1978年，人均年收入只有148元。全航民村是一个"倒挂户多，缺粮户多"的贫困村。

在采访航民村党委书记、航民集团公司董事长朱重庆时，我们进行了一番长谈。

问：在全国上下全面推行土地承包责任制中，你们又是怎么选择坚持走集体化道路的？

答：这也是根据航民村的实际情况。讲得难听点，其实也是老百姓推着我们走的，结果一走，闯出了一条阳光大道。1982年底，浙江省在全面推行家庭联产承包责任制，我们村在全国全省强大的政治召唤下，1983年把全村400多亩土地全分成一小块一小块，承包到农户了，每人当时分到四分五厘责任田。

（朱重庆这时正是而立之年，他只想多为村里干点实事。他

▲ 新"三农"领头人朱重庆。浙江省萧山区航民村党委书记。荣获全国新长征突击手、第二届全国乡镇企业家、全国劳动模范、中国功勋村官称号。当选第八届全国人大代表

▲ 航民村农场一角。浙江省杭州市萧山区航民村党委荣获全国先进基层党组织，航民村荣获全国文明村镇、中国十佳小康村等荣誉称号。2016 年农民人均可支配收入达到 58000 元

▲ 航民村实现了新时代农业现代化

对那一时期，记忆太深刻了。他思忖了一下又继续回答下去)

从 1978 年开始，我担任了航民农机纸制品厂厂长，那年年底开始，萧山甚至全省各地都在兴办社队企业。1979 年 5 月的一天，我们村的老书记见我有点文化，办事放心，他对我说："重庆，大队生产队集体积累估计有 6 万元，我们也办一个像样的厂吧。"最后我们商议办了一个印染厂，老书记就叫我当厂长，我接受了。当时，我拿着村里这笔钱购来了国营印染厂淘汰下来的旧设备，又贷了 6 万元款再买了 12 口大水缸作染缸。萧山漂染厂就这样挂牌投产了。村里这 6 万元钱是航民人 20 多年走集体化道路积累起来的，是航民人的血汗钱，还有那 6 万元贷款也得及时偿还。只能成功不能失败。结果厂真办成功了。1981 年的 5 月份，我加入了中国共产党。我们的企业成功，但集体的土地全分了。那时村上的劳动力几乎都进厂当工人了，许多劳动力是忙了厂里又忙家里。特别是夏收夏种"双抢"期间，邻帮邻，亲帮亲，家家忙得团团转。帮工就得请客，结果互相攀比，请客的规格也来越高，香烟也送得越来越好。"双抢"结束，除掉化肥、农药和误工开支，一亩收起来的稻谷算算钱，当天就用完了。许多农民都抱怨，认为不划算。他们纷纷找到老书记，要求把承包到户的土地收回去。到了 1987 年，全村 300 多户人家，连同围垦的土地一起 820 亩耕地和 200 亩山林，全部收回集体，由集体实现统一耕种，我们村新的集体化道路从 1987 年又开始了。

问：漂染厂办成功后是怎么形成航民集团公司的？

答：随着印染规模的扩大，1982 年我们的萧山漂染厂利润就突破了百万元大关。但百万富翁并没有使我们航民人陶醉，到了 1989 年，我担任了航民村党总支书记后，肩上的担子更重了，我们总支班子成员始终坚持把 85% 的税后利润用于扩大再生产，采取母鸡下蛋的办法，大厂带小厂，老厂带新厂，先后办起了染料厂、纺丝厂、热电厂。航民村成为全国知名的以印染为主，织布、染料、热电配套发展的印染基地。如今每天印染各种布匹达 250 多万米，印染成品从村里往北可以铺到北京一个来回，被誉为"航民印染'一日千里'"。航民集团控股的浙江航民股份有限公司，在 2004 年就成功上市了。

问：我非常敬佩航民人的胆识和才智。20 世纪 90 年代中期，国有企业都纷纷改制变成民营企业了。你们航民人为何还坚持走集体化道路呢？

答：当时，我们村全资、控股、参股的工商企业已达 21 家，拥有总资产超过 26 亿元。周边的村都纷纷把村办企业转制给个人。我们当时压力也很大，但村两委一帮人经过反复酝酿，认为如果把 21 家企业改制给个人，我们航民可能一下子就会出现一批大老板。贫富的两极分化马上出现了。这不符合我们党的初衷，我们航民人就是要走共同富裕的道路。这21 家企业资产守住了。今天航民集团公司下属已拥有 26 家企业了。

问：你们是如何把全村人的思想统一到为航民集团公司创业上来的？

答：这是一个大问题。我们全村 334 户，1100 多人，要真正统一思想是一个很难的事。但最重要的是要解决村民们要以公司为家的思想。"公司兴，家庭才会兴"。我们下大决心，构建村民、职工、经营者与企业发展的利益共同体。提出了集体控股量化股权的产权改革方案，把全村的股权进一步明晰。1999 年以集团净资产 3.2518 亿元的注册资金作为总股资本，其中 1.4640 亿元量化给个人，量化给个人的这笔资产，40% 按航民村户籍人均分配，40% 按航民村劳力工龄分配，20% 按经营者贡献分配，这样全村村民、职工和经营管理人员，每年按股分红，把原来集团资产看作"天上的月亮"，天天看得见，就是摸不着，转化为照亮每家每户的"温暖阳光"。"充分就业＋按劳按资分配＋社会福利"让村民们觉得搞集体经济有出息、有奔头，也让人感到依靠集体经济有前途、有保障。我们村资产量化已 17 年，村民人心很齐。

问：现在航民不仅企业搞得好，农业也全面现代化了。

答：新时代农业现代化，只有在路上，没有终点。因此我们对农业这项工作始终很重视。1987 年土地实现统一经营后，已投资了上千万元，进行了标准化农田改造，分片建立了三个农场和畜禽养殖场，以机械化大生产，来推进农业现代化。全村 23 个农业工人，耕作着 700 多亩农田，管理着鱼塘、养殖场，等等。农业工人人均生产粮食超过 4 万斤，农业工人平均收入超过 5 万元。

朱重庆这位出生农村，对土地有着深厚情感的航民集团公司董事长、当家人，一谈起农业，就勾起他对村民的那份深情，他欣喜地接着说："我做得非常有意义的一件事，就是我们航民人吃的粮、油、肉都是航民人自己种养的有机生态粮油。我村从 1987 年土地统一经营耕种后，粮油实现按需供应，大米每斤 5 角，菜油每斤 1 元，一直按此价格供应。从 2016 年开始，菜油实行免费供应，节日杀猪送肉，发粽子，送月饼。我们今天的航民是既有乡村都市味，又有乡土情。"

最后，我有意调侃航民的这位当家人："你们瓜沥镇甚至萧山区农民人均收入比你们富的有吗？"

朱重庆没有直接回答。他说："这个问题，我无法回答，你自己去调查吧。但我可以自豪地说，一个村投资一个多亿，补贴村民建起了 300 多幢别墅，估计其他的村没有。一个村投资 1800 多万元，建起了 6000 多平方米的文化中心，其他村也没有。从幼儿园到大学实现免费教育，上了大学给予奖励并给予生活补助费，据我了解，其他的村也没有。每位老人享受福利金，每年年终分红超万元，估计其他村也没有。"朱重庆最后又强调说："我还可以告诉你，不仅萧山，就是瓜沥镇，其他农村比我们村民，比我们村领导，比我们村里的企业家富的老板也很多。农民房子比我们航民气派的也不少，但像我们航民这样整齐划一的别墅新社区极少。我们航民村，我们航民人没有暴发户，家家都是富裕户，也独此我们航民村。"

采访结束后，我参观航民村创业展览馆时，望着墙上挂着的一块块"光荣榜"：航民村 1989 年就被评为"全国村镇建设文明村"；航民村两度被评为"全国先进基层党组织"；航民早就成了远近闻名的富裕村。我情不自禁地发出一句肺腑之言："航民路体现了集体化的优越性。"

航民村创造的奇迹令人赞叹，航民实业集团有限公司董事、副总经理高天相无限感触地说："航民村在改革开放中，很幸运，所有的机遇都抓住了，因为我们航民村有个无私的带头人——朱重庆，他坚持实事求是，一切从实际出发，不盲从，不维上，路走对了，顶着压力往前闯，一身正气。党委对领导班子成员规定，要公平、公正办事，航民人心齐了、劲足了，全村实现了没有贫困户，没有暴发户，家家都是富裕户。这不仅是航民人的奋斗目标，也是我们中国人共同的奋斗目标。"高天相副总又十分感慨地说："改革开放起步是千载难逢的机遇，现在这样的机会相对少了，再也不会来了，其他村要学航民的经验已经难学了。"面对当前许多农村存在的两极分化严重等问题，航民的经验难学也得学，只有走以新集体经济为主体多种经济成分并存的发展道路，才能破解"三农"问题这个难解的"结"。

29 国家级贫困县中的周台子幸福村

　　仅有一把破椅子，外加8万元外债的烂摊子，经过20多年的奋斗，到了2015年，工农业产值突破5亿元，集体资产超过2亿元。破旧的村落，已变成了一座欧式建筑组成的乡村新社区。

　　这传奇的变化，往往有创造奇迹的人。这位奇迹创造者名叫范振喜。这破旧的村落，是范振喜生于斯长于斯的河北省滦平县张百湾镇周台子村。

　　滦平县是国家级贫困县，直到2015年，农民人均可支配收入也只有5665元。而新中国成立前周台子村也曾是有名的讨饭村，几乎家家都讨过饭。1982年，全村2200多亩土地，按人均一亩三分五厘，承包给了全村1530多人经营。按户经营了，村民积极性真调动起来了。村民范振喜从上海当兵转业回来，他一踏进家门，看到满屋的粮食，高兴了一阵子。这下子真不会挨饿了，吃饭没问题了。但他跟着父亲下地劳动后，他家种的东一块小田，西一片旱地，把原来改造出来的一大片平整的土地都分割成一小块一小块了，他心里盘算开了："这怎么搞农业现代化呀！"

周台子村靠山，有矿，有大量的土地。可过去集体穷，民心散，打官司告状的人不少，村里盖小学，钱物凑不齐，劳力调不动，村支书没人干。1987年，村上党员推举刚退伍的范振喜当党支书。站在低矮破旧，到处是穷窟窿的村部，25岁的范振喜心里也没底，可看到全村党员和群众满怀期待和信任的目光，他终于狠下一条心，接下这副重担。

要改变周台子村的面貌，得先壮大集体经济，要发展集体经济，就要整合集体的公共资源。一是要把原有承包给村上人的8个矿点和砖瓦厂收归集体管理、集体经营。二是要把全村承包地全部收归村上集体经营。这两块硬骨头，不啃下来，谁当书记都是巧妇难为无米之炊，都将一事无成。范振喜首先收矿点，收砖瓦厂。占地近10亩的周台子砖瓦厂，承包给了村上的一家农户，一年只收承包金350元钱，有一年要追加这笔承包费，还发生了械斗，造成一人送到医院输液抢救。范振喜敢于碰硬，坚决收回了这家砖瓦厂。

对8个承包给村上的矿点，承包费不高，还常有人赖着不交。范振喜一上任，先收回了自己二哥承包的最大矿点，归村集体经营。这一下气得二哥当众指着范振喜的鼻子说："哪有你这样的兄弟，当官先整自家的人！"范振喜托人给二哥传话："你要不答应，我就当着全村人的面给你下跪！"二哥最后还是忍痛让出矿点。其他几位承包人一看，也都纷纷按村里的意见，完善了承包合同。仅此一项，村集体当年增收10万多元。

紧接着，范振喜带领党支部一帮人，走家串户地清理陈旧老账，专碰"钉子户"，任凭纠缠、打骂，就认准一个理，欠集体的钱不还，没门儿。很快，欠集体的钱有钱还钱，没钱用工抵。

在此同时，他看到许多承包户，养起了耕牛，劳动力强的农户，还上山开荒刨地，村上的拖拉机都丢在仓库里睡觉，重新倒退用牛耕田了。干部群众的心散了，范振喜说："这是倒退，这条路不能继续下去了。"他和支部一帮人顶住了压力，把全村2200多亩承包到户的集体土地和山林全部收归集体经营。对承包户承诺，每年付给承包户每亩500斤大米的倒包租金，每年年终兑现。1988年12月底，周台子村按当年的米价将500斤大米折合成人民币1400元，向各承包户兑现了承诺，当时死不肯把土地让集体收归的三户承包户，其中一户四口人，主动找到范振喜书记说："我看你办事认真，说到做到，讲信誉，我愿意把这近6亩承包地交给集体经营。"

从此，周台子村对全村的土地进行了统一规划，划出一片地建立工业小区，留好一片山地建新农村，其余的土地实行返租倒包给周台子农业公司。近千亩土地，由公司统一耕种。

范振喜上任不到2年时间，周台子村的基础工作全到位了。投资20多万元的小学和村部党员活动室建起来了，随后

▲ 新"三农"领头人范振喜。河北省滦平县周台子村党支部书记。荣获全国优秀党员、全国劳动模范等荣誉称号。当选中共十六大、十七大、十八大和十九大党代表

▲ 河北省滦平县周台子村荣获中国美丽乡村、全国文明村镇、全国敬老模范村、全国幸福村庄等称号。2016年，700多户村民家家都是富裕户

▲ 范振喜时刻把村里老人的冷暖放在心上

的几年，13 万株板栗树种上了荒山坡，新修复堤坝 3500 米，扩大了水浇地 300 亩。

1992 年，正当周台子村各项工作都迈上了快车道的时候，刚干出一番成果的范振喜被查出患了血癌。刚过 30 多岁的他，听到这个消息，当场瘫倒在地。

周台子村党支部和乡亲们纷纷自发捐款，70 多岁的守兰大娘，颤颤巍巍地抖搂着手帕，把一沓子零钱送给了范振喜，"这是我卖鸡蛋攒下的 50 多元钱，振喜，拿着吧。"短短几天，就凑齐 7 万多元钱，范振喜离开村子的那天，全村人几乎都来了，一直把范振喜送到村上的桥头，众多的乡亲们拽着车门，一遍又一遍地说："振喜，你可要回来呀，我们等着你。"

手术结束出院，回村以后，范振喜执意要上班，媳妇坚决不让。还发动娘家人来拦着，70 多岁的老父亲也来劝阻，范振喜说："我是您的儿子，可党和乡亲们给我第二次生命，我不报答，于心不安啊！"他拿定主意，只要有一口气，就要为乡亲们过上好日子拼命。

抱着尚未痊愈的病体，范振喜和村干部研究制定了"固农、强工、带第三产、促文明"的发展思路。

他计划建个铁选厂，可村里家底还不厚，还缺钱呀！范振喜和班子一帮人商量后决定，目前，在集体信誉还不高的时候，以村干部个人名义，向群众借钱建厂。范振喜在村民大会上说："今后，厂子赚了钱，是大伙的，赔了，我和村干部个人倾家荡产，砸锅卖铁也会还给大伙的。"不到半个月，村干部摁下了 200 多个红手印，募集到了 70 多万元钱。

范振喜带领乡亲们，苦干一年，当年收回了百万元投资之后，又一鼓作气，办起了果品加工、花炮、制砖等 6 个村办企业。2001 年，春天大旱，全村的土地等着插秧。范振喜在打井工地上，盯了两天两夜。机井出水了，稻田秧苗插上了。他却犯上了急性心肌梗死，三天三夜昏迷不醒。医生对他亲人说："人是不好保了。"在场的村民急得大哭起来："大夫，想啥办法，也得把他救回来呀。"县里从北京请来了专家抢救了七天七夜，再一次挽救了范振喜的生命。

在范振喜带领下的周台子村，依靠集体的力量，迅速富起来了。2005 年，全村人均纯收入从 1987 年的不足 500 元增加到了 8000 元，集体资产达到了 1.3 亿元。这几年，村里投资 1 亿元，收购了一家矿业公司的全部股份，还投资 4000 万元盖了教学楼，还建了村民文化活动中心。

2013 年，周台子村铁矿年产值近 3 亿元。范振喜和一班人商量，决定把矿卖掉，最终经村民代表表决同意，铁矿以 3.6 亿元的价格被成功拍卖。靠着这笔收入，周台子村开始对外金融投资，现在每年稳定收入 1500 万元以上。

事实证明了范振喜的眼光很准，铁矿拍卖不到半年，铁精粉价格暴跌，现在更是跌破了成本价，每生产一吨赔 100 元。对范振喜当时的大胆决定，村民纷纷竖起大拇指。

范振喜将农业始终放在首位，对拥有 1500 多亩土地的农业园区，实行了农业公司统一管理。农业公司由村上 24 户农家组成，第一年，在滦平县还没有人尝试过的水稻旱育稀植技术，由于周台子村技术服务和水利供应都能及时跟上，土地收归集体经营的第一年，周台子农业公司全面推广了新技术，当年水稻产量增加了60多万公斤，从此农业公司搞起了特色观光农业，效益就更显著了。

范振喜心里一直在追求村民的共同致富，"一个家富不富，首先看自己家的窝。一个村庄好不好，就问村民幸福不幸福。"这是范振喜心中的梦，也是他追求的目标。

范振喜请来了规划师，对新村实现统一规划、统一设计、统一建造。拆老屋，搬新居，每人补助13500元。如今全村700多户农家都住进了新社区欧式排屋中。

如今周台子村，水上公园、中心广场、村民公园、卫生院全部建起来了，标准化的环村公路也修建起来了。2016年周台子村工农业产值突破5亿元。1530多人的大村庄，人均收入达到13000多元，超过全县农民人均可支配收入2倍多。

笔者在采访范振喜时，范振喜倾吐出了埋在心里的一番话。

问：在全国上下全面推进家庭联产承包责任制，而且责任制在显示巨大威力的时刻，你怎么敢反其道而行之呢？

答：任何发展都有时代的阶段性，"一包就灵"这是真理，承包责任制推行不久，我村不少农户起早贪黑上山开荒种地，我家粮食无处堆，其他的农户也一样，吃饭问题彻底解决了。但单家独户经营，集体的观念消失了，集体的经济成了空壳了。人心也散尽了，村干部一年干到头，无分文补贴。谁也不愿为集体操这份心。这个时候，大伙把这么一个集体烂摊子交给我，我无法推呀。那几天，几乎夜夜睡不好觉，心中始终被一个"怎么办"的问题追问着。据说石家庄边上的周家庄从20世纪50年代组织互助组起，一直坚持走集体化道路，至今周家庄已成为远近闻名的富裕乡了。的确，喂鸡还得一把米，否则鸡是不会聚拢起来的。走集体化道路吧，越想我越觉得这是一条好路，他们能走我们就试试。这条路让我走下去，肯定是一条阳光大道，是一条共同富裕的路。

问：当时不少村民都连夜上山挖地种粮，说明村民对个体经营这种体制制度的认可度和支持程度。你们推行土地收归集体经营，村民的情绪如何？

答：当然，思想转变有个过程，但这关键在干部。我们村党支部和村委会在决定之前，把实行新集体化的打算征求了村民的意见，村民们都说："这几年有的干部群众腰包搞得鼓鼓的，集体挖得空空的。只要一视同仁，带领大家共同致富，我们都愿意。"结果，自从我二哥的矿点收归集体经营后，全村的矿点和砖瓦厂，真是"势如破竹"地收拢了。全村2200多亩土地，我们的政策一宣布，村民们掐起指头一算，还是每亩每年500斤的大米返租划算。当时的600多户农家，只有4户农家不愿把土地返租给集体。当时，我想，这4户人家不转给集体也好，这样我们村集体跟这4户人家比一比，结果，第二年其中一户村民就把承包的近6亩土地主动返租给集体了。这件事我真正地感动，心底无私天地宽，老百姓心里都有一杆秤，只要你乐意为大家干事，大家就拥护你，支持你。

问：你们周台子村"返租倒包"这也是一种新的制度创新，村两委不仅兑现承诺，还要使600多户农家安居乐业，这是一件很难的事呀！

答：这的确是一件难事。我在上海当兵时，部队拉练到农村，看到上海郊区农村企业办得红红火火，住的是小洋房，我真羡慕他们，回到家看到村上，没有几间新屋。土地集中了，矿点等资源收归了，手中掌握了一大批资源，就得叫他生钱、长粮。我们努力了，厂办起来，全村村民几乎都就业了。

村集体经济壮大了，村民家底也丰厚了。村里就规划新村建设了，没有几年村民都住上了新洋房。但我们要适应新形势，当前不能让一家几代人住一窝。我们村上老人公寓建起来了，规定村上60岁至70岁的老人，只交两万元押金，就可以拎包住进老人公寓的套房，70岁以上老人免费入住，实现了护理有专人，生活不便有人帮，家用电器全免费，实现了子女父辈不再住一屋。

范振喜十分感激地说："我这条命是周台子村民给的。年轻人靠他们劳动致富，村上的小孩、老人，我是一定要管好的。我们村对读书的小孩，小学到高中，从2000年起，就实现了免费教育。对上大专院校的每年发给500元奖励金，对老人每月发给120元养老金。"

问：走以集体经济为主体的乡村新社区建设的新路子，周台子村，已走上了快车道。你们村民对周台子村共同富裕，认可度感觉怎么样？

答：同甘共苦的路已过来了，共享幸福的路已经迈上了快道，我们村可喜的是既没有暴发户，也没有贫困户，家家都是小康户。全村 700 户农家，农民人均收入 7000 元至 20000 元的，占到了 600 户以上。年人均收入 20000 元以上的农户不足 40 户，年人均收入 6000 元至 7000 元的农户也只有 60 户左右。而我们村最低人均收入也超过了滦平县农民人均可支配收入 1500 元以上。我们村 600 多户年人均收入 7000 元至 20000 元的农户几乎都是依靠周台子村集体经济的收入。收入超过 20000 元的 40 户农户大多是跑运输、经商的农户。如今，村上家家住上洋房，月月有薪饷，村民还享受着蔬菜补贴等 10 多项福利，人人几乎无后顾之忧，村里总体是和谐的。

中国梦是全体中国人的梦，实现中国梦只有走新集体经济为主体的社会主义新农村新社区共同富裕之路，才能使全国八九亿农民真正富起来，周台子村人均收入超过 2 万元农户的不过 40 户，只占全村 700 户的 5.7%。他们靠的是跑运输、做买卖，靠家庭经济的补充，使自己相对富裕了。周台子村 90% 以上的农户都是靠集体经济走上共同富裕道路的。这就是新集体经济的优越性的体现。改革开放 30 多年来，全国几乎所有的农村，在政策的推动下，两种选择，两种前途。两种抉择的命运，已充分显露出来了，集体经济与小农经济的结局，前者是通向共同富裕的道路，后者虽然一时解决了温饱，最后却只是极少数人的发财致富，导致贫富悬殊。航民村、周台子村，都是尊重了民意，重新选择了自己的道路。一个成为全国五强县（市、区）的萧山区的首富村，也是杭州的首富村；一个成为燕山脚下的幸福村，一个国家级贫困县中家家都是小康户的村。这都是无法回避的事实。

九　乡村振兴抉择报告（中）

"把农民土地承包经营权分为承包权和经营权，土地实现承包权和经营权分置并行，这是农村改革又一次制度创新。"习近平总书记这高瞻远瞩的召唤，为深化农村土地制度改革指明了方向。全国上下，不同的土地经营模式产生的效果已千差万别。经济发达的浙江省台州市椒江区下陈街道共有41个村，其中集体经济收入10万元以下的有5个村，10万元至50万元的有14个村，50万元以上的有22个村。而在20世纪90年代初，就把全村承包到户的土地经营权重新收归统一耕种、经营的下陈村2015年集体收入超过500万元。近年来，每年村民股份分红每股3000元，老人补助，照料中心免费就餐，村民医疗保险，房屋统一保险和村卫生保洁费，都统一由村集体支付。而集体年收入10万元以下的这10个村，就靠政府资助了。否则，日常工作难以运转。

　　浙江省农民人均可支配收入已领跑全国各省区32年了。2016年达到22866元。但全省村集体经济收入依然令人担忧。2015年农经统计数据，浙江省29429个农村经济组织拥有4188亿元资产，实现村集体经济收入362.4亿元，每个村平均收入 123.14 万元。其中年收入 5 万元以下的经济薄弱村 6240 个，占总村数的 21.2%，年收入 1 万元以下的空壳村，还有 1837 个。村级负债持续增加，自 2015 年以来，村级负债年均增加 16.7%。据对淳安县西乡威坪等 5 个乡镇的调查，威坪、宋村、梓桐、鸠坑、王阜 5 个乡镇，共下辖 87 个行政村。其中 64 个村，2015 年农民人均可支配收入低于全省最低的庆元县人均 11762 元的水平，还有王阜乡 8 个村的人均收入不足一万元，这些村的集体经济收入几乎全是空白。千岛湖的秀水、湖畔森林、天然氧吧吸引着天下人，但这里的百姓依然不富裕，他们依然依赖着外出打工，有的群众气愤地说："我们是单家独户，守住金山银山，望着金子银子，无可奈何呀。"

我们选择了我国市场经济十分活跃，民营企业成为经济主体的浙江中部的东阳市和浙南的台州路桥区，分别对花园村和方林村进行剖析。花园村依靠龙头民营企业主的奉献，办起了市场，壮大了集体经济，成为先富带后富的楷模。而方林村依靠集体，"螺蛳壳里做道场"，壮大了集体经济，走上了共同富裕的道路。

30 先富带后富，共同富裕的巨富花园村

　　30 多年的改革开放，从不足 2 平方公里的小花园村发展到今天的 12 平方公里的大花园，东阳市花园村现在变成一片热土。已形成了集工业、文化、旅游和现代农业为一体的综合经济体。总资产超过 100 亿元，到 2016 年底，花园村产值达到 461 亿元。上缴税金达到 1.73 亿元。人均收入超过 16 万元。花园村变大了、变富了、变美了，变成了一个乡村都市了。花园村的当家人邵钦祥，成了全国村级最大的一位私营企业主了。但邵钦祥的家族企业——花园集团有限公司创立时却经历着艰难的创业历程。

　　离东阳市不足 16 公里的花园村，在 20 世纪土改时，全村 70 多户人家，没有一户地主，没有一户富农。够得上中农条件的也只有六七家。花园全村流传着四句顺口溜："村里花园不长花，草棚泥房穷人多，贫瘠黄土难糊口，柯鱼挑盐苦生路"。邵钦祥就在这块山光地薄的浙中地区土地上培育出了一株奇葩。

邵钦祥在入学前就开始放牛了，进了学堂后，上学前放学后，还得割草砍柴。小学毕业时正赶上"文化大革命"，一直担任班长的邵钦祥，却因父亲在新中国成立前担任过几天伪保长，外公家是富农，被剥夺升学进初中的资格。14 岁的邵钦祥从那时开始就在家务农了。邵钦祥小学毕业后参加生产队劳动，每天只挣 5 个工分，到了 18 岁，邵钦祥农活样样拿得起，200 斤的猪牛栏肥也能跟着其他正劳动力一样，挑着下田。那一年，年终评分，他也成为一个正劳动力了，每天出工也能拿到 10 个工分。但那时的花园村 10 个工分年终分红，也只有两三角钱。

20 世纪六七十年代，天天"割资本主义尾巴"，许多农民买油盐酱醋的钱也没有了，邵钦祥听说，东阳城里人爱吃泥鳅，他就悄悄地收了 100 多斤泥鳅干，挑到东阳县城，果然卖了一个好价钱。那年春天，他又做起了卖番薯藤苗的生意，钱虽然没有赚到，但也没亏本。后来，邵钦祥见生产队里的几个水塘，觉得能种茭白，只要赶上季节，茭白一定能卖上一个好价钱。他给生产队押了四五十元钱，他和其他 3 个小伙承包下了这几个水塘。结果等茭白上市，他们连夜采割，第二天一早，就把满满的两大手推车茭白拉到东阳街上菜市场，一早买菜的居民，看着那水灵灵雪白的茭白都排起了队，那一年，他们四户承包水塘农家，每户净赚了二三十元钱。这笔钱对那个年代，可不是一个小数目呀。从此，商品意识在邵钦祥头脑中

▲ 新"三农"领头人邵钦祥。浙江省东阳市花园村党委书记。荣获全国精神文明先进工作者等荣誉称号

　　▲共同富裕的花园新社区。浙江省东阳市花园村荣获全国模范村、全国创建文明村镇先进单位、全国十佳小康村、中国十大名村、全国小康建设明星村、全国文明村镇、中国示范村等称号。2016年农民人均可支配收入达到16万元。花园村党委被中共中央授予"全国先进基层党组织"荣誉称号

▲花园村住宅小区

已经烙下了深深的烙印。

邵钦祥办事勤快，脑子又灵，做事实实在在，深得青年们的拥戴，老年农民也喜欢这样的小伙子。1976年6月，刚22岁的邵钦祥就被花园村第三生产队推荐为生产队队长了。从担任生产队队长那天起，他每天几乎天一亮，就扛起锄头，到自己生产队的90亩土地的田头、地脚转上一圈，把当天要干的农活，在心里盘算一遍。再后给30来户农家，80多个男女劳力，逐人做一个合理分工，然后再回家吃早饭。那年，第三生产队粮食喜获丰收，社员家里的稻谷多分了，每个正劳动力年终分红也从两三角上升到三四角了。到了第二年，邵钦祥就担任了花园村的民兵连长了。

邵钦祥当上民兵连长不久，他就被县农村工作组抽调去了，那年他成了家。这时，安徽小岗村土地承包到户的消息，传遍全国的时候，"割资本主义尾巴"的那把刀，也就慢慢地停歇了。党的十一届三中全会后，地少人多的东阳，建筑业开始兴盛了，农村没有什么副业收入的，三亲六眷就成群结队"呼啦啦"跑到江西去打工。那时，东阳的农民只要向队里交上公积金就可以离开农业生产这个主业，离开土地外出打工，自称外出"打野鸭鸡"去了。身在外地的邵钦祥时刻惦记着村上的事，要把村建设好，才能让大家安下心来创业，这样"妻离子散"挣几个钱，总不能让大家安居乐业呀！

邵钦祥返回花园村，坚决支持花园村大队党支部的工作。他把自己外地挣的钱，送给大队，购置了拖拉机，他还积极建议大队党支部开展集资，村上先后购置了拖拉机，购置了碾米机，还建立了机埠。并在花园村开挖灌溉渠道，将大队里的旱地，改成了水田。邵钦祥的行动，赢得了全村人的信任。在第二届民兵连长选举中，邵钦祥以全票连任。1979年，邵钦祥又高票当选花园村大队大队长。

邵钦祥当上大队长后，他一心扑在大队的事业上，他听说大南山村办起了矿蜡厂，生意非常红火，他主动向大队党支部书记邵福星汇报，并找来了他二哥邵钦培。他们3人一合计，认为村上出钱办厂，一是无钱可出，二是社员意见也会很大。他们再邀请了两个人，5家共集资2250元钱，就把花园蜡烛厂办起来了。5个大男人跑外场采购推销，5个女强人在厂里生产，当年几个月下来，除去向生产队缴纳的公积金外，5个半月每股分红就超过500元，也就是说，半年不到，投资办厂的本钱赚回来了。

邵钦祥拿祖祖辈辈的农业生产与这个小小的蜡烛厂相比，觉得农民必须转变观念，不能光在土里刨食，这样会将瘦土越刨越穷。邵钦祥从红烛闪闪的烛光中看到了社办企业的希望之光。

1982年初，花园村的土地都承包到户了，各家都开始种自己的承包水田了。外出打工向队里交的公积金也取消了。从此，大队党支部，大队的干部也解套自由了。钦祥、钦培和老支书福星各出资3000元，并邀请南马村的金顺、根天、阿生三人入股，一共集资了6股，以18000元资金办起了花园服装厂，服装厂的发起人邵钦祥自任厂长，那家蜡烛厂就交由邵福星去管理。泥腿子洗脚上岸办厂，真没有那么容易。邵钦祥服装厂建厂第一年，邵钦祥他们一帮人付出的心血与汗水也是够多的。农民办厂样样得求人，要办厂得办执照，当时，办执照也很难。去信用社开个银行户头也很不容易，贷款难就更不用说了。这"三难"气得刚办厂的邵钦祥求过人、流过泪、也敲打过桌子。第二年，原来计划两万元的利润，那一年利润只有7000元，年终每份股本只分了500元的红利。

邵钦祥正为花园村杀出一条血路，想把花园村同宗同族的邵家人带上致富路的时候，村党支部书记邵福星也觉得如果把邵钦祥同志培养成中共党员，他对事业的追求将更有勇气，将更有魄力，但由于历史的原因，村上6位党员，想要吸收邵钦祥为中共预备党员，很可能会出现"3：3"的情形。当时的南马公社也认为邵钦祥是个农村难得的能人，应该培养他入党。在一次支部大会上，全村6名党员就邵钦祥的入党问题，进行了讨论并作出了表决，虽然"3：3"的情势未改变，但驻队的公社干部为贯彻公社党委的意图，在支部会上，这位驻队干部见到了"3：3"的僵局，他迅速举起右手，这样一来，表决以"4：3"通过了同意邵钦祥入党的决定。

第二天，公社党委书记和副书记就都收到了花园村大队党员的举报，他们要求公社党委对表决结果进行把关，并表示应视表决无效。因为驻队干部只是列席党支部会议，并非是花园村党支部管辖的党员，无权表决。直到1981年冬天，正当邵钦祥苦心经营花园村服装厂的当儿，花园村的一位党员军人退伍了。在这一年的支部表决会上，邵钦祥终于成为中共预备党员。

邵钦祥带领着支持自己事业的人和曾反对过自己的人，共谋花园村发展大计。这时，服装厂厂长邵钦祥，又碰到一个贵人。国营的东阳服装三厂，生产跟不上，时常脱货，一位供销员对邵钦祥说："你们花园服装厂的所有服装我们厂包销。"邵钦祥一盘算，销路上不成问题，那就得扩大生产，特别是扩大资本投入。村上的人看到服装厂供不应求，纷纷要求入股。有的单独入股，有的几户凑足 6000 元，几人合伙入股。很快服装厂的资本达到 66000 元，另外，服装厂又从银行贷款 5 万元。服装厂的职工也增加到五六十人。

邵钦祥带领花园人闯商海求发展，历经几起几落，终于使花园村服装厂走出困境，那几年每年每股也分得了 4500 元的红利。自带缝纫机进厂的职工也由最初的 18 人发展到 9 个组180 人。

茫茫商海，条条商路，邵钦祥带出了一支经商的队伍，留下了一件件商路上的奇闻逸事，同时也给花园人带来了一次又一次思想上和观念上的冲撞和嬗变。

正当邵钦祥带领花园村服装厂迈上新台阶的时候，尝过闯荡商海甜头的股东们，思想却在悄悄发生着变化。1984 年春节刚过，红利刚分不久，一位股东找到邵钦祥说，自己想离开服装厂。邵钦祥想挽留他，并深情地对这位股东说："你一个人办厂风险多大啊，再说我们花园村服装厂已渡过难关，将来一定会更好。"邵钦祥见这位股东决定要走，就同意退了这位股东的股份。这位股东一走，产生了连锁反应，股东们纷纷退股。花园村一下涌现出20多家小服装厂。

此时，已担任花园村党支部副书记的邵钦祥，深深感到，花园服装厂虽然不是村里的集体企业，但也是几十户花园村农户入股的一家股份制企业。企业办好了，村上的农户不仅有工做，而且还有红利分，这该多好呀，一定要把这家服装厂办好。他看准了商机，大胆承包了横店屏岩服装厂，邵钦祥这一决策，不仅增强了实力，增长了利润，而且还利用屏岩砖瓦厂的材料，建起了漂亮的花园村服装厂、花园村影剧院。花园村变样了。

1986年元旦过后不久，老支书邵福星想让邵钦祥当花园村勤劳致富的带头人，提出退位。邵钦祥众望所归，他当选了花园村的党支部书记。

1986年2月，农历正月初十那天，厂里算账之后，只有3个股东的花园村服装厂，其中一位股东向邵钦祥提出要退股。邵钦祥感到这时挽留已无意义了，二话没说就同意了。这位股东分走了三分之一股份，厂房也分走了三分之一。留下三分之二资产的花园村服装厂，就靠邵钦祥和他老哥邵钦培两人担当起来了。

这时，村民们也担心，股东都退股自己去办厂了，红极一时的花园村服装厂还会重新振兴起来吗？到了1989年，邵钦祥不仅办红了花园村服装厂，还办起了砖瓦厂、甜菊糖苷厂、磁铜厂、锁厂、电子器材厂、吹塑厂。母鸡孵小鸡，花园村一下子"孵"出了一批新型工厂。而其他的小服装厂几乎都倒闭了。接着，邵钦祥大手笔地制定发展新蓝图。

第一步：建起了占地24310平方米，建筑面积达15600平方米，集现代生产、生活、办公与休闲为一体的新兴工业区。

第二步：收购南马砖瓦厂的64亩土地，又征用了花园村26亩集体耕地，创办了经贸公司、火腿食品厂、建筑装潢公司……开辟了第二工业基地。

第三步：抓住时机，引进了近千万元的国外资金，同时引进了先进的技术设备和管理经营，创办了两家中外合资企业。

于是，1993年7月15日，一个集科、工、农、贸为一体的浙江花园工贸集团有限公司就应运而生了。这家集团公司实际上就是邵钦祥的家庭集团公司。花园集团是时代的产物，邵钦祥也是时代创造的英雄。

邵钦祥创业是艰难的，一个个股东离他而去，一家家企业成了他的竞争对手，他施展了全身的才华和胆略，他成功了。但他始终记住自己是一个共产党员，自己是花园村的党支部书记，自己是花园村的领头人。

1986年12月，落成的花园村影剧院，在16.4万元投资的总额中，花园村服装厂的三个股东，邵钦祥出资了7.7万元，邵钦培出资了5.7万元，邵天云出资了3万元。

1988年，邵钦祥组织了全村党员干部和村民干部讨论决定，全村承包到户的土地，全部集中起来，每亩地租金 800 元，而后对花园村进行旧村改造，实行全面规划、合理布局、整体拆建，分步实施新农村建设计划。

邵钦祥个人投资创办的花园砖瓦厂在旧村改造中发挥了巨大的作用，对全村拆旧房、建新房的农户全部实行红砖半价让利。在此基础上，他还采取了一系列的建房帮扶措施，对村民阿民和因办厂而亏损破产的宏溪两家，建房的红砖全部免费赠送。对家庭困难的一户农家，不仅赠送红砖，还送给他 1 万元建房费，并对农户说，其中 5000 元是送的，还有 5000 元等你赚钱再还。邵开善建房时，钱不够，向花园服装厂借了 5000 元，年终开会时，邵钦祥手里拿着邵开善的借条说："今年开善为花园村服装厂作出了很大贡献，这 5000 元借款，就作为奖励金。"并当众撕掉了借条。邵钦祥的无私，快速地推进了旧村改造。新农村建设中，花园村拆除了土木旧屋 133 户 320 间，新建钢筋混凝土结构四层楼房 134 户 673 间，别墅 22 套。当时，全花园村所有农户都住上了新洋房。

"工业反哺'三农'"这 6 个字，邵钦祥不是第一次掂到它的分量。480 万元，800 万元，1350 万元，3000 万元，从 1996 年起，他和他的花园集团有限公司就成了花园村的钱袋子了。村上需要钱，就往这袋子取。

邵钦祥的第一步跨越和花园村第一次腾飞成功了。

2004 年，在东阳市农村行政区划调整中，花园周边的马府、南山、西田、前蔡、方店、卢头、三余、河泉和九联 9

个村都并入了花园村。花园村一下从 500 来人猛增到 4300 多人。邵钦祥这位担任花园集团有限公司的董事长，又当起了近5000 人这个大家的"家长"，吃喝拉撒他都得考虑着，这副担子不轻呀！

邵钦祥开始了第二次跨越。

当时，马府等 9 个村，村集体经济几乎都是"空壳"。村越穷，什么事也没法办，干部也不愿当，矛盾也特别多。邵钦祥走访了 9 个村的家家户户。当他踏进一些农户的家门，只见三代人、四代人还挤在那破烂的危房中，他心一下揪紧，沉重了起来。

农民安居才能乐业，居不安则心不定呀！新成立的花园村党委，尊重村民的意愿，实行了小花园村的政策，把 9 个村农户承包的土地每亩每年发给农户租金 800 元，近三千亩的土地集中了，资源盘活了。将全村划为一产、二产、三产和村民住宅区。花园新农村建设的重点放在了旧村改造和农房提升工程上。卢头、河泉、三余、九联 4 个村实现全村整体搬迁，前蔡、马府、方店、花园就地整体拆迁。南山、西田实现旧村改造。这项全国最大规模的一个旧村改造提升工程，从 2005 年起全面推行，开始时，由花园集团有限公司垫资。村上每年投入安居工程投资超过 2000 万元。经过 10 多年的努力，拆除了旧民房 5000 多间，1700 多户新花园人全部住上了三层半的新楼房。全村 5 平方公里，没有一幢老房子，还置换出土地 500多亩。如今，花园村已成了名副其实的"大花园"了。实现了村在花园中，家家户户周围都是花园。

在安居工程推进中，花园村的邵钦祥不仅是民营企业的大老板，也是捕捉商机的大智慧人。邵钦祥思忖：改革开放后，中国人有钱了，也肯花钱了，红木家具成了许多有钱人的追求，再说东阳是建筑之乡，能工巧匠比比皆是，建立红木市场、建立红木家具市场将是花园村民间企业蓬勃兴起的催生地，我应该为大家去"赌"一把。这局只赢不输的赌局，他下定了。花园集团投资的红木市场办起来了，他又带领大家共同致富，花园村人集资办起了红木家具市场，办起了工业园区。

时局完全按照邵钦祥的路线图势如破竹地向前推进。围绕红木生产的红木企业在花园村雨后春笋般地涌现出来。今日，花园村已形成了红木原木、板材、锯板、烘房、雕刻、上漆到销售的一整条红木家具产业链。

全球的最大的红木家具城——花园红木家具城，已成了天下人追求优材优质的红木家具的"天堂"。天天人来人往、川流不息，围绕红木家具产业链的民营企业也达 2147 家。同时，又推进了旅游等第三产业的发展。2016 年，花园村工农业总产值达到 461.23 亿元，花园集团有限公司这只"大龙头"也只有 190.45 亿元，而其他民营企业发展突飞猛进，总值超过 270.78 亿元。如今，花园村人几乎一半以上的农家成了老板。民营经济兴盛了，花园村的集体经济也迅速壮大了。2016 年村集体经济达到 1.98 亿元。2015 年底结余了 1.77 亿元，2016 年总支出 2.45 亿元，年底还结余了 1.24 亿元。

花园村的领头人邵钦祥把花园集团有限公司办得红红火火的时候，他全力把小花园村带进了幸福的乐园，完成他一生的第一步大跨越。但东阳市委市政府在此时把花园周围的马府等9个穷村又托付给他，邵钦祥依靠集体力量，每年用于公共服务和村民的福利投入达2亿元以上，又把新并入的近4000人带上了致富路。如今的花园村成了中国的"超级富村"。2016年，花园农民人均可支配收入超过16万元。全花园村人人享受着村里的为花园人提供的农房财产保险等31项福利。花园人如今已经够幸福了，邵钦祥也可为自己庆贺了。短短的十三年，邵钦祥完成了人生的第二次跨越。

花园村集体收入年年往上攀。东阳市委市政府觉得花园人确实富了，先富要带后富。13年带动了9个村4000多人致富。今天担子再往邵钦祥肩上压，邵钦祥虽然已过了花甲之年，但他是一个肯挑重担的领头人。

邵钦祥这位先富带后富的领头人，为帮困付出了太多太多。刚开始，花园村集体经济还很薄弱，还拿不出多少钱为村上办公益事业，特别是2005年，花园村安居工程开始后，每家房屋拆迁补贴15平方米的建房资金等31项全村的福利和村上基本建设资金，都是从花园集团有限公司里划拨，这家公司是邵钦祥创办的，是一家民营企业，也是他的个私企业。但邵钦祥把她作为花园村的集体企业，只要是花园村上的事，他就肯花钱。花园集团党委金观前等几位副书记都说："从花园集团划拨给花园村的这一笔笔钱，已算不清了，毛估估，邵钦祥的这家独资民营集体，为花园村奉献至少20亿元。为了这笔巨资，邵钦祥在创业的路上，流下了多少心血和汗水，没有经历过的人是不能体会到的，只有邵钦祥自己心里明了。"

2016年底，东阳市政府决定将环龙、郝塘、渼坡下、乐业、桥头、西瑶、青龙、南城、西山9个村并入花园村。花园村从5平方公里扩大到12平方公里，农业户籍人口从4577人增加到9272人。花园村几乎成了中国土地上的"万人大村"。而这次并进的乐业、渼坡下等几个村的集体经济几乎是空白，其他的村也是连干部的工资补贴也发不出的穷村。邵钦祥这位老人，接下了这烫手的山芋。2017年3月的一天，在9个新并入花园村的党员干部大会上，邵钦祥郑重向新并入花园村的9个村党员干部发话了。他说："并村这是上级党委、政府对花园村几十年工作的肯定，实现先富带后富，实现共同富裕是花园村的宗旨。今天花园村更大了，花园村党委、村委会决定并村先并心，不让村上一个人掉队。让家家户户、人人过上幸福的日子。决不辜负市委市政府的信任和期望。"

邵钦祥的开场誓言，博得全场长时间的掌声。不少党员干部边鼓掌边议论着，我们要过上好日子了。

邵钦祥要带领新花园村"三级跳远"的第三跳，要起跳了。新并入花园村的3500多亩土地集中了，环龙等8个村的农民们开始了新的生活。2017年3月1日那天开始，花园村实行了同村人人同待遇。5月的一天，我在花园村委会办事大厅采访，碰上了青龙社区来办养老保险的一位长者，我问：

"你们青龙村并入花园，你们感觉如何？"他十分欣喜地告诉说："好，我们每月每人可以到自己的社区领取大米三十斤，鸡蛋两斤，猪肉两斤，菜油一斤，还享受着每人医保4000元等31项村上的福利。简直是从糠箩跳入米箩，怎么不好呀！"这位长者又连声说："邵书记人好，邵书记是个能人。"

花园村能人创业，富了，又一心扑在集体事业上。集体富了，犹如滚雪球一样，把花园村滚成了国际名村第一村。花园村如今已近万人，是一个名副其实的乡村都市了，真正实现了就地城镇化。2017年，全花园村营业收入要突破500亿元，总资产要突破200亿元，实现利润10亿元，上交东阳市税收突破2亿元。那将是一个更加兴盛美好、人们向往的大花园。

花园集团有限公司，是邵钦祥一手培养起来的。可谓是他的小家，这个"小家"邵钦祥经营得有声有色。花园村是他的出生地，这片土地养育了他，花园村也可谓是他的"大家"，这小家和大家都是这位当家人的心头肉。他不偏不倚，一视同仁，甚至对"大家"比对"小家"更关注，更热心。

花园村荣获的荣誉有很多很多："中国十佳小康村"、"全国文明村"、"全面小康建设示范村"、"党建工作省级示范村"、"全国基层先进党组织"，等等。

2017年1月16日，时任浙江省代省长车俊在省人大十二届五次会议上金华代表团讨论时听取省人大代表邵钦祥同志发言后，高度赞扬说："你们花园村就是浙江的华西村，邵钦祥你就是浙江的吴仁宝。"那天，我听了时任代省长车俊的这番话，我为邵钦祥庆喜，但邵钦祥同志听了这番本应该十分高兴的话，62 岁的他却怎么样也兴奋不起来，因为他心底埋藏着一件十分委屈的寒心事。

我列席了浙江省政协十二届五次会议，在会上采访了邵钦祥，我们经过了一番深谈，邵钦祥终于把埋在心底的那件寒心事倾吐了出来。

邵钦祥的夫人结扎一年半后，由于结扎手术失败，1983 年再次怀孕，并生下了一个女儿，因此，邵钦祥同志成为违反计划生育的超生对象。但邵钦祥同志一心扑在事业上，仍受到村民们的拥戴，违反计划生育的这件事一直牵制着他的前程，特别是 2007 年 8 月，浙江省委、省政府办公厅联合下发的《浙江省人口和计划生育"一票否决制"实施办法》（以下简称《办法》），《办法》其中一条规定：违反计划生育的超生对象"不得评为劳动模范，'五一'劳动奖章等影响较大的先进和荣誉称号"。2010 年，评选全国劳动模范时，东阳市政府将邵钦祥同志推荐给金华市政府，金华市政府又将邵钦祥同志上报到省政府，省政府联评全国劳模推荐对象时，邵钦祥同志以违反计划生育被一票否决了。2015 年，省政府又以邵钦祥同志违反计划生育否决推荐其为全国劳动模范的推荐对象。特别令邵钦祥同志寒心的是，2017 年人大代表选举，上级规定，凡在公安、法院、检察院和税收等部门有犯罪记录的人员以及违反计划生育的对象，一般不能作为候选人。邵钦祥同志如要列入候选人，必须要有东阳市委书记签名"担保"。前段时间，推举东阳市人大代表候选人，东阳市委书记黄敏签字后，邵钦祥同志才最后落实为人大代表候选人。我们交谈中，邵钦祥同志气愤地说："计划生育是国策，我超生了，这是我的错，应该受到惩罚，但我是因为夫人结扎手术出了差错后的超生，应该分别对待。"接着，他又说："我国20世纪50年代初评定的地、富、反、坏、右分子，到了1979年，不到30年，全部摘帽或平反了。而我的问题30多年了，还在追究责任，几乎剥夺了我终身的政治权利，我想不通。"这时他讲话的声音有点颤抖，双眼已涌出了寒心的泪花。

他思忖了一下，接着说："现在国家对计划生育政策已经作了调整，处罚也应该分阶段，不能一刀切，给人以终身追究，35年前违反计划生育的超生对象，要根据实际情况分别对待，建议浙江省政府是否规定一个年限，改为对违反计划生育超生的男女双方，在超生子女出生5年、10年或年满18周岁后就不再追究。原《办法》评劳模，可以改为：对违反计划生育超生的男女双方，在5年或10年内不得评为劳动模范，'五一'劳动奖章等影响较大的先进和荣誉称号。"

他最后说："这不是我一个人的事，我也不想挣什么荣誉，但这涉及一大批人大代表、政协委员及基层干部的任职资格问题。特别是我们这些民营企业家，党和政府应该给我们更多的关爱。"

邵钦祥不仅奋斗了大半辈子，不仅让花园人共同富裕了，他还积极去帮困，去扶贫，由国家农业部村社促进会、浙江省委组织部、浙江省工商联和浙江省农办当"红娘"，花园村结对扶贫的村庄已达 20 个。如花园村与金华市金东区宋宅村结对共建，从 2016 年 12 月 16 日开始，花园村已为宋宅村注入投资 200 多万元，邵钦祥雄心勃勃地说："要帮助宋宅村开发古婺龙窑，把宋宅村打造成第二个花园村。"

对国家，对集体，对社会贡献这么大的一名基层干部，基层党员，同时在当地威望又那么高的一位民营企业家，可他获得的个人荣誉却甚少。而我省滕头、航民，还有全国其他几个名村的党委、行政领导，什么优秀党员、劳动模范，桂冠一顶又一顶，党代表、人民代表也连连当选。而邵钦祥他人生的价值，不是在追求荣誉中，而是在让人民群众富裕的事业中。邵钦祥是为党、为人民、为花园村人花了大量心血、流了大量汗水的人呀！仅 2011 年至 2016 年，邵钦祥带领的花园村人就向国家缴纳税金 8.67 亿元。今天，我们不能再让这位老人流泪了。

我在采访邵钦祥董事长时，有一番对话，耐人寻味。

问：你办企业，吃那么多的苦，这么辛苦赚来的钱怎么乐意奉献给集体呢？

答：吃的苦也是资本投资，赚了钱就得为大家花，为集体办事业比干啥事都快乐。

问：那你怎么不走航民、滕头全面集体化的道路呢？

答：20 世纪 80 年代初的金华地区土地承包责任制是省委、省政府搞的点，在当时强大的政治态势下，没有选择的自由，我们花园村所有的土地，所有的山林，所有的生产资料，一点不留全分了。再说我们村那时人均收入只有 87 元，饭不够吃，土地分了，劳动力解放了，大家都赚钱去了，生活很快好起来。当时，大家都觉得土地承包这条路好，再说那时我还年轻，手中也无权，只想个人赚点钱，成家，发财。

问：那后来你手中有权，怎么也没有只顾自己发财呢？

答：你这个问题问得不对。当时村书记和我们一起办蜡烛厂，后来的服装厂都是挂花园村的名。当时的福星老书记，也是想为集体办厂的。但是集体没有钱呀！我们只得合伙办，合伙办厂的经历我太深刻了，没有集体这个大股东的支撑，没有集体力量的牵制与制约，特别是因为农民的小农经济思想，人人都想发财，我们服装厂的股东纷纷离去。当时，我的心像刀割一样痛，如果是集体的厂，如果是以集体经济为大股东的厂，他们也不会、他们也不敢随意离去。当时集体没有力量，只能靠我和邵钦培老哥俩人艰难办下去了。我们成功了，他们退股的人，几乎被经济大潮冲垮了。实践证明，农村要不就是集体办大厂，要不就是办家族厂，合伙股份制办企业是不能持久的。后来我们以花园集团名义办，花园集团就更兴旺了。

问：今天你办的花园集团不仅国内有名，甚至在国际上也是大名鼎鼎。你怎么不把花园方圆 5 平方公里土地的几千亩土地收归花园集团经营，把花园集团办得更大，让花园村人人、家家都是花园集团的股东呢？

答：花园集团是一步一步走过来的，也是一年一年壮大起来的，不像航民村，他们是先有企业，再搞了土地承包责任制，我们是土地全承包到户后，才个人办企业的。当时企业跌跌撞撞，将来如何发展心中都无数。后来，花园集团兴旺了，我当时既是花园村的党支部书记，又是村委会主任，总不能只顾自己个人去发财吧！那时候，我们花园集团与村是村企合一的体制，村上是个空壳，用钱都往花园集团拿，花园集团办大了，花园村土地集中了，花园集体经济也壮大了。这时候以红木家具为龙头的产业链形成了，这个时候，如果把几千家民营企业都集中在花园集团有限公司属下，那将严重挫伤大家的积极性。这条路不能走。我们就采取了"一分五统"的管理办法，"一分"实行了"村企分开"，无论是花园集团还是其他民营企业，均按产权归属独立自主经营、单独核算。"五统"实现财务统一管理，干部统一使用，劳动力在同等条件下，统一安排，福利统一政策发放，村庄统一规划建设，这样一来，大大促进了花园村的和谐与稳定。

31 老百姓推着村领导重走集体路的方林村

在 20 世纪 80 年代初，推行土地承包责任制时，中央文件上说，要由农民自主选择。但在基层执行中，可是一刀切呀！土地承包到户，一定要推行，这是那个时代的头等政治任务，在强大的政治态势压力下，全国几乎全部推行了土地承包责任制，全国农村 99% 的土地山林几乎由农户单独种植经营了，全国 9 亿农民自由了。

20 世纪 80 年代台州市路桥区的方林村除了有一座仅能解决部分劳动力的砖窑厂外，就是一个背负 15 万元的债务，人均收入不足百元的穷苦村。那时有句"姑娘不嫁方林"的俗语。在浙江省全面推行土地承包责任制中，1983 年春节过后，全村 7 个生产队经历 20 多年的土地改造，全村 500 多亩水田全部分成一小块一小块，承包给了全村 700 多人。改革的春风吹暖东部沿海这片土地，"割资本主义的尾巴"屠刀也被扫进了垃圾箱。从此，农民们扬眉吐气了。这里的农民有经商的传统，他们纷纷放下锄头，背起蛇皮袋，走南闯北去了，有的在东北，有的在西北街头，擦皮鞋，开小店，什么苦活累活只要有钱赚的活都干。1984年，方林村微型电器厂办起来了。1985年，方林村商贸城建起来了，外出赚钱的方林农民，又陆陆续续返乡开店了。村上忙着办市场，村民忙着去赚钱。每人承包的那六七分田，要不送人耕种，要不就干脆抛荒不种了。

到了1993年，方林村第一生产组的组长林显明看到一片田长满草，种田出身视地如命的林显明见到此景，他心痛啊！他冒天下之大不韪，组织自己原生产队里几个老农民，把全生产队的六十亩土地全部集中了起来，统一耕种了。他们种粮有一套经验，当年就获得了大丰收，除去每亩两担谷的土地租金粮，再交了公粮，还有一笔不少的收入，时任村党支部书记的方中华，见第一生产组的土地收起来统一经营，一切风平浪静，无人来追究，他就与支部一帮人商议。1994年，全村500多亩土地全部又收拢为集体统一经营了。方林人商品意识特别强，他们一改过去"大呼隆"的生产模式，当年就成立了方林村农业发展公司，把这500亩耕地农田全部交由农业发展公司统一耕种。方林村重新走上了土地集体所有、集中经营的集体化道路了。他们在走以新集体经济为主体多种经济成分并存的社会主义乡村新社区的新道路的过程中，提出了一个新观念：要变农民对土地的实物拥有为价值占有。

适巧此时，国务院批复决定台州地区拆地设市，将黄岩市一分为三，设立路桥区、黄岩区和椒江区。市政府办公场所从原来的临海市搬到椒江区，方林村原来是路桥镇下属的一个村，现在归台州市路桥区直管。城镇化的推进，让方林村遇到了千载难逢的机遇，敢于担风险、敢于办大事的方林村党支部，现在手中有500亩土地的经营权，不再是面对一盘散沙的百姓，他们展望着路桥发展的远景蓝图，展望着方林的未来，坚持以人为本，很快制定出发展集体经济的方案。

"方林全村人把家底都交给我们了，一定要做出个样子，回报700多方林人的寄托和希望。"方林党支部下定决心了。

1995年，方林村两委针对当时农村"只见新房子，不见新农村"的问题，提出了要对方林新村进行重新定位、重新规划。方林人请来了同济大学城市规划设计院的专家。听了方林人提出的村规划设计的新思路后，同济大学城市规划设计院的专家们给出了规划设计方案，说："这中国第一个乡村新社区规划方案我们是进行实验性设计，只收成本7万元。"规划设计院将0.4平方公里的方林村分成四大区块，一是相对集中的工业区；二是相对集中的商业区；三是集中统一的住宅区；四是优质高效的农业园区。这是同济大学城市规划设计院接下的第一个新课题，这也是我们中国当时顶级城市规划设计院规划设计的乡村新社区，更是当时中国农村第一个进行农村规划设计的乡村新社区。

靠集体的智慧和力量，方林人历经20年的努力，方案中的规划一一实现了。

▲ 新"三农"领头人方中华。浙江省路桥区方林村党委书记。荣获全国劳动模范、全国十大村官、全国孺子牛村官、全国十大三农人物等荣誉称号。当选第十一届、第十二届、第十三届全国人大代表

▲ 共同富裕的方林新社区。浙江省台州市路桥区方林村荣获全国文明村镇、全国民主法治示范村、国家级生态村、全国敬老模范社区、全国小康示范村、中国名村等荣誉称号

方林村 1996 年开始全面旧村改造。第一期规划 96 套别墅，1997 年全部落成，第二期建 126 套别墅，2000 年按期完工，第三期建 48 幢连体别墅。到 2008 年全村 269 户方林人全部住进了方林别墅小区。

方林人坚持以集体经济为主体，多种经营模式共存的思路建设新农村。方林人的创业宗旨是有所为，有所不为。凡是村民家庭式企业能办的事，村集体就不宜直接去办。这样，他们的旧村改造实现了统一规划、统一设计、自主建造，这样不仅节约了成本，还加快了速度。

在有所作为方面，他们立足于办大事。

1995 年 1 月，方林村创办了路桥机动车交易市场。

1996 年 5 月，方林村扩建了路南中心菜市场。

1996 年 7 月，方林村建起了路桥客运南站和路桥货运南站。

2002 年，路桥村投资 1.85 亿元，建起了方林汽车城，成为浙江省四星级文明规范汽车市场，市场年销售额 48000 多辆，销售额达到 80.5 亿元。

2003 年，方林人在原机动车交易市场搬迁后的 70 多亩土地上，建起了二手车交易市场。2009 年和 2015 年两次再扩建，目前市场占地面积达到 150 亩，市场年销售二手车 53000 辆，2016 年销售总额超过 100 亿元，已成为了国内规模最大、档次最高、影响力最大的中高档二手市场之一。

方林人在打造优质高效的农业园区的过程中，他们拓展思路，1998 年成立了方林花卉有限公司，与创造吉尼斯世界纪录的中国葡萄大王施迎春合作办起了 45 亩葡萄良种园。1999 年又建起了 130 亩的花卉种植场和花卉基地。方林人在创建工业区的过程中，2001 年专门划出 40 亩地，他们坚持改革开放政策，引进和培养各类能人来工业区办厂。如今工业园区已形成了多种经济成分的联合体，步入了快速发展的通道。

方林人在走集体经济道路的过程中，始终不停步，年年迈大步。至 1999 年 10 月，经验资审计，成功组建了注册资金为 1080 万元的浙江方林集团。2015 年 3 月 8 日，方林集团将集体资产 3.3 亿元量化给当时 1100 名方林人。实现"生不增，死不减"长期不变的政策，让方林村人人成为方林集团资产的股东。今日，方林村集体总资产已超过 20 亿元，2016 年，工农业总产值达到 10.5 亿元，纯利润超过 7800 万元，农民人均可支配收入 9800 元。

方林人今日几乎都离开了农业，但又是人人都能享受集团分红的新农民。相比土地私有流转中，每亩的获取 500 元、600 元、700 元，最多也就只有 2000 元的土地租金，他们的分红红利比承包租金要多得多。

方林村集体经营了方林农民的土地后，土地所产生的利润空间不断增长，而利润的增长使农民们依然能年年水涨船高，分红年年增多。2015 年方林人每人分红 8000 元，2016 年每人分红又增加了 1000 元，这就是集体经营比个体经营的优越性所在。

花园、方林两村规模不一，但村民生活在他们各自的土地上，福利却都十分丰富，人人都享受着幸福的生活。

方林人：1992年，村上投资520万元，完成了同时可以容纳132位老人租住的方林老人公寓。村上每人实行娱乐、休闲、食宿、医疗、保健全免。全村55岁以上的老太太，60岁以上的老爷爷全部能入住。

方林人每年每人可领取口粮款900元和享受村集体分红。

方林人小孩上学实行奖励制度，以奖促学，对考上重点高中的，每学年奖学金1200元，对考上大学的，每年奖学金2000元，对考取全国十大名校的一次性奖励10000元。其中，考取清华、北大，一次性奖励1.5万元，对获得博士毕业证书和学位的一次性奖励3万元。方林人除实行农医保外，每年从集体经济收入中提取10%作为医疗基金，方林人除去农医保之外的医药费90%可以在医疗基金中报销。并给每家的房产进行保险。

方林人实现退休制度，女55岁，男60岁，退休金每月1000元。

花园村财大气粗，村民享受的福利也是一大撂，花园村办公室主任报了一大串，31项福利，尽管有些拖沓，我还是把它一一记下来了。

1.村民的养老保险；2.新农合医疗保险；3.城乡居民养老保险；4.农房财产保险；5.数字电视安装费、视听费（单向和双向）；6.电话月租费；7.村民在花园田氏医院看病，除农医保报销外，自费部分的50%由村里承担；8.农民拆迁建房补贴；9.村民拆迁房屋，每户补贴15平方米，儿女可提前至18周岁立户，享受建房指标；10.村民购买商品房享受9.5折优惠，商住用地出让可享受每间5万元优惠；11.村内开通免费公交车；12.特困户补助、大病医疗补助、残疾人补助、事故困难补助；13.困难户可每月发放生活费；14.村民子女上学16年免费教育制，从幼儿园到高中书学费全免；15.奖学金制度，考上高中、大学、硕士、博士发放不等金额的奖金；16.回村创业的博士生每年奖励5万元，研究生每年奖励2万元，一本本科生每年奖励1万元；17.村民男45周岁以上，女40周岁以上提供免费体检；18.老年人享有高龄补贴，100岁以上的每年1万元、90岁至99岁的每年5000元、80岁至89岁的每年2000元，老年人逢十生日红包发放；19.所有老年协会会员均可免费游玩花园村任何景区；20.老年人组织外出旅游；21.孤寡老人、五保户、困难老人村集体供养、老年人入住花园老年公寓费用减半；22.老年人病故慰问金；23.村民每人每月发放大米、猪肉、鸡蛋以及食用油等；24.军属慰问金、新兵入伍补助、立功受奖的按等级发放奖金；25.重阳节、中秋节、春节等节假日发放福利款及福利用品；26.自来水安装费减半补贴；27.“三八”妇女节妇女免费体检；28.每户村民发放报刊，党员、团民妇老协村民代表免费发放党报、党刊；29.服装一条街店面租金补贴；30.在花园村范围内经商办厂的，在花园村范围内消费享受减少或租金优惠；31.农民建房报审批手续全部由村里统一办理，费用全部由村里支付承担。

我们在浙江东南西北中，选择了滕头、航民、方林、花园4个村和桐乡市农村进行考察调研。桐乡市积极探索"庄园经济"。从2014年开始，如今桐乡市的现代庄园数量规模和特色品牌已形成了气候。但它的运行模式是政府牵头主办，农民只是把土地30年、40年、50年的经营权流转转让出去，拿回的是500元至800元数量不等的土地经营流转租金。农庄在原农民承包土地上开发旅游、观光、精品农业等产业，产生的产品增值效益与农民是无关的。实际上，就是土地原始资本租金价值以外升值效益，农民无权享受，无权分红。农民只见庄园不见"果"，成了新的失地农民。这与农村流转，村里的大户和外包农户赚取了土地经营剩余价值别无两样。

花园村、方林村都是浙江甚至中国的名村，这两个村都有一个群众威望颇高的带头人。方林村方中华，1983年担任党支部书记一直当到今日。花园村邵钦祥从1986年担任党支部书记至今也已经31年了。如今他们都是村党委的党委书记了。

方林村在村民们推动下，方中华抓住了机遇，冒着风险把村上的土地集中起来了，他们坚持以新集体经济新模式，实行多劳多得的报酬以外，所有生产资料、社会资产，都是方林村集体所有的共同财产，按股份实行分配，所以时任省委书记张德江称赞方林村是"浙江农村现代化排头兵"。

花园村邵钦祥是个敢于创新的领头人，自己杀出一条血路，带上乡镇企业的"红帽子"，自己富了，自己出钱让村集体去"搭台",鼓励村民们"上台唱戏",民营企业发展了,村里坐地收租,集体经济也就从此壮大了。他们走的又是一条新集体经济的新路子。

花园村走的这条新集体经济路,实际上就是邓小平同志提出的"让一部分人先富起来,而后先富带后富"的路子。花园村的路,是当前我国农村农民共同富裕的新典型。

方林、花园它们两村的共同点是生产资料都由集体经营,都是开办市场带动产业链的不断延伸,"坐地收租",集体致富,共同富裕。

十　乡村振兴抉择报告(下)

农业、农村、农民不仅关系我国经济、政治、文化社会的全面发展，也是解决中国特色社会主义进入新时代，人民日益增长的美好生活需要和不平衡不充分的发展之间主要矛盾的最大短板。2017 年 10 月 18 日那天，我坐在电视机前认真聆听习近平总书记在中国共产党第十九次代表大会上作报告，当我听到"实施乡村振兴战略"这 8 个字时，我情不自禁地鼓起了掌，我好激动呀！"三农"问题终于要解决了。习近平总书记的报告一结束，我马上找出了党的十一大、十二大、十三大、十四大直至十八大的政治报告，查阅改革开放以来，我党全国代表大会关于对农业、农村、农民的阐述，党的十七大报告第一次提出"三农"问题，明确提出："解决好农业、农村、农民问题，事关全面建设小康社会大局"。十八大提出："解决农业农村农民问题是全党工作重中之重。"而十九大报告对"三农"是这样表述的："农业、农村、农民问题是关系国计民生的根本性问题，必须始终把解决好'三农'问题作为全党工作重中之重。"并且把解决"三农"问题作为一项"实施乡村振兴战略"来打，在此采取了一系列措施。第一次提出要强化农村土地制度改革、完善好承包地"三权"分置制度，壮大集体经济。而党的十六大报告提出的是："壮大集体经济实力"，党的十七大报告只提出："增强农业综合生产能力，发展乡镇企业，壮大县城经济。"党的十八大报告再次提出："壮大集体经济实力"。到了党的十九大，报告中明确提出："壮大集体经济"。壮大集体经济是解决"三农"问题的根本。

书稿已和人民出版社签好了协议，我觉得抉择道路这几章中，实例还欠全面，还阐述得不够清晰，特别是城乡接合部的农村，如何依靠集体经济融入都市，山区的农民如何把青山绿水变为金山银山。实现质量兴农，绿色兴农，可借鉴的经验还不够，可复制、可"克隆"的案例还缺少。我想起了29年前结下记者深情的原中国新闻出版报天津记者站站长樊国安，请他帮我去寻找几个这样的典型，这位年近七旬的老记者可把我之托当作一回事了，他施展了记者"无冕之王"的优势，找到了天津市委常委、宣传部长陈浙闽，陈部长一看书名，觉得这是一部落实十九大精神，新时代践行实施乡村振兴战略的好样本案例书，马上指派自己的副手落实好典型。石刚副部长经与有关部门商议，就把任务落实到了蓟州区委宣传部长魏继红、副部长李鹏岳和西青区委宣传部长李桂强、副部长杨鸣起身上，最后经蓟州区委书记于立军和西青区委书记、十九大代表李清最后敲定推荐蓟州区下营镇郭家沟村和西青区李七庄街道王兰庄村作为典型上书。典型确定之后，作者于 2018 年 1 月

26 日赶往天津，走村串户，郭家沟和王兰庄铁一般的事实证明，"三农"问题的解决，必须建立以新集体经济为主体多种经济成分并存的社会主义乡村新社区。

32 "三十而立"的福利型
王兰庄村

　　孔子曾这样总结自己的一生，吾十有五而志于学，三十而立……

　　王兰庄村30年创业，已建立起了一个福利型社会主义乡村新社区了。

　　相传明洪武年间，一位姓王的壮年，来到天津南面的赤龙河旁，他见此地水沛草美，河沽众多，是人类生息繁衍的一块好地方，他便择一块高地埠搭棚居住了下来。他在这里娶妻生儿育女，原来的王来庄便由此得名，也不知后来哪位文化人把"来"字改成了近音的"兰"字，王兰庄的村名便由此传承下来。600多年的历史变迁，特别是改革开放四十年，从土地家庭联产承包责任制后，他们重新走上以新集体经济为主体多种经济成分并存的社会主义乡村新社区道路，短短32年时间，王兰庄发生了嬗变，变成一个王兰庄花园村了。截至2017年底，这里的860户2326人已经过上新时代社会主义福利型的新生活了。

1978年，中国农村萌发了新的土地制度改革，天津市西青区李七庄人民公社王兰庄大队"出工一条龙，冬天晒太阳，田中磨洋工，生产大呼隆"旧的集体生产模式可谓走到了尽头。当时王兰庄种菜养鱼，本来收入应该颇丰，但每个劳动工分也只有一角二三分，一年农民人均收入也不过160元，全村290多户人家，烧柴难，走路难。进城卖菜只靠津港运河摇船肩挑，近1300多人的王兰庄人连年在温饱线上徘徊，李七庄公社党委和王兰庄上的23位党员都在思变，但究竟如何变？向何处变？他们首先想到的是王兰庄的带头人，大家觉得要把王兰庄人带上富裕路，应该让青年人上，他们敢想敢干。那年一月份，村党支部改选，王兰庄土生土长的郭宝印以高票当上了大队党支部书记。郭宝印那年只有22岁，庄上不少人想不通，这么重的一副担子压在一个毛头小伙身上，他能承受得住吗？郭宝印见父母也担心，他干脆背起铺盖住进了破旧的大队部。郭宝印上任后的第二天，也就是郭宝印住进大队部的当天晚上，他就召开了党员大会，立下军令状："在我的任期内要解决村民的烧柴问题，修好村路，让工分每天2元，干不成这三件事，我自动下台。"

他深知这三件事是村老百姓最现实、最迫切的要求，也是历任班子想解决而没有解决的难题，干成了能顺民意、聚民心，干不成往后的工作就伸不开腿儿，迈不开步儿，王兰庄这挂车就挣不出泥窝儿。为了让王兰庄人早日看到希望，他白天带领全村党员群众修村路，兴水利，搞劳务，跑运输，晚上挨家挨户走访，向老干部、老党员请教，请村里的能人出点子。很快，三件事就变成了现实，乡亲们的心一点点地凝聚起来，人们从宝印身上找到了盼头。三年后，郭宝印才把铺盖背回家，娶了媳妇。

虽然踢开了头一脚，打响了第一炮，可是郭宝印却没有轻松多少，他又陷入深深的思索之中：王兰庄人祖祖辈辈种地谋生，汗珠子砸脚面，也难在土坷垃里刨出金娃娃，更何况这里又地处城乡交界，人多地少，仅靠农业难有出头之日。为此郭宝印食不甘味，夜不能寐。他和支部一班人反复商讨，先后去多家兄弟村厂求策取经，最后拍板决策：王兰庄要想致富，就得兴工建厂。

农民办企业，一缺资金，二缺技术，三缺信息，谈何容易。但是开弓没有回头箭，再困难也得干，郭宝印认准了这条道。他，玩命了。

郭宝印上任后兴办的第一个企业是小型拔丝厂。这个厂规模并不大，投资只有十几万元，可这对于当时一个工分只值一毛多钱的王兰庄人来说却是一笔不小的数目。郭宝印想：班子的决心已定，就是砸锅卖铁也要把资金凑齐。他每天骑着自行车，走村串巷，费尽唇舌去借钱筹款。等到他历尽千辛万苦把钱筹齐后，人也脱了一层皮。

拔丝厂经过几个月的紧张施工和调试设备后，终于试车成功了，郭宝印着实高兴了好几天。可是好景不长，由于拔丝质

▲ 新"三农"领头人郭宝印。天津市西青区王兰庄村党支部书记。1994 年荣获全国第五届"十大杰出青年",2005 年荣获"全国劳动模范",2009 年荣获"全国优秀党务工作者"称号

▲ 天津市西青区王兰庄村荣获全国文化生态村、全国优秀小康村荣誉称号

▲ 王兰庄村

量不过关，出来的产品没人要。郭宝印心急火燎，又骑上那辆破旧的自行车找到某国营企业求教。但是对方根本看不起他，加上技术封锁，他磨破嘴皮也无济于事。吃了闭门羹，他并不气馁，没顾上吃饭又赶往几十里之外的小年庄拔丝厂求教。路上急火攻心，又遇风寒，一会儿工夫，浑身上下肿成大面包，眼睛眯成一条线，痛痒钻心。恰好路上遇到舅母，死拉硬拽把他送进卫生院，打了针，没等红肿消退，他人却跑了。功夫不负有心人，终于津南区一家企业的老技术员被他的精神感动了，偷着向他指点迷津，才解决了拔丝的质量问题。正式生产的那一天，郭宝印心情特别舒畅，他要亲自开动机器拔出第一盘丝。不料，巨大的齿轮咬住他的手套不松口，拉着胳膊朝机器里拽，工人们都吓傻了，郭宝印头上也冒出冷汗，他急忙退步拔手，慌乱中踩断了电源，机器停了，才避免了一场灾难。他边擦冷汗边笑呵呵地说："没事，大难不死必有后福。"他又继续开动机器，直到成功地拔出一盘铁丝方才离去。

迎难而上，拼搏创新，郭宝印为王兰庄致富闯出一片新天地。

迈出创业的第一步后，郭宝印就像一个学步的孩子，一路朝前走去，30年来从未停过创业的步伐。

——1984年，投资80万元，建成了中型轧钢厂，当年收回大部分资金，年产值510万元。

王兰庄这个住着孙李郭马等107家姓的古村落，人多地少。1963年，实行人民公社、生产大队、生产队三级所有，队为基础的管理体制。土地成为各生产队所有的基本生产资料，实行独立核算，到了 20 世纪 70 年代，原王兰庄大队下属的 4 个生产队，各生产队一分为二，全大队建立了 8 个生产队。苇地 137 亩，稻田 280 亩，旱地 360 亩，菜地 240 亩，鱼塘 650 亩。人均耕地只有 4 分 5 厘。

土地承包责任制的春风吹进了王兰庄，王兰庄议论开了，他们坚持实事求是，不搞一风吹。1982 年，全村实行"口粮田，责任田"的双田制，村集体土地使用权制度实行改革，土地所有权和使用权分离。1984 年底，李七庄人民公社被撤销，建立李七庄乡，王兰庄大队改为王兰庄村，下属 8 个生产队同时解散，王兰庄生产联合社建立，原生产队的资产全部交由联合社管理。

土地承包责任制没有一步到位，王兰庄要继续补课。

王兰庄的小型拔丝厂办成功了，中型轧钢厂也办成功了，而面对全国推行的土地家庭联产承包责任制，村上的企业是分还是不分？村上的集体土地是承包到户还是不承包到户？他跑到了江苏，来到了浙江，又去了安徽，最后还是踏进了王兰庄的家家户户。经过三个月的走南闯北，访家问户，1984 年 12 月 29 日，在纪庄子礼堂召开王兰庄村民大会，362 户当家人及全体劳动力都赶到了大会现场，因为那天是决定王兰庄的走向问题，郭宝印铿锵有力的一席话，已经过去三十多年了，但好似还在这里的老人们的耳边响着。郭宝印说："大呼隆集体化的道路，再不能继续走下去了，这是一条穷路，是一条死路，我们村不管独木桥，还是阳光道，继续沿着适合自己的路走下去，村上的企业集体坚持办好，有进企业当工人的家庭不享受承包土地的权力。村上集体留一部分土地继续办厂，解决剩余的350多个劳动力的出路，还剩下的200多亩土地，承包给没有进企业的农户经营。让王兰庄人，人人有事干，家家有钱赚。"并公布了经过三个月调研，村党支部制定的具体实施方案。村上的人都说："这土地'双轨制'比'双田制'办法好。"

这时的郭宝印只有28岁，他顶住来自各方的压力，走出一条王兰庄路，王兰庄从1985年开始，300多户农户走上了乡村工业化道路，而100多户农户跟上了时代的步伐，走上了土地家庭联产承包责任制的道路。

——1985年，建成津兰化工厂，当年获利21万元，第二年获利40万元，第三年获利120万元，津兰牌玫瑰精远销西欧。

——1985年，津兰电缆厂进入了市场调查与可行性研究阶段，8月签订协议书，9月开工建厂，1986年4月建成投产，仅仅用了7个月。

——1987年，北方福利化工厂用了8个月投入了生产。郭宝印和厂长高孟贤带领技术人员一个个进行技术攻关，一次次改进设备和工艺，间羟基a—乙基苯胺，终于贴上了"津兰"商标。

——1988年，郭宝印以优秀企业家的胆略和气魄，快刀斩乱麻般地建起了津兰油漆厂和金属制品厂。10月，他瞄准国际和国内两个市场，咬紧牙关，下了最大的"赌注"，和化工进出口公司、西青外贸局一起把374万元的家底，投到了兰化染料厂的建设中。这座年产染料中间体二萘酚4000吨的大型染化企业，于1989年6月一次投产成功。从基建到投产，只用了11个月。

——1994年，投资285万元购买了津兰制药有限公司。

短短10年间，王兰庄村先后建成了25家企业，涉足化工、制药、橡胶、塑管四大行业。春风、秋雨、酷暑、严霜，每一个企业的建成，对于郭宝印来说，都是一次意志的考验，都是一次精神的升华。郭宝印常说的一句话是：只要认准了目标，真抓实干，就没有克服不了的困难，就没有攻不破的难关。1989年，津兰牌玫瑰精由红得发紫的销售高峰，一下子跌入低谷，企业一度面临倒闭的危险。困难吓不倒意志坚强的人，郭宝印与高孟贤再一次北上南下寻求新的产品项目。技术人员向他提供了一条重要信息，全世界的油墨制造商都在梦寐以求一种叫桃红精的染料，全世界只有德国巴斯夫公司独家生产，美国、日本也得从那里进口。郭宝印以一个成熟企业家的眼光和胆识，把目光锁定在这个具有广阔市场前景的产品上，他马上四处"招兵买马"，成立了津兰染化研究所，拨出专项经费研制桃红精。

最初的试验非常顺利，可是到了最后结晶的关键一步，用了三个月的时间，做了130多个试验也没有攻克，一些人打起了退堂鼓。关键时刻，郭宝印信心不减，鼓励他们连续攻关。

又经过半个多月的多次探索和试验，颗颗亮闪的桃红精被这个小小的乡村企业研制出来了，它不仅填补了国内空白，而且也引起了世界染料界的轰动。国家鉴定委员会建议尽快批量生产。1990年6月20日凌晨2时30分，第一批产品正式出产了。

这是个值得纪念的日子——从这一天起，中国形成了年产150吨桃红精的能力；从这一天起，中国结束了长期依赖进口桃红精的历史。津兰在困境中又登上了新高峰。

王兰庄在郭宝印带领下，创业不断捷报频传。到了1989年6月，王兰庄的津兰实业开发公司更名为天津市西青区津兰企业有限公司，有企业10家。1993年10月，再次更名为天津市津兰企业总公司，有下属企业28家，同月，农业部批准组建了天津市津兰集团公司，集团公司注册资金达到了6800万元，总资产达到26.8亿元。1995年郭宝印带领的津兰集团被农业部批准为"全国乡镇企业集团"。

王兰庄在村地实行"双轨制"后、依靠集体力量，第一次创业成功了，350名剩余劳动力全部实现了就地就业。

王兰庄村里的企业正办得红红火火的时候，郭宝印又以特有的战略眼光，谋划着王兰庄今后的发展方向。他认为王兰庄离天津市政府也只有10公里路程，是一块宝地，应该靠城吃商。接下来，一个"稳定工业、借助地缘优势发展商贸"的宏伟蓝图展现在王兰庄人面前。

起初，许多人面对如此大的转型持怀疑的态度，说天津有那么多大商场，一个小小的王兰庄能是人家的竞争对手吗？

郭宝印却认为："国营大商场有它的优势，但它大而杂，对于单一产品来讲，不够专不够精不够全，综合国外大商业发展的历程，某些商品的发展方向应是专营模式。"

正在这时，天津市政府将王兰庄列入全市首批新农村建设100个之一，郭宝印认为这是千载难逢的机遇，王兰庄村党支部召开全村党员大会，商议大计，党员大会决定把全村承包到户的责任田全部收归集体统一经营，对全村商业用地、工业用地、农居用地、公园用地进行统一规划、统一设计。

这次党员大会上又作出决定，王兰庄村从1995年开始实行退休制度，王兰庄村当时每人每月虽然只有50元退休金，但这项制度已在王兰庄村诞生了。

王兰庄大手笔又进行第二次创业了。

王兰庄第二次创业分两步走，一是创新升级、二产转入三产；二是安居工程，创立王兰庄花园。

津兰集团抢抓先机，果断调整产业结构，关闭污染大、科技含量低的化工企业。

仅用8个月时间，投资3500万元，占地3万平方米，当时中国北方最大的电器批发市场——天津家电商城开业纳客，从此，王兰庄人三产一个接一个地破土而出。

2009年10月被天津市商委列为十大市场建设项目之一的津兰国际商贸中心落成。这座投资12亿元，总建筑面积达到30万平方米的商贸中心，是当时天津市乃至全国单体最大、设施最全、购物环境最佳的专业市场，被誉为耸立天津城郊的一座地标。

占地面积 1.6 万平方米，建筑面积 6.8 万平方米津兰国际商贸大厦，2014 年开始建设，这座投资 3 亿元的商贸大厦，2017 年已落成，成为天津城区一座著名的国际商贸中心。

津兰集团还相继建起了旧物资调剂中心、食品批发市场、农贸水产批发市场、旧机动车交易市场、汽车维修中心，一个拥有多项载体功能的津兰商贸街已在天津西城区创立。

王兰庄村第二步创业的二产转三产又成功了。王兰庄的领头人郭宝印带领王兰人在共同致富的路上不断往前闯，但王兰人安居乐业的事情一直挂在这位领头人的心上。在第二步创业的同时，安居工程从长计议。村党支部和村委会在充分听取村民意见的基础上，1998 年规划设计采取分批拆迁、分期施工的方法，拆除平房 624 所，建设公寓楼房 5 幢，3 万平方米，翌年 220 户住旧房的农户都相继搬进了欧式楼房。

2000 年末，王兰庄花园二期工程启动，只花了一年时间。小区设计新款别致，建筑类型为现代欧式乡村风格居住小区，整体和谐优雅。2001 年，在天津市规划局组织住宅小区建设评比中，王兰庄花园获得"詹天佑奖"提名奖等三项奖牌。

2006 年，完成三期工程 15 幢，约 5 万平方米主体建筑，2007 年 4 幢主体工程封顶，2008 年第三期工程竣工，2010 年王兰庄中心公园完成，并配有休闲娱乐设施。2012 年，天津市王兰庄公园在美丽乡村评比中以总分第一名获得"天津市美丽乡村"称号。

今日，王兰庄花园总面积达到 26.5 万平方米，居住面积达到了 18.9 万平方米，2010 年底以前，全村 720 户 2090 人全部住进了王兰庄花园中，他们住房每户 135 平方米。同时按 2008 年时的实际人口每人配 30 平方米的投资用房。

王兰庄如今企业已全面转型升级。他们充分发挥了自己的区域优势，完成了一产转入二三产的历史阶段，全面跨入了新时代的社会主义福利型新生活了。

在和刘俊清、刘连科、刘树明、朱永顺这 4 位老党员座谈中，86 岁的刘俊清老人抢先发了言，他说：在大呼隆的集体化时，我是王兰庄大队生产大队长，那时我四十岁刚出头，真想干一番事业，事事想干，却一事无成，宝印接手后，他有眼光，有胆略，其他村庄把土地都承包到户了，而宝印却把村上的土地集中起来经营，他带领我们走的这条路成功了，我们老人也享福了。

72 岁的原第六生产队队长刘连科接过话茬说：我们农民退休制度 1995 年就开始了，我村 60 岁的老爷子，年满 50 周岁的妇女就可以拿到村集体退休金了，虽然当时每人每月只有 50 元，但从此以后退休金每年加，现在 60 岁以上的老人退休金加补贴每月达到 1950 元，70 岁以上的达到 2050 元，像刘俊清这样的长者每月退休金就有 2150 元。王兰庄的当家人就是盼我们这些老人人人都长寿。仅 2016 年，王兰庄集体发放退休金就达到了 536.5 万元，退休农民人均发到了 1706 元，90 岁以上的老人每月就有退休金 2250 元。

原津兰化工厂厂长朱永顺深情地说：王兰庄当家人对老人关心，对工作年龄段的青年人、中年人也关心，我们王兰庄二产转三产后，全村1200多个劳动力，而村里只需要310多人。将近900多人要自谋职业，村里鼓励大家去创业，离开村里创业的提供100000元担保，在集团待岗的每月提供1000元，我们村党支部和村委会目的是让人人都能享受为村创业的成果。鼓励待业的青壮年都去创业。

原第三生产队队长刘树明老人十分动情地说：农民的安居乐业，首先是安居，王兰庄的领头人把集体经济的盘子做大了，第一笔资金就花在村民们的住房上，到2010年村上共投资3.5亿多万元，建设起了造型别致，功能齐全的现代化生态住宅区，每户农家只要花上2.8万元就可住进135平方米的高标准欧式楼房，像刘连科旧房拆迁的200多户农户不花一分钱就可分配到这样的好房子。刘树明老人还自豪地说：村里的领头人在住房上照顾到家家户户。2008年8月，村里6万平方米的住宅楼落成后，村上对这批住宅实行福利分配，18岁以上的村民每人可享受30平方米，18岁以下每人12平方米，每增加1岁增加1平方米，独生子女每户可享受6平方米的优惠，当时有763人享受了独生子女的优惠政策。全村人人均增加住房面积30平方米。如今，这些福利住房成了王兰庄人的资产性收入了。

王兰庄村两委将村近40年改革的红利让每个村民共享。

为村民们实行多种福利和生活保障制度，养老保险、医疗保障、退休补贴、学生补贴和年节补贴，村集体全考虑了。

养老保险：从 1995 年开始至 2011 年，为 18 周岁以上的 950 名村民缴纳养老保险费 2509 万元，随着 2012 年，国家相关政策的调整，村集体为每位符合参保条件的村民补贴 2.4 万元。

医疗保险：两年来，王兰庄村民的合作医疗基金都由村集体支付，并给住院病人报销医疗费，2016 年，全村 2249 人 100% 参加城乡居民医疗保险，保险费由村集体负担，并给村民报销超额医疗费 160 万元。

学生补贴：从 2012 年起对考取中专以上的在校学生，每人每月补贴生活费 250 元，仅 2014 年发放学生补贴 15 万元，并鼓励村民们参加学历教育，规定在职职工凡参加专业学习取得毕业证书的，学费全部报销。王兰庄多管齐下抓教育，村民素质大大提高，村内大专以上文化程度占总人口的比例从 1995 年的 0.3% 提高到 2016 年的 11.5%，而中专和高中以上文化程度的人数占村内总人口总数的 50.4%。

王兰庄村委会 2016 年增设了生活费补贴、退休人员旅游费补助、春节补助、取暖费补助，免交物业费，计划生育补贴等 6 项。仅春节补贴一项，每位年满 18 岁的村民就可领到 9000 元，老人领到 10000 元。仅 2016 年王兰庄集体为村民发放福利费就达到了 4200 万元。王兰庄真正实现社会主义新时代一个福利型的社会主义乡村社区了。

今日的王兰庄人生活在一个具有引领意义的乡村别墅雍容

华丽建筑风格，又与中华传统文化人与自然和治理和谐理念相融合的小区中，生活幸福的王兰庄人把目光投向了祖祖辈辈缺少文化的事业上。1998年，王兰庄人投资550万元修建了王兰庄小学，建筑面积达到了5250平方米，2005年，他们把一幢建筑面积360平方米的单体别墅改建成村民图书馆，图书馆建成后，每年投入3万元购置新图书，2016年，图书馆藏书达到了3万多册，成为全天津市农村最大、最先进的村级图书馆。

而后又投入了3000多万元，建成了星光老年活动中心、梁斌文学馆、"一二·九"运动纪念馆，青少年活动中心、中心花园、快乐营地等文化设施，村上还办起了秧歌花会、舞龙舞狮威风大鼓队。又全面启动了津兰文化中心建设，王兰庄人的业余文化生活将更加丰富多彩。

王兰庄村2016年全村集体利税收入1.25亿元，农民人均可支配收入超过3万元。实实在在的事实已证明王兰庄村已融入天津市区了，王兰庄村民已成为天津市实实在在的市民了。王兰庄村也完完全全成为李七庄街道的一个城市社区了，王兰庄村的概念在王兰庄人心中已非常淡化，王兰庄农民的概念也完全失去了，他们从一产全部转入了二产和三产，村中的集团公司已全面进入资产性投入的新阶段。津兰集团还投资了2.3亿元参股，成为上市公司——渤海银行的股东。每家每户的资产纯收入也占了家庭收入的一大部分。

王兰庄村集体和家庭实现了质的飞跃。综合水平大幅提高，正是由于物质和精神两方面的优异，相继荣获"全国文化生态村""全国优秀小康村""天津市文明村""天津市文明生态村"和"天津市美丽乡村"等荣誉称号。看到王兰庄的巨变和这些荣誉获得，天津人都会情不自禁地称赞这里有个好党支部，有了郭宝印这个好带头人。

李七庄街道党委副书记宋少波说得好，他说：王兰庄村党支部有光荣的历史传统，1935 年，在抗日救亡浪潮中，王兰庄诞生了天津市南部第一个农村党支部，进入改革开放的年代，王兰庄党支部创造的伟绩，世人称赞，这样好的党支部天津少见。他们的带头人郭宝印心中无私，引领大家共同致富，人人歌颂这样的好领头人，天津方圆百里难寻。

王兰庄党支部 2002 年获"天津市红旗党组织标兵"，2004 年荣获"天津市红旗党组织"称号，2006 年被评为"天津市五个好村级党组织"，2010 年被评为"天津市五个好村党组织标兵"，而王兰庄党支部书记郭宝印自从 2001 年换届选举中，全村 54 位参选党员，高票再次当选后，历次换届选举，几乎都是高票被选为村党支部书记。他担任王兰庄村党支部书记 39 年来，获得多项荣誉，1994 年获全国第五届"十大杰出青年"称号，受到时任国家主席江泽民的接见；2005 年获"全国劳动模范"称号；2009 年获"感动天津人物——海河骄子"称号；2010 年获天津市"十大造福百姓的好村官"称号；2011 年获天津"最具影响力劳动模范"。2011 年获"全国优秀党务工作者"称号。

39 年来，郭宝印始终把"心系群众、甘当公仆"写进自己的人生坐标，展现了一个共产党员、一个农村基层干部的高尚情操。

多年重病在身，郭宝印以惊人的毅力与疾病进行着顽强斗争，全身心投入到王兰庄的事业中去。

多年来，郭宝印几乎年年都要犯病住院。乡亲们都为他担心，王德兰大娘说："我们就怕宝印犯病，宝印一犯病大伙就揪心，宝印的病是为我们操心累出来的。他黑白不着家，看他病痛的样子，真让人心疼啊。"这些年来，王兰庄村的党员、干部和群众，都能如数家珍般地回忆起郭宝印带领全村人的创业历程：从 1982 年建拔丝厂到 2010 年津兰国际商贸中心落成，20 多年来，一共干了 30 多项工程。他们越回忆越激动，一个劲地说："宝印太累了！"村里原负责基建的干部刘连科一说起郭宝印眼里就含着泪：那年九月，村里建轧钢厂，一天正赶上下雨，大家都不想干了。宝印没有言语，卷起裤腿拉起小拉车，踏进泥水里，自己干了起来。书记干了，大家不再说什么，都跟随郭宝印干了起来。建兰化染料厂时，需要挖一条 2 米深、1000 多米长的排水沟，工期紧，任务重。由于活脏，又是从沟底甩泥，有些人怵了。郭宝印二话没说，跳下沟带头挖起来。他带领大伙从早上 8 点一直干到晚上 7 点，硬是提前三天完成了任务。最让村民感动的，是王兰庄建新村时为了保证工程质量，村里决定给每栋楼都配备一个质量监督员，专门监督房屋质量。就是这样，宝印还不放心，每天早晨 6 点他必到工地转一遭，有时水泥浇铸，白天完不了，需要连夜施工，质量监督员需要跟着连轴转，此时如果质量监督员疏忽大意，房屋质量就没保障。所以每到这时，宝印就到工地来了。有一次一位监督员因为拉肚子离岗，而宝印在没看到他之前，就始终没有离开，直到他回来。监督员说："我们监督不好质量，对不起乡亲，更对不起宝印呀。"

宝印的忘我工作精神体现在时时处处。别人出差都是带生活必需品，而宝印出差带的却是药。1996年，郭宝印与公司办公室主任一起去广州考察论证建设家电城。有一天，他感到腰部剧烈疼痛，先是尿血，后来连解手都很困难。宝印知道，这是多囊肾病又发作了。如果在家，都是到空军天津四六四医院或者天津大学第二附属医院用碎石机把结石打碎后排出来，而此时在外地，是带着任务来的，万不得已是不能住院的。为了把结石及时排出，他选择了最古老的办法——"颠簸法"。他在当地租了一辆减振性能极差的汽车，自己躺在后排座位上，专门选择颠簸的道路快行。此时的难受劲，只有宝印自己知道。他一会儿侧卧，一会儿仰卧，颠簸的痛苦、排尿的痛苦，加上口干舌燥的痛苦，把他折磨得脸色煞白，汗珠滚落。他咬紧了牙关，攥紧了拳头，坚持着，坚持着……4个小时汽车跑了200多里的土路，他就是在忍受痛苦中硬挺了过来。郭宝印为了王兰庄的百姓，就是这样经常承受常人难以想象的痛苦。有人不理解，他回答：作为一个党员干部，总要有一种精神，这就是为了党和人民的事业，自己有十分劲，决不使九分劲，得把全部心思和精力用在工作上。

1998年7月，他一到下午就发烧，一直烧了20多天，在同事们的多次催促下，他才不得不去医院检查治疗。经专家会诊得知：由于病情耽误的时间过长，肾囊已经化脓。大夫告诉宝印：这是一个很危险的手术，如果穿刺弄不好会碰到肝脾，流血不止，危及生命。宝印却笑颜以对："穿吧，我没压力。"随后，他把妻子和集团办公室主任叫到跟前："不要让乡亲们知道，省得大家为我担心。"他说的这个话，包括大夫在内，所有在场的人无一不为之动情。做完手术，他满脸虚汗，一米七几的个子缩成一团，疼得他愣是把茶叶罐子都给攥瘪了。妻子哭着说："你啊！不到这时你是不来医院的。"

宝印就是这样，以一个共产党员的高尚情操和忘我工作的奋斗精神，拖着病重的身躯和疾病抢时间，忠实地履行着一个共产党员、一个农村最基层干部的神圣职责。

自担任村党支部书记的那天起，郭宝印就立下了"清正廉洁，办事公道"的誓言。39年来，他始终抗得住诱惑、守得住正气。

郭宝印当村书记39年，处处严格要求自己，他做的每一件事都对得起党，对得起王兰庄的老百姓，唯有对不住的就是他的亲戚、朋友和自己的家人。

从当上党支部书记那天起，他就给自己约法三章：吃喝不去，请客不到，送礼不要。实际上，作为村书记，官虽不大，权却不小，如果利用职务之便为自己的亲朋好友捞点好处还是很容易的，但郭宝印从不滥用手中的权力。在村党支部、村委会和集团公司三套班子中，他没安排一位自己的直系亲属，连他的妻子也一直在村里条件最差、收入最少的胶鞋厂上班。

20世纪80年代初，家里住房紧张，郭宝印打算再盖三间房，但由于当时企业发展处在要紧的时候，他很少能在家待上一整天。结果，房子盖了4年也没盖完，茅草长得比墙还高。农村人最忌讳盖房子不上"盖儿"，妻子埋怨他说："你每年给村里盖十几座厂房，自家的房子怎么就盖不上呢？"郭宝印嘿嘿一笑说："谁让咱是村书记呢？我不能因为'小家'的事耽误了'大家'的事。"后来，一个企业的领导背着他，派去了几名民工给他家的房子上"盖儿"，他知道后，马上将民工劝走，自己又雇人才总算把房子上了"盖儿"。

在王兰庄津兰集团有一种"怪现象"，公司员工一说跟宝印出差就犯怵，用大家的话说："跟他出去太'栽面'，坐夜车、吃方便面不说，连住都住不安稳，与客商谈生意时住在宾馆，客商走了就得搬到价格便宜的小旅店，甚至是不花钱的学校教室。"

集团有几位职工至今也不会忘记他们连续几天顿顿吃面条的经历。1991年，郭宝印带领几位助手到江苏省参加订货会。在一家较为便宜的部队招待所住下后，郭宝印对大家说："今天太累了，早点休息吧。咱们伙食从简，就吃点面条吧。"可几天下来，大家发现，每到吃饭的时候，宝印都会说出同样的话来应付大家。有几个小伙子实在熬不住了，就要求郭宝印改善伙食，可宝印却说："现在村里资金困难，咱吃点苦不要紧，请大家坚持坚持。"就这么着，他们吃着面条顺利地完成了工作。人们可能认为郭宝印太抠，其实他只想为村里省些资金。他常对职工们说："我们出差花的是集体的钱，这里面渗透着乡亲们的血汗，一分一厘都要珍惜啊。"但苦归苦，累归累，大家却丝毫没有因此事而埋怨过郭宝印，他们知道，宝印最正派，是让人敬佩的好干部。

前几年王兰庄工程较多，加之新村建设步伐加快，许多施工队纷纷送厚礼、拉关系、走后门，想尽办法请郭宝印关照一下。但是郭宝印对此毫不留情面，他态度鲜明地说："要揽活儿，就到招标会上去比高低。"

公事、大事不出格，私事、小事不含糊。王兰庄新村二期住宅楼竣工，分房时乡亲们都说："宝印为村里操碎了心，把命都快搭上了，理应优先选套好楼层。"但他却不这样想，在他看来，党员干部只有为民谋利的义务，没有与民争利的权利，况且分房子是老百姓最看重的事，绝不能在这个节骨眼儿上让老百姓戳村干部的脊梁骨。他谢绝了大家的好意，同大家一样"抓阄"，住进了一套一楼的住房。班子成员最好的也只住进二楼。宝印对班子成员说："我们失去的也许是一点舒适，但我们得到的是老百姓的信任，得到的比失去的更可贵。"身教重于言教，宝印的做法让群众信服了，全体村民对分房结果心悦诚服，在分房过程中和分房后，全村无一户上访告状。近40年了，郭宝印用一言一行，赢得了广大村民的拥护，增强了村党支部的凝聚力和号召力。

郭宝印常说的一句话就是："我原是王兰庄的一个娃娃，长大就得为王兰庄做事业。"王兰庄就是有这么一个时时惦记乡亲的好带头人，有一个敢干事、能干事的党支部，几十年带领全村人坚持走共同富裕的道路，走出了一个以集体经济为主体的福利型社会主义乡村新社区。现在王兰庄村几乎无宗教问题，无信访问题。全村成为没有一家暴发户，没有一家困难户，家家都是富裕户的文明乡村新社区。

天津市西青区王兰庄村走上了一条福利型的社会主义乡村新社区道路，全村今日2200多人过着平安、和谐、幸福的集体主义大家庭的美好生活。他们之所以有今天，其最根本的原因就是走上了一条以新集体经济为主体多种经济成分并存的共同富裕道路。他们是真正融入城市的村镇农民。走集体化道路是他们享有城市化红利的根本保障。如果没有集体化作保障，如果没有集体化作后盾，城郊农民或许是城市特殊的农民工群体，或许是劳动力的出卖者，成为城市的新贫民，或许是城市扩张过程中的暴发户，成为城市中的新富人。他们出卖了仅有的土地和房产并获得政府的补偿，甚至脱去了原有的身份成为新市民。但因为土地级差的原因，造成政府补偿的巨大差异，有些人面对从天而降的大量财富，不知所措，造成他们一部分人成为城市财产性收益的"食利者"和暴发户。他们成为城市新富人，财富的易获使他们来不及积淀而失去了劳动激情，而成为没有进取心的一族。他们的村民身份虚无化，他们失去了文化和心灵的家园，麻将桌成为他们生活的主要依附。而王兰庄人虽然依赖集体资产的财富，共享集体经济的成果，但他们劳动的激情始终没有变，村集体还在不断地激励着他们去创业。他们凭着富而思进的动力，家家户户还在努力创造财富。

加速城镇化建设中，王兰庄村依靠集体经济，依托城市，实现了城乡融合发展之路，建起了老有所养，病有所医，少有所学的福利型的乡村新社区，重塑新型的城乡关系。王兰庄村走出一条新时代中国特色社会主义乡村振兴道路，这是值得提倡的，也是我们追求的目标。

33 农民五年人均年增超万元的郭家沟村

　　"闭户坐不得，开窗贮微凉。树林荫白日，儿研生碧光。"这是南宋诗人杨万里《卧治斋晚坐》中所描绘的在林荫处乘凉的景象。今日，在万里长城黄崖关脚下就有那么一个乘凉的好地方，这里有个近千米的绿廊。夏日炎炎，烈日当头，炙烤着行走的人们，但在这里却给您不一样的感受，茂密的绿叶把刺眼的阳光挡个严严实实，阵阵凉风迎面吹来，还可以闻到金银花的芳香，夏末秋初，多种类型的葫芦挂满藤架，形成了一道道葫芦长廊，晚上还可在一片青砖灰瓦小门楼风俗的四合院民居中，享受热情的服务，高标准的住宿环境以及品尝到地道的农家饭菜，在喧嚣的大城市住久了，您可以在这里寻找一份避暑和休闲的宁静。这里便是"集体搭台、农户唱戏"，家家吃上旅游饭、户户发家致富的天津市蓟州区下营镇郭家沟村。

　　站在水库大坝往下看，郭家沟村就是两山夹出的一条缝。

　　地少、闭塞，郭家沟村没富过，靠种庄稼，到 2011 年，这里的农民人均纯收入不到 1 万元，这其中还有不少是靠外出打工挣来的钱。年轻人外出打工，外村姑娘不愿嫁到郭家沟来，那时候蓟州区还叫蓟县，2016 年改县设区的。老支书张志纲动情地说："郭家沟村这翻天覆地变化，这可不是靠大胆想出来的"。

说起郭家沟的变化，离不开这个村的引路人胡金领。

冬至过后，这里已进入隆冬，那天午后，我们从王兰庄赶到郭家沟，冬日的夕阳早已钻入山下，在胡金领那不足 10 平方米的办公室里，暗暗的灯光下，见到了这位满头白发的"老人"。我问："书记，今年六十几了？"他爽朗地说："今年 48 岁了"。我奇了，有意再问："这头银发是为村里百姓劳心熬白的吧？"他连连点头说："有这个因素"。

短短的 17 年，把一个"脏、乱、差、穷"的偏僻小山村引上天津市第一富村，一定有他特殊的智慧、胆略和担当。

2000 年，30 岁的胡金领被全村人推上了村委会主任的宝座。2001 年 6 月胡金领就入了党，2003 年郭家沟党支部换届，他就接任了党支部书记的重任。当时，他想起这山沟沟中的那 47 户农家，他们对这穷山僻野的穷山沟几乎都丧失了信心。他又望着那 177 双热切期盼变化的眼睛，首先觉得：思想要解放，视野要拓展，决不能窝在这 1000 亩青山绿水中无所作为。他带领村党支部和村委会几位领导走出去了。他们来到江苏常州，来到广东汕头，考察乡村旅游，还专程赶到北戴河集发集团，北京锦绣大地取经求助。说起旅游，郭家沟得天独厚，东临梨木台，西邻九山顶两大自然风景区，山间景色清奇，水库可以泛舟，几乎没有污染，水是甜甜的，到处是天然氧吧。移步上山，任松鼠领路，听鸟雀谈心，更是别提多惬意。他下了决心，村上要把山水环境提升好，发展乡村旅游就有广泛的天地。最后，村上明确了"环境提升，农家乐发展，公司化运营管理"的发展思路，逐步带领全村人走上发家致富路。

战略有了，村上家家都穷得叮当响，集体也是空空的，决不做纸上谈兵的事，这个头要自己来带。

胡金领他家老房子多，开间都太小，他想把房屋拆除盖建农家院。2003年，他见做不通父亲和妻子的工作，就把自己家里仅存的几万元钱取出来，又东借西凑了十几万元钱，把自己的房屋拆了，他父亲见祖屋夷为平地，又背了一身债，气得几天起不了床，妻子也几天不跟他说话了。村上也有不少人，认为金领是在瞎折腾，他顶住了村里人的冷眼，家里人的反对，终于把村上的第一家农家院建起来了。当年就引来了许多游客，在农家院经营上他还提出了"住农家院、吃农家饭、干农家活"为主题的系列生活体验活动，丰富景区内涵，挖掘特色饮食，游客在享受惬意的山野采摘、溪边垂钓的同时，可以品尝到地道的烤全羊、贴饽饽炖小鱼、豆腐宴、野菜宴等特色农家饭，留给游客美味大餐。胡金领农家院当年收入就超过了2万元。村上的人看到胡金领的农家院发展很红火，又见游客逐日增多，许多农户心也动了。第二年，就有6户开起了农家院。

▲ "新三农"领头人胡金领。天津市蓟州区下营镇郭家沟村党支部书记。2007年荣获全国农村青年创业致富带头人称号，2014年荣获全国新农村建设模范人物荣誉称号

▲ 共同富裕的郭家沟村。2013 年荣获全国美丽乡村称号，2014 年被住建部授予全国最宜居村庄称号，2015 年被评为全国最佳乡村休闲旅游目的地

▲ 郭家沟村江南水乡山居图

郭家沟农家游也从此萌发了，各项工作也带动起来了。

2006年和2008年，只有8名党员的郭家沟党支部两度被评为蓟县先进党组织，这个不足200人的小山村，2009年荣获了蓟县县委和蓟县人民政府"五比三创——考评示范型创建工作先进村"。

郭家沟农家院推进了旅游事业发展，2011年，全村接待游客就达近20万人次，这年年底，天津市副市长任学峰也闻讯赶来了，他爬上九台山顶，登上了黄崖关长城，踏进了农家院，郭家沟背靠的那座天台山，还有东西两侧的山梁构成的那两扇自然屏风，引起了他的极大兴趣，特别是村后的那座容量达180万立方米的山泉水水库，库底流出穿村而过的那条小溪和郭家沟千亩山地、果树、村寨构成的这幅江南水乡山河图，更使任学峰这位有学识的副市长动情。

任学峰副市长不是来游玩的，他是帮助郭家沟人寻求提升农家游的品位的，也是为天津乡村致富探路的。他把郭家沟的几位领头人召集在一起，欣喜地报出一串数字，他说："郭家沟地处京津唐承腹地，距天津滨海机场120公里，距首都机场80公里，距唐山市70公里，离蓟县县城也只有20公里，津围二线、马营公路直达郭家沟，如果把华北平原上这片江南水乡山河图绘制好，再把农家院的档次提高，郭家沟人就发大财了。"最后，任学峰副市长给了郭家沟人许下承诺说："把郭家沟建设成为可复制、可推广的新农村建设示范点，你们发财了，我再带大家来参观学习。"

任学峰副市长最后丢下的一句话，"你们要成为天津市乡村旅游精品示范点必须结合实际大胆地想，大胆地做。"从任学峰副市长踏进郭家沟那天起，郭家沟人的心扑通扑通跳得加快了。郭家沟的这片土地也热腾起来了，胡金领带领村两委一帮人议了几天。大家七嘴八舌地议论说：农村离不开农业，我们郭家沟就得利用比较优势，发展休闲农业，走特色农业之路，把郭家沟发展的目标定在"最具中国北方传统民居特色的水乡旅游目的地"的定位上。

这一定位无疑是非常正确的，但这一定位最主要的两大要素是"传统民居"和"水乡旅游"。"传统民居"需要钱对村庄进行改造，"水乡旅游"可也是一篇大文章，这需要把村集体承包到户的204亩耕地和600多亩山地收归集体统一经营规划，这不仅需要钱还得让老百姓愿意，这涉及家家户户的事，难呀！

任学峰在郭家沟讲的一番话，不是说了就算了，要把郭家沟建设成为可复制、可推广的乡村旅游精品示范点，干活的主体是郭家沟人，必须以郭家沟人为中心，但是政府放手，不等于甩手，有时还得上手。任学峰副市长发话了，郭家沟乡村旅游精品村建设自然也引起了蓟县县委、县政府的高度重视，他们主动请来了北京的设计单位，对郭家沟按"山水田园风光、北方乡村文化、塞上民俗风情"的基调进行设计。不搞整体搬迁，农民上楼的大拆大建，而是实施"新包旧"式的"穿衣戴帽"的提升改造。外装修的钱全由政府来承担。

政府一出手，郭家沟领头人信心更足了。但将50多户农家的1000多亩承包土地山林集中起来集体经营可是一块硬骨头，而要把郭家沟建设成旅游精品示范点，这件事必须干，在郭家沟村蹲点的下营镇人大主席汪东悦当时十分担心地说："光靠一家一户，这件事准得糊。"

2012年元旦刚过，村上召开全村村民大会，胡金领村主任在全村会上宣布：郭家沟家家要走上富裕路，必须依靠集体，单打独斗，大多数人没有出路。村上经过反复研究，30年承包到户的土地必须集中起来，集体统一规划经营，按照"死不减，生不补"的原则，对当时承包到集体土地的155人，每人每年补给土地承包费3000元。话音一落，会场顿时炸开了锅，纷纷说："不同意！不同意！"

村庄改造：农民最讲实惠，51户农家房屋不花钱整体改造，"穿衣戴帽"，全村人100%赞成。

土地集中经营的事可难了：土地可是农民的命根子，特别是郭家沟这个信息闭塞的山里人更珍惜土地。胡金领一班人没有责怪村民，他们早就有了思想准备。第二天，他们组织了一个工作组由党支部副书记张金波带队，一户一户上门做工作，一家一家签订合同协议。3月1日那天晚上，张金波一行4人来到最后一户姓胡的"钉子户"家，他们一踏入这户农家的门，见墙上贴着一张纸，上面写着："我是一块啃不动的硬骨头"。张金波等4人见了这张纸都笑了。因为这么一个小村，从小一起打打闹闹长大，都称兄道弟，张金波笑着对这位胡老弟说:"我们是一群蚂蚁,今天就是要啃下这块硬骨头"。最后这块硬骨头也啃下了,签订了6口人10亩地的土地流转合同。

3月2日,由北京都市艺匠城镇规划设计公司设计,一流的万事兴建工集团大型施工队开进了郭家沟,同时成立了天津市塞上水乡旅游开发中心,对全村的土地开发、利用、旅游实行公司化经营管理。污水处理、路面硬化、路灯安装、环境绿化、宽带入户一一考虑周全,村上还建起了特色蔬菜采摘园、小杂粮种植园、脆枣采摘园和6个水上娱乐项目,还有那800多米长的绿色长廊,栽种上了葫芦、爬山虎、猕猴桃等攀爬植物,并引进了山东鲁峰公司的项目,建起了金银花科技博览园。景村一体化使游客在一个自然闲暇环境中品味真正的田园风光和水乡生活,享受心灵的放假。

蓟县第一个旅游精品示范村,2012年9月工程全面完工,当年就收到了效益,村民人均纯收入增加到1.5万元,2013年国庆节,郭家沟接待游客超过3000人次,当年人均收入达到6.6万元,是天津市农民人均收入的6倍多。外出打工的纷纷回家,村上5位大学毕业生也被村里招了回来,家家门口停着新买的小汽车。

2013年6月,时任中共中央政治局委员、天津市委书记孙春兰专程赶到郭家沟调研,他对郭家沟村依托山水资源,依靠集体力量,发展特色乡村旅游,家家办农家院、走共同富裕的道路抱有极大的兴趣,她十分高兴地对胡金领书记说:"你们走出了一条新路,要多为天津甚至全国继续创造经验。"

我们来到郭家沟已是隆冬，核桃早采下了，绿红色的美景已经退去。小桥流水只有小桥，而小溪中的流水也已变成一条弯弯曲曲的白洁绸带。我们踏着清晨的阳光，进入了环山景观小道，整个村庄俯视眼底。那一片一座座青砖灰瓦的四合院在朝阳的照耀下，特别耀眼光彩。

吃过早饭，我们专门拜访了几户农家院，在村会计陪同下，我们跨进了一户农家院的小门楼，只见四合院中堂的一张大圆桌，我好奇地数了数，足有18张椅子摆放在圆桌周围，这户农家院的主人段学军热情地接待了我们。

她介绍说：我爱人在区里教书，过去我一家四口种着5亩承包地，忙里忙外，一年下来，没挣几个钱。村里建农家院的决策好，政府把我家占地800平方米的老宅子进行整体整修，像我家这工程毛估估政府也要花100万元，内装修我也花了百来万块钱。现在我们农家院有11个客房，有夫妻大床间，有小家3人间，还有二人住的标准间，房内设施完全按城里3星级宾馆标准配置的。我们查看了几间房间，这里的住宿条件的确够得上三星级宾馆的标准。

接着，她又介绍说："村上想得也周到，餐饮的厨师、室内的服务员，全由村里办的天津塞上水乡开发中心负责培训，不收我们农家一分钱。我们只付他们的工资，这样我省了很多心。"

接着，她又自豪地说："我们这里的农家院是有品位的，吃得香，住得好，客人也多，节假日我们郭家沟农家院是一床难求呀!"

最后,这位有文化知识的女性倾吐了她的一番感想:

我们村提升改造以后的农家院,用现在的新名词也可谓是供给侧结构调整改革吧,这项改革,村领头人有眼光,国家也肯帮忙,特别是村领导把承包到户的土地集中起来,统一规划经营,一个个新景点开发出来了,在郭家沟有吃、喝、玩、乐的地方,留住人了。像过去,大多旅游的人来转一圈,农家院吃顿饭、住一宿就走了,而现在许多上了年纪的人一住就是三五天、一星期。住宿吃饭旅游者村上每人每天向我们农家院收28元的环境绿化、项目开发等管理费,这钱该收。

最后她悄悄告诉说:我家农家院自2013年开业以来,每年清明开张接客,冬至歇业关门,一年工作只7个月的时间,这5年每年的纯收入都超过30万元。集体收小钱,农家赚大钱的事,我们乐意。

尔后,我们又来到原村党支部副书记张金波农家院里,踏进小门楼,只见四合院中已堆满了木板、水泥、沙石。这位敢说敢干的老书记开口便说:我2003年跟着胡金领书记开了农家院,当时也算支持他的工作吧!吃、住、玩一天一人只收50元,档次太低,来的人也不多。36张床,一年只搞几万元钱,到了2012年,我家农家院按四星级的标准装修。2014年我家农家院被评为"中国乡村旅游示范户",我是个马大哈,从来不算账,今年冬至那天关门歇业,我的卡到信用社打了一下,里面有存款54万元。也就是今年清明开业到冬至歇业,我家 7 个月干活，全家 7 口人，人均纯收入超过 7.5 万元，按国家农民可支配收入计算，2017 年，我家人均可支配至少超过 9 万元。现在趁歇业这 5 个月时间，把 36 床降为 24 床，按五星级标准装修配置，从量的扩张提升到质的提高，明年清明开张，准备接待高端有钱的游客，让他们住得更开心，玩得更乐意，当然我的钱也会赚得更多。

接着他又说：我也趁退位还能干活的这几年，多赚点钱，也是我的一种价值体现吧，你们说对吗？他的一席话也逗乐了大家。

郭家沟的兴盛是农村供给侧结构调整改革的成果，这里农户也体会到乡村农家院的生命力。郭家沟的农家院从 2013 年 36 家发展到 2015 年的 45 家，床位达到 955 张。未开办农家院的农户搞起旅游服务，在客运、果品采摘、山货销售、文化工艺等方面参与到旅游上，实现了游、购、娱、吃、住、行六大要素的有机配套、促进和发展。

青山绿水夹着的郭家沟今日变美了，农户今日变富了。这里农家院的舒适，这里田园风光的美景像湖中的涟漪一波一波传递出去，慕名而来的北京、天津、唐山等八方游客仅 2016 年就达到了 25.65 万人次，他们为农家院提供了 2310 多万元的收入，也为郭家沟村集聚了 765.94 万多元的集体资金。郭家沟全村 181 人，2017 年人均纯收入达到了 7.5 万元，今日郭家沟的盛名不仅在蓟州、在天津传扬，2013 年郭家沟被中组部、农业部、建设部评为全国美丽乡村。2014 年被住建部授予"全国最易居村庄"称号。2015 年被评为全国休闲农庄示范点。小小的郭家沟从开办农家院以来，已有 130 多万人次踏进了这片净土，今日的千亩田园村土地都变热了。

在供给侧结构调整改革中，郭家沟从一个荒沟、穷沟，一跃成为人气兴旺的圣地、福地，青山绿水变成了金山银山，这里的干部群众在自豪自己的地理环境的同时，他们深深感悟到新时代中的党和政府更加贴近群众了，特别是对他们的领头人胡金领，天天相见，感受就更深刻了。

胡金领带领郭家沟党支部向全村干部、群众作出决不做"不像党员、不在组织、不守规矩、不起作用"的"四不"党员的承诺，这承诺对每位党员都是一种约束，也告示人们，郭家沟村的党员一定要起模范带头作用。当然，作为一班之长的胡金领他必须先做到。

胡金领无论是乡村旅游事业的发展，还是管理村级事务，他都始终能做到以一名共产党员的标准严格要求自己。村里修路，尽管政府领导支持，但村上需要配套资金，在多方筹措的基础上，还有 2 万多元的资金缺口，他与爱人商量，把家里仅有的 2 万元存款取了出来，补上了这个缺口。在农家院提升工作中，他没日没夜地在施工一线，一天累倒在工地，一检查患上了肺炎，吊着针还不肯离开工棚。胡金领时刻坚持秉公办事，不徇私情，家里的侄子为了多接待客人，私自超建房屋，胡金领态度坚决，给予了强制拆除，硬是将多占的部分退了回去，有力维护了郭家沟村的村庄规划，保持巩固了提升打造成果。环境整治中，拆除他二叔家多年形成的占路厕所，二叔骂他没良心，他通过耐心做老人工作，得到了老人的理解，厕所拆除了，路面宽畅了。胡金领的威望更高了。

胡金领的先锋模范作用赢得了党和人民群众的信任。2007年，荣获共青团中央、农业部授予的"全国农村青年创业致富带头人"的荣誉称号，2014年荣获"全国新农村建设模范人物"称号，2015年，分别荣获"天津市劳动模范"和"天津市优秀共产党员"光荣称号，2017年当选为天津市十七届人民代表大会代表。

作者在与胡金领的一番交谈中，就能感悟出他对人民群众的责任和担当的那份精神。

问：在全面提升田园文化旅游中，你敢于把承包到户30年的耕地和林地集中起来，集体统一经营，当时是一片反对声，怎么还敢往前闯呢？

答：这也是背水一战，单家独户经营全村这千亩耕地山地无法规划，路难建，树难种，田园风光的景区建设难形成。我开办第一家农家院开始到2011年已经七八年时间了，农家院办起了，游、乐、玩的地方没有，人气一直旺不起来，这教训倒逼我们村集体要参与，只有走新集体经济的道路，村民才会富起来。

在2012年那次全村人大会上，当时的场面中，大概有2/3的村民们不理解我们作出的决策，这主要是村民们看不到前景会有这么好。我是充满着信心的，我当时跟大伙说，每人每年的 3000 元土地转包租金是一定要按时如数地兑现给大家的，我胡金领是与大伙摸爬滚打一起在郭家沟这片大地上长大的，小肚肠有多长，肚脐眼有多大，大伙都清楚。只要我胡金领在，就是集体亏了，我个人砸锅卖铁也要把这钱按时兑现。何况现在党的政策好，我们的农家院推动旅游这条路不会错。后来全村 51 户都签了合同，把自己承包的土地都转让给集体经营了，这一步棋一走，全盘活了。

问：全村搞建设贷了款，欠了债，还要按时兑现村民们的土地流转金，当时，你不担心吗？

答：当时的蓟县县委、县政府派了主管旅游的副县长于清和县政协副主席刘燕南分管我们村旅游提升工程。当时的蓟县政府办事也缺钱，为扶持我们村的这个项目，县政府决定出让 200 亩土地，从每亩可收取 30 万至 40 万元的挂牌拍卖土地收益的钱来平衡我们的缺口。我村这项旅游提升项目，县政府下了这么大的决心，我们能退缩吗？我们村虽然贷款了 1000 多万元，特别是每年还要兑现给村民们的近 500 万元土地流转租金，这笔钱，年终必须要兑现，我当然有压力啰！但这时已经没有退路了，只能往前闯，村集体把让农民富起来的台搭起来了，结果全村家家吃旅游饭的"大戏"也就开锣了。今天，村民们是一片赞扬声。

郭家沟村有个好书记，有个好支部，人心齐，事业成。他们走出一条农民致富的新路。这里没有宗教问题，这里没有邻里纠纷问题，这里没有信访问题，这里没贫困户，家家都是富裕户，全村和谐。

蓟州区委、区政府推行的郭家沟农家院推进旅游事业发展的试点成功了。下营镇全镇学，蓟州全区学，整个蓟州区 104 个村搞起旅游办起了 2230 个农家院，一万多张床位，10 万多人从业。2016 年全区接待游客 2100 万人次，旅游收入 110 亿元。但在郭家沟调研，却发现了一件令人深思的事。下营镇其他 28 个行政村学郭家沟，村村办起了农家院，搞起了旅游。2016 年，全镇 29 个村，除了郭家沟村的其余 28 个村，接待旅游人数 124.35 万人，平均每村接待游客 4.41 万人，只有郭家沟村的 1/6；28 个村旅游农家院总收入 2.392 亿元，村均收入 854.3 万元，只有郭家沟村的 27.7%。28 个村的 1180 家农家院，每家农家院平均收入 20.27 万元，不足郭家沟村农家院平均收入 66.96 万元的 1/3，郭家沟是下营镇农家、人口、土地面积最少的村庄，但效益比其他兄弟村超过好几倍。原因固然很多，但最重要的是郭家沟组织起来，土地实行集体经营，靠集体去办大业，而其他兄弟村的土地还是单家独户在经营，那怎么能够与郭家沟相比呢？

胡金领书记讲了最近发生的一件事。主管旅游的于清副区长经常来郭家沟，村上的人都把这位旅游主管当作自己人。立冬过后，游客渐渐地少去了，一天，于清来到郭家沟检查工作，他一下车，大家就把他围了起来，七嘴八舌地说开来了。

"咱村集体有底气了，我们农户也不缺钱了。习近平总书记号召我们要实施乡村振兴战略，我们郭家沟怎么再振兴一把。"

"我们都想再往前闯一闯，都着急下一步咋弄！"

于清副区长指着胡金领说："你说说看，大家咋想的？"

胡金领回答说："没个准意见，有的说在村头整个风车园，有的说要不干脆弄个欢乐谷……"

于清打断了胡金领的话："且慢！老胡你告诉大伙儿，加快发展心热是好的，越往前推，咱越得讲科学，谋长远，实现新集体经济的路子，把塞上水乡开发中心办成壮大集体经济的平台，开发中心员工要实行聘用制，把他们变成公司的职业农民，不能再搞'大呼隆'的模式，管理一定要讲科学。"

接着，于清又说："咱村的特色，是绿色，是乡愁，到啥时候都不能把这个本弄丢掉啦！"

胡金领最后表示说：我们一定要把青山绿水的文章做透。

郭家沟是一个小村、穷村、偏僻山村。一个穷山村的党支部书记为寻找村民的富裕之路，坚持 8 年的艰难探索，终于感动了"上帝"，党和政府来帮助了，村民的积极性被激发出来了，他们依托青山绿水，全村 51 户农户家家致富了。其实质是郭家沟人把承包到户的土地再次集中起来由集体统一经营，提升了农家乐的品质，加快了旅游业的发展，推进了农村供给侧结构性改革，使一个穷山沟获得了新生。

党的十八大以来，以习近平同志为核心的党中央，坚持把"三农"工作摆在重中之重的位置，带领人民集中力量办了很多顺民意、惠民生的好事，解决了很多农民群众牵肠挂肚的难事，农业供给侧结构性改革取得新进展。2017 年的中央农村工作会议指出，必须打好精准脱贫攻坚战，走中国特色脱贫之路。当前像原先郭家沟那样的穷村还不少，不仅云、贵、川的山区存在，就是江、浙、粤经济发达省份也依然存在。这些乡村必须在实施乡村振兴战略中富起来。这些村中的"三农"问题依靠他们自身的力量已经很难摆脱困境了，这就需要把社会支农助农兴农的力量汇集起来。乡村振兴是需要真金白银投入的，应该加快形成财政优先保障，金融重点倾斜，社会积极参与的多元投入格局。偏僻山区的穷村，只有党和政府去帮一把，社会去助一把，他们才能像郭家沟村那样，农村资源要素才能活络起来，广大农民积极性和创造性才会迸发出来，穷山村才会富起来，社会不平衡不充分发展的问题才会解决。

把握创新农村土地经营模式是当前各级党政领导必须面对的重大课题。刘庄等2村1乡坚定走自己的路，道路越走越宽广，花园等8个村，勇敢的抉择，重走集体化的道路，闯出了以新集体经济为主体多种经济成分并存的社会主义乡村新社区的一条新路。他们的业绩充分体现了集体化的优越性。20世纪五六十年代推行的农业集体化，这制度本身没有错，错的是官员的权力滥用，他们强行推行极"左"的"大跃进"，极"左"的"一大二公"，而忽视了农民群众当家作主的权利和意识，忽视了农民群众的家庭经济。而改革开放以来，有些干部又从极"左"走向了极右，认为我党强调扶持民营经济的政策在前，集体化是逆风而行，导致了一些官员不敢提倡集体化，不敢发展壮大集体经济。这应引起各级党政领导的关注。

习近平总书记在中央全面深化改革领导小组第七次会议上提出"坚持土地集体所有制不变，坚持18亿亩耕地红线不变，农民利益不受损"的三条红线，并在考察黑龙江省时又强调"农业合作社是发展方向"，这里就是明确要求我们始终把发展壮大集体经济，坚持走合作化和集体化道路放在突出位置。只有把实行土地"合作与联合"这根纽带拉紧，集体经济才会壮大，乡村振兴的战略才会实现。

十一　新"三农"现象报告

国有企业是中国特色社会主义的重要物质基础和政治基础，是我们党执政兴国的重要支柱和依靠力量，新中国成立以来，特别是改革开放以来，国有企业发展取得巨大成就。国有企业为我国经济社会发展、科技进步、国防建设、民生改善作出了巨大贡献，功勋卓著，功不可没。因此，国有经济是一个国家的主体，保证了国家经济命脉的重要资源始终掌控在国家手中，尽管国有企业的经营模式可以实行改革，但绝不可能搞"民进国退"的模式。农村也是一样，土地所有权归村集体所有，这是我国《宪法》确立下来的一项基本制度。走以集体经济为主体的社会主义经营模式，应当是当前我国农村首选的道路。只有这样，村两委及村经济合作社才能够为村控制住集体资源，让集体资源发挥出更大的效益，让村民们共享集体资源产生的最大红利。这样的农村可谓是新集体经济社会主义乡村新社区了。"8村1乡"靠集体经济，乡村成为都市了，农民也变成了新农民、新工人、新居民了。农业实行了新型现代化，形成了新的"三农"了。这应该是中国特色社会主义乡村新社区的方向。

34 新"三农"的文化现象

　　坚持以新集体经济为主体多种经济成分并存的社会主义乡村新社区文化现象有着显著而又鲜明的共同特征。

　　新时代的新集体经济乡村新社区对社会主义理想信念的实践效益。刘庄等"8村1乡"走社会主义新集体经济发展道路，是在不同的历史时期，通过实践而作出的抉择。河南的刘庄村、河北的周家庄乡、浙江的滕头村这两村一乡，自新中国成立，建立社会主义土地集体所有制，通过新旧社会的实践比较，始终坚持走发展集体经济的道路。浙江萧山航民村、路桥区方林村、东阳市花园村、河北滦平县周台子村、天津市西青区王兰庄村、天津市蓟州区郭家沟村等，经历了改革开放实行家庭联产承包责任制后，在不同的历史时期重新选择走发展集体经济的道路。地处自然条件、环境、资源各不相同，有的甚至十分差。河北的周台子村在原有村集体企业的基础上，土地集中经营，全村700户，2015年人均可支配收入达到13000多元，是该村所在滦平县农民人均可支配收入5565元的2.34

倍。工业产值超过 5 个亿。其他 7 村 1 乡发展水平更是远远高于周台子村。

刘庄等"8 村 1 乡"是经过实践总结而作出的主动抉择。这种艰难而冒险的选择，来自于几十年奋斗努力所获得成果的直接证明，也证实了实践出真知，理论来自实践而又指导实践的马克思主义的认识论与方法论的正确性。这种来自于实践的发展道路，是社会主义的制度文化，为社会主义理想信念的实践与坚定，起着强大的支撑作用，为走社会主义道路提供了丰富的蓝本。更让人们体会到坚持社会主义理想信念的成就感、幸福感，体会到社会主义的理想信念是看得见摸得着的。

新时代的新集体经济乡村新社区强化了集体主义的意识，削弱了宗教的影响。壮大集体经济，必须要有集体主义的思想，这是"8 村 1 乡"的共识。坚持集体、发展集体、依靠集体、奉献集体、维护集体是"8 村 1 乡"思想意识形态最突出的特征。

在"8 村 1 乡"的宣传阵地，受表彰、受尊敬、受宣传的首先是爱集体、奉献于集体的劳动模范、先进分子。这类奖状、奖杯在家里都被摆放在最显眼的位置，集体成员无不予以最高关注并让受表彰者以此而自豪。它体现在集体文化生活的全过程和各个方面，并通过各种形式宣传展示，成为集体成员特有的荣辱观。这些对整体性集体意识形态的重塑发挥着重要作用，成为集体经济中一道亮丽耀眼的文化风景线。

在集体主义意识形态主导影响下，其宗教信仰、宗教影响大为减弱，几乎无宗教问题是这"8村1乡"的意识形态极为显著特征。河北周台子村有270人信天主教，这些人是世袭教徒，信教不传教，且已日益萎缩。浙江航民村只有两户村民信基督教，其他村只有几位老太太拜拜菩萨。相反，在以农户家庭经济为主要形式的农村，其宗教影响、宗教问题不同程度地发展蔓延，尤其是在一些有暴富户的农村地区，违规违章建寺庙就十分盛行。集体经济实力强大的村庄，宗教问题却越简单。深入分析，我们发现，在以农户家庭经济为主要形式的村庄，农户单独经营，一旦发生困难或灾难，自身无法抵抗或承担后果，又不能得到及时的救助，有些人会转向宗教寻求"救赎"，把命运或情感归宿寄托在上帝或佛的身上。而在集体经济发展较好的农村，村集体的力量起到强大的支撑保障作用，同心协力，同舟共济，同甘共苦，因而不需要向外寻求"救赎"。集体经济的意识形态的巨大凝聚力，是宗教影响减弱或宗教问题无忧的深层原因。

新时代的新集体经济乡村新社区做到共富共享，社会和谐，邻里和睦。共同富裕，必须要有共同理想。这是"8村1乡"的共同思想。经过几十年奋斗，"8村1乡"的发展虽然各不一样，收入水平也不一样，但共同的特点是村村没有暴发户，户户都是富裕户。不仅有稳定增长的收入来源，也有稳定增长的集体福利。不同程度做到了基本保障靠集体：收入、养老、医疗，除此还有各种不同每月生活补贴、节假日福利和老人福利。这在以农户家庭经济为主要形式的农村是无法办到的。

在共富共享的环境中，民心向着集体向着党，组织力量强大。航民村党委书记朱重庆说："我们村每年正月初七召开全村村民大会，三十年来，每年到会率几乎百分之百。"周家庄乡党委书记雷宗奎深情地说："我们对党员的教育，对村民的管理，十分便利，不论是党员大会还是村民大会，只要通知下去，20分钟就可全部集中起来。滕头村每年农历正月初十开会，全村人必到。"傅企平也深有感触地说："大家离土不离村，人人有事干，管理起来也就方便了。社会安宁，和谐幸福，心安无忧。没有土地纠纷，少有利益争执，即便有问题、有困难，通过村集体也能及时得以解决。""8村1乡"几万人几十年来没有农户上访，生活祥和、睦邻融洽，家庭和睦，社会平安。

新时代的新集体经济乡村新社区就地城乡一体化，增强了文化建设的生机与活力。刘庄等"8村1乡"是充满现代气息的乡村都市，是名副其实的城乡一体化的乡村新社区，他们住的是排屋式、别墅式的新社区。当地村民就业充分，除去老人与孩子，全部进入村办的现代化企业，而且不同程度地吸引了大量的外地就业人员。航民村：26家村办集体企业，拥有职工1.2万多人，而外来的职工超过1万人。滕头村：拥有80多家企业，职工超过1.1万人。花园村：靠市场和标准厂房出租，工商登记户达到2827家，吸引劳动力超过3万人。方林村：村民1080人，外来务工人员7000多人。"8村1乡"的就地城镇化，实现了城乡一体化。解决了当下多数农村的"空心村"问题，农村文化建设的主体力量增强。参与农村文化活动人员，本地的、外地的，老中青层次都有，为农村文化建设的活力、影响力、吸引力带来勃勃生机。尤其是外来打工人员，通过就业，参与各类文化活动，使他们更能亲身感受走共同富裕道路的获得感、幸福感。方林村党委委员，返乡大学毕业生林荣辉十分感慨地说：如今的方林村，过去农村的那种形态已不复存在了，住的是城市小别墅，完全是城市社区了。我们不叫方林社区，仍叫方林村是为了记住昔日的那种农村乡愁呀！

新时代的新集体经济乡村新社区重视教育自觉建设社会主义文化。社会主义文化的建设，集体主义思想的传承，离不开教育。在调研中，我们发现"8村1乡"都非常重视教育，特别注重社会主义文化的引领，注重把素质教育和理想信念教育紧密结合。"8村1乡"小学到高中实行的是免费教育。对于考取本科、硕士、博士的，有着各自的奖励标准。航民村对考取本科、大专生的分别奖励8000元和1万元，并每人每年有8000元的生活补贴。滕头村1998年设立滕头村育才基金，对本村与外头务工的外来人员子女考取本科、硕士、博士的分别奖励1万、2万、5万元。花园村办起了幼儿园、花园中学，并和浙江师范大学共建了浙师大东阳花园附属外国语学校，在2017年秋季已正式招生开学。花园村对回乡创业的大学本科生、研究生、博士生每年分别给予1万元、2万元和5万元不等的奖励。"8村1乡"毕业的大学生为集体经济所吸引，纷纷回乡就业。刘庄村从20世纪90年代起，毕业的100多名大学生中返回的已有92人。

这些由集体经济培养的新型人才，愿意回到家乡，参与集体经济生产经营管理，一方面是集体经济的发展带给年轻人实现自我价值的机会，另一方面这里与城市无大差异的乡村都市生活也吸引着他们。刘庄等"8村1乡"都依靠集体收入的一部分用于文化建设的投入。航民村1996年就投资了2000多万元建成综合性航民文化中心，方林村2000年就投资1100多万元建起了村民学校、老年大学、老年俱乐部、图书馆、阅览室等设施为一体的文化中心。花园村投资了2亿多元建立了花园娱乐城、农业生态园、健身休闲公园、吉祥湖音乐喷泉及水幕电影、中国农村博物馆和东阳图书馆花园分馆，成为中国4A级单位的景区，花园村民全部免费游览。河北周家庄乡投资了2000多万元建起了农民文化宫，内有图书室、游艺室、电影厅、篮球场等。河南刘庄、河北周家庄乡都建起了创业展览馆、农民艺术团，周台子村建成了全国农村实用人才培训基地。王兰庄投资3000多万元建起了星光老年活动中心、村图书馆、梁斌文学馆、"一二·九"运动纪念馆、青少年活动中心，村上还办起了评剧团、秧歌花会等文化娱乐场所、团队。郭家沟村把文化建设与旅游事业结合起来，让游客和村民共享。这些文化中心和展览馆、文化宫既是群众文化娱乐的中心，也是展示社会主义理想、集体主义精神宣传教育的平台。

在这些展厅，都有本村集体经济的发展历史和取得成就的详细而生动的展示。这种展示对于村民和参观者有着宣传和教育的作用。

将社会主义核心价值观与中华民族优秀传统文化融合在一起开展农村文化建设，也是刘庄等"8村1乡"的共同特点。花园村建立了花园党校，定期地对全村党员进行培训教育。航民村的道德讲堂已经持续了十多年。周台子村在村文化中心专设一个很大的"孝道展厅"，用文字、图片、照片系统地介绍中国古代关于"孝"的论述、古今孝道故事。河南刘庄的乡规民约，对红白喜事都作了非常详尽的约束和奖罚规定，既有传统性，又有时代性。文化建设的主动性，既是集体经济组织的内生动力，也是农村文化建设的内在要求。

新时代以新集体经济为主体多种经济成分并存的社会主义乡村新社区的文化现象充分体现了社会主义的制度自信、理论自信、道路自信和文化自信。新集体经济组织形式是农村文化建设与经济社会协调发展的组织保证，更彰显了我们社会主义制度的优越性。

35 创立新集体经济乡村新社区的三要素

政治是经济的集中表现。巩固、发展、壮大完善农村集体经济是巩固、完善我们党执政的政治基础，也是推进社会主义文化建设的深厚沃土。农村集体经济组织形式不仅仅是一种经济组织，也是一种政治组织。依靠它，我们党可以把农民组织起来，凝聚在自己周围，推进社会主义乡村新社区建设。因此，重视农村集体经济组织形式的建设、壮大巩固和发展，不仅具有重要的理论意义，还有非常巨大的现实实用价值。但在集体经济乡村新社区建设中，必须关注三要素。

第一要素：要有一个无私、干练、能干事的带头人，并依靠坚如磐石的党组织创大业。

农村基层党支部，在民主革命时期，是我们党走农村包围城市道路的革命基础，在社会主义建设时期，是我们党坚持社会主义理想信念的政治保证。"8村1乡"的实践证明，无论历史时期和历史条件如何变化，无论自然环境条件如何不同，带领群众坚持发展集体经济，走共同富裕的道路，有一个坚强的党组织，有一个始终心中装着人民、对党和人民的事业忠贞不渝的引路人带头人是根本。这样的带头人，赢得了人民群众的信赖与拥戴。他们是人民群众的代表。人民群众选择了自己的带头人。带头人从群众中获得力量，带领群众走共同富裕的道路的思想与精神更加自觉更加坚定，在实践中凝结成了坚强有力的战斗集体和核心力量。

刘庄等"8村1乡"在几十年的奋斗中形成各有特点的思想、精神与品质。如滕头村的"滕头三先"精神（号召群众，党员先行；号召党员，党委先行；执行党委决定，书记先行），航民村的"雷锋精神"加市场意识。周台子村的"想民，信民，为民，富民"精神。周家庄乡的铁规矩精神（严禁公款吃喝、严禁铺张浪费、严禁弄虚作假，接待贵客来客清茶一杯，上级奖励干部，奖金全部上交给集体，队干部不得从事第二职业，不得用公款买一包烟，买一斤水果，请一次客）而且从1954年至今的账本保存完好，随时可查。花园村的"榜样精神"（要求群众做的，党员先做到；村干部不向村里报销一分钱，不向村集体拿一分工资）。花园村的村规民约规定：如果党员干部与普通村民吵架，首先受到处理的是党员干部。如果村民与外来人员吵架，首先处理的是村民。花园村党委书记邵钦祥无私奉献给村上20多亿元的精神，感动了全村，让全村人办事形成了"奉献、公正、公平、公开"的原则，人人讲奉献，处处都公平。王兰庄的"清正廉洁、办事公道"和"吃喝不去，请客不到，送礼不要"的"三不"精神。郭家沟村共产党员"不像党员、不在组织、不守规矩、不起作用"的四个坚决不做精神。刘庄等"8村1乡"干部群众在这些思想精神引领下，群众紧紧依靠党组织，围绕各个时期的发展目标，贡献力量，贡献智慧，共同奋斗，共富共享。这彰显了在社会主义理想信念旗帜下，党支部的号召力、凝聚力、战斗力、组织力，谱写了坚持发展集体经济的历史篇章。

第二要素：抓好支柱产业的开发，以强大的经济实力支撑起新时代的新集体经济乡村新社区的平台。

"无农不稳、无工不富、无商不活"这已成为我国农村发展的共识。刘庄等"8村1乡"新时代的新集体经济乡村新社区扬长避短，航民村靠6万元积累，办起了印染企业，在乡镇企业改制的浪潮中，全村26家企业，仍坚持集体所有。2016年，全村集体工业产值，达到124.7亿元。刘庄村工业起步早，从双音扬声器起家，接着食品厂、造纸厂、机械厂、制药厂相继建立。到了2015年，工农业总产值超过了30亿元。滕头村建起了1000亩规模的工业园，2015年，全村实现了社会总产值90.75亿元，荣获了"世界十佳和谐乡村"称号。方林村依靠紧靠城市的优势，村集体工业、商业、农业一起上，2015年，仅千人的村，村集体可用资金就达到了6580万元。周家庄乡实行乡村合一，村和生产组二级核算，企业全归村集体所有，这个村所有企业年年效益好，在2001年，周家庄村公共积累余额就达到了1.38亿元。如今农业、工业、旅游业、畜牧业、金融业全面发展，2016 年全乡工农业总产值达 107406 万元，公共积累金额 59886 万元，上缴税金 2960 万元。地处国家级贫困县的周台子村也是依靠村集体工业企业脱贫了、致富了。花园村经济三大跨越中，一无所有的村集体经济在党委书记"小家"富后，不忘"大家"的落后，投资、投资、再投资，奉献、奉献、再奉献。2016 年，村集体固定资产达到了 15.13 亿元。近三年，集体经济收入每年接近 2 亿元，这来之于民的钱，仅去年一年，用之于民的人均资金就接近 4 万元。全村变成了一个"大花园"，成为 4A 级旅游景区。天津市的王兰村依托天津市的区位优势，一产转二产，二产转三产，形成了一个以钢铁、化工、仓储、物流、大型商业并举的多元化企业集团，村集体拥有固定资产超过 60 亿元，全面迈入了福利型的新型乡村新社区，郭家沟村的农家院推进旅游产业的发展，不到 200 人的小山村，2016 年，郭家沟村旅游农家院收入就达到了 3079.95 万元，2017 年，农民人均纯收入超过 7.5 万元。像周台子、郭家沟这样的村庄，在全国比比皆是，尽管各地政府制定了新农村建设的规划、措施，但在现实发展中往往不尽如人意。

大多数人参观考察航民、花园、刘庄、王兰庄村后，都十分动情地发出感叹："他们 30 多年改革开放的机遇都抓住了，今天这些村在我们中国的土地上无法广为复制。"原装全盘的复制克隆是不可能了，但他们的精神和方法是可以学习的。刘庄等"8 村 1 乡"先走了一步，有了先发优势。要追上他们是难的，但只要观念彻底转变，集体经济的组织形式建起来了，集体利用公共资源，企业办起来了，"空壳村"就会变成富裕村的。

第三要素：村上的资源只有实现集体所有、集体经营，集体经济才会逐日壮大，村才会兴旺，民才会富裕，村民们才不会走上两极分化。

集体化是在土地私有化几千年之后萌发出的一种适应新时代农业现代化的新型生产模式。它使有限的土地资源、得以有效和合理配置。实现土地集体所有、集中经营，就确保了发展集体经济的物质基础和物质保障，就能提高和增强农村基层组织的作用，发挥出土地的最大效益。周台子村党支部书记范振喜说："养好鸡，手中还得有一把米。"这句话生动地说出了整合集体资源的重要性和必要性，农村土地实行集体合作经营，土地承包户不仅获取了土地等资源财产性的收入，还能获取集体经营土地产生大量红利的分配收入，这是事半功倍的大好事呀！王兰庄村实现集体一产转二产，二产转三产，村集体固定资产超过 60 亿元，家家户户房产资产超过 400 万元，村集体、每个家庭资产性收入都超过集体和家庭的一半，不到 200 人的郭家沟村靠旅游，集体性收入 2016 年达到了 760.95 万元，家家户户的农家院就兴旺起来了。

这三大要素解决了当前许多农村没人办事、没事可办、没资源办事的三大问题，只要这三大要素具备了，解决好了，村集体经济一定会健康发展，村民也一定会幸福安康。花园村创立了 40 万平方米的红木家具市场和一大批标准厂房，村民集体成了坐地收租的"地主"。方林村也靠华东第一汽车二手市场坐地"收租"，新集体经济就巩固壮大了。

36 新集体经济乡村新社区是一种制度创新

    大江南北的这刘庄等"8村1乡",我们走进他们的社区,走进他们的街道,走进他们的工厂,甚至在公园行走的时刻,遇见这"8村1乡"的村民干部,我们问:"你们的承包土地收了,不种田了,生活靠什么?"他们几乎发出同一种声音:"我们这里,开门'柴、米、油、盐、酱、醋、水'七件事,几乎都是集体包,小孩读书、长者养老、医院看病,也几乎是集体管。可以说,我们老百姓的基本生活是靠集体的。当然你要发财当老板,那可得靠自己去拼搏了。但我们这里除了小孩、老人,也几乎人人有事干。"有的人说了一句调皮话:"我们这里你不干活,想做懒汉还不行呢。能干活的人村上一定要叫你去干。"中国之大,肯定还有很多很多日常生活靠集体、发财致富靠自己的村庄。华西、大寨等等都是这样的村庄。但这些村的共同点是他们把承包到户的分散土地都集中由集体统一经营了。甚至安徽凤阳小岗村也从40年前"户户包田"到如今对村集体资产"人人持股"。从"分田"到"分股"，再到"分红"。2017 年底，小岗村全村 4288 名村民首次领到了村集体 350 元分红款。

2016 年 4 月 25 日，习近平总书记在视察小岗村后召开的农村改革座谈会上，对农村土地新的经营模式提出了一段精辟的论述。他说："完善农村基本经营制度，要顺应农民保留土地承包权，流转土地经营权的意愿，把农民土地承包经营权分为承包权和经营权，实行承包权和经营权分置并行。"这是习近平总书记多年深入基层调研，了解农民意愿，总结出的一种创新理论，从而深得广大农民的称赞。接着习近平总书记又说："这是农村改革又一次重大创新。"并又告诫各级领导："放活土地经营权，推动土地经营权有序流转，政策性很强，要把握好流转、集中、规模经营的度。"这里提出的"政策性很强"主要是指：土地经营权，流转要有序，要掌握好流转、集中的度。这里释放出一个很重要的信号，那就是：农民承包的土地可以"集中"了。"集中"的主导者不是农户，更不是土地流转后的外来经营者。那领导者、经营者是谁？这土地集中的经营者应当是村集体经济合作社。这就是说，村经济合作社可以集中经营农户承包的土地，实行新的农业合作化了。当然是在尊重农民意愿前提下的集中，村农业经济合作社才可以去集中农民承包的土地，才可以进行重新规划、重新布局、合理经营。

20 世纪 80 年代初，全国只有 80 个生产大队，也就是类似今天的 80 个行政村它们没有实行土地承包责任制。我们只走访了其中的刘庄、周家庄和滕头这两村一乡。这两村一乡，坚持集体化道路，都走上了小康，家家致富了。周台子、航民、方林、花园、王兰庄、郭家沟 6 个村，尽管他们处的区域不同、环境不同、土地集中经营时间有迟有早，但它们实行了新的集体经济形式，也都走上了小康，家家致富了，而且都成了省甚至全国的先进典型。

刘庄等"8 村 1 乡"创立新时代以新集体经济为主体多种经济成分并存的社会主义乡村新社区是 30 多年农村深化改革创造的一种新体制，是新形势下的一种制度创新。

周家庄乡：国务院二次颁发了总理嘉奖令、全国先进基层党组织、全国文明村镇、全国计划生育先进集体、中国乡镇之星、牵手·2014 中国最美村镇、全国首批旅游模范村等荣誉称号 80 多项。老社长雷金河：全国劳动模范、第七届全国人大代表。

刘庄村：全国先进基层党组织、全国模范村民委员会、全国文明村镇、全国文明乡镇企业。村原党委书记史来贺：全国著名劳动模范，第三届、第四届、第五届、第六届、第七届全国人大代表。2003 年 4 月 22 日，73 岁的史来贺不幸病逝，中央组织部还专门给河南省委发出唁电。

滕头村：首批全国文明村、世界十佳和谐乡村、中国十大名村、全国先进基层党组织、首批国家生态旅游示范区、国家 5A 级旅游景区，首批国家农业旅游示范点等 70 多项国家级荣誉。村党委书记傅企平：全国劳动模范、浙江省为民好书记、第十二届全国人大代表。

周台子村：中国美丽乡村、全国先进基层党组织、全国文明村镇、全国文明村镇创建工作先进单位、全国敬老模范村、全国幸福村庄。村党支部书记范振喜：党的十六大、十七大、十八大党代表，全国优秀党员，全国劳动模范，还被特邀出席了党的十七届三中全会。最近，范振喜又被河北省第九届党代会选为党的十九次代表大会代表。

航民村：全国先进基层党组织、全国文明村镇、中国十佳小康村、全国创建文明村镇工作先进单位、中国功勋村落、全国民主法治村。村党委书记朱重庆：全国十大杰出青年、全国劳动模范、第八届全国人大代表。

花园村：全国先进基层党组织、全国模范村、全国创建文明村镇先进单位、全国十佳小康村、中国十大名村、全国小康建设明星村、全国文明村镇、全国中国示范村。党委书记邵钦祥：浙江省优秀党员、浙江省劳动模范、浙江省第十二届人大代表。

方林村：全国先进基层党组织、全国文明村镇、全国民主法治示范村、国家级生态村、全国敬老模范社区、全国小康示范村、中国名村。党支部书记方中华：荣获全国劳动模范、全国十大村官、全国孺子牛村官、全国十大三农人物等荣誉，当选第十一届、第十二届、第十三届全国人大代表。

王兰庄村：王兰庄村党支部 2002 年荣获"天津市红旗党

组织标兵"，2004 年荣获"天津市红旗党组织"称号，2006 年被评为"天津市五个好村级党组织"，2010 年被评为"天津市五个好党组织标兵"，全国文化生态村，全国优秀小康村，天津市文明生态村和天津市美丽乡村等荣誉称号。村党支部书记郭宝印：1994 年荣获全国第五届"十大杰出青年"称号，2005 年荣获"全国劳动模范"称号，2009 年荣获"感动天津人物——海河骄子"称号，2011 年荣获"全国优秀党务工作者"称号。

郭家沟村：2012 年被评为"天津市红旗党支部"，2013 年荣获"全国美丽乡村"，2014 年被住建部授予"全国最易居村庄"称号，2015 年被评为"全国最佳乡村休闲旅游目的地"。党支部书记胡金领：2007 年荣获"全国农村青年创业致富带头人"，2014 年荣获"全国新农村建设模范人物"称号，2016 年被评为"天津市优秀共产党员"，2018 年当选天津市第十七届人民代表大会代表。

这"8 村 1 乡"，规模有大有小。但一个共同点，都是全省，乃至全国的名村，有的甚至扬名世界。他们村的领头人，都是全省乃至全国的名人，有的甚至在世界上也有名气。有的还参加了全国的人代会、全党的党代会。习近平、李克强、江泽民、李鹏、胡锦涛、温家宝等党和国家领导人都曾分别到过其中不少村，中央领导也经常能听到他们的声音，采纳他们的意见。范振喜还被特邀出席了十七届三中全会，直接面对面地向中央领导发声提建议。他们走以新集体经济为主体多种经济成分并存的社会主义乡村新社区的道路是一种制度创新，党中央一直在关注着他们，让他们试验。他们走到今天，走向了新时代。他们走出了一条乡村振兴的新路子。我们坚信，他们的道路将越走越宽广，他们的队伍将越来越壮大。

2017 年 5 月 21 日，《人民日报》头版头条刊发了一则消息说："山西省和顺县石勒沟下石勒村，2014 年集体流转平整了 1200 亩闲置荒地，搞集体经济，先后成立了蔬菜合作社和万寿节等五个合作社。村民们可以拿到集体经营的租金，通过劳动还可以拿到集体的分红。"

2017 年 5 月 23 日，习近平总书记主持召开中央全面深化改革领导小组第三十五次会议上强调：抓好试点，对改革全局意义重大。要认真深入谋划，深入抓好各项改革试点，坚持解放思想、实事求是，鼓励探索、大胆实践，敢想敢干、敢闯敢试，多出可复制可推广的经验做法，带动面上改革。

刘庄等"8 村 1 乡"的经验已经明摆着，是可推广的经验和做法，下石勒村 2014 年就开始学习做起来了。

在全国范围内，将土地所有权、承包权、经营权三权"分置并行"。"这是农村改革又一次重大制度创新"，这一伟大进程不能操之过急，要"把握好流转、集中、规模经营的度"。这是以习近平同志为核心的党中央，向全党和全国人民发出的号召，也是对全体党员、全国人民的谆谆告诫。全党全国人民必须在理解中执行好，让"三农"问题在这一重大制度创新中得到破解，迎接乡村的再次振兴，让全国农民都过上团聚、和谐、安康的好日子。

十二　践行"三农"的憧憬

2017年5月，本书已进入"杀青"阶段，正巧党中央、国务院又向全国农村发出"指令"："培育从事农业生产和服务的新型农业经营主体，是关系我国农业现代化的重大战略，加快培育新型农业主体，加快形成以农户家庭经营为基础，合作与联合为纽带，社会化服务为支撑的立体式复合型现代农业经营体系"。我又专程赶赴人勤地肥的江西抚州。江西省抚州市自秦汉时期就是全国粮食的主产区、储备基地、运储中枢。正所谓"天下漕米取于东南，东南之米多取于江西，取于赣东。"今日仍有"赣抚粮仓"之称的抚州，更赋予了自己新的更加丰富的农业内涵。中国杂交水稻之父袁隆平在《抚州现代农业探索与实践》一书序言中写道："抚州农业在传承历史与追随现代中得到长足发展。立足特色资源发展特色产业，'一县一业'蓬勃兴起"。南丰县、广昌县、崇仁县、临川县、资溪县、黎川县、金溪县分别被国家部委命名为"中国蜜橘之乡"、"中国白莲之乡"、"中国麻鸡之乡"、"中国西瓜之乡"、"中国面包之乡"、"中国香榧之乡"和"华夏香都"，抚州正从传统农业大市向新型现代农业强市稳步迈进。一批践行"三农"的官员，他们面对"一县一业"这一张张闪闪发亮的名片，思考着、憧憬着明天的抚州"三农"，一幅幅立体式、复合型的新型现代农业蓝图展现了出来，农民将更加富裕，农村将更加稳定。

他们践行"三农"的憧憬其目标就是让农业成为有奔头的产业，让农民成为有吸引力的职业，让农村成为安居乐业的美好家园。

37 民俗特色新月村合作
联合路先走一步

　　江西省资溪县乌石镇新月村是一个令人羡慕又十分敬佩的山村。如今，新月村"全国文明村寨"、"全国绿色小康村"、"全国民主团结进步村"、"全国第二批中国少数民族特色村寨"等四张大名片已向世人展示着自己亮丽的风采。

　　取名新月村，其意是这里的畲族人浩明透亮，令人向往，确实如此。今日，新月村不仅是新的月亮圆又圆，这里已撒满了春光，新月人更是扬名于天下，畲族民族姓氏有钟、蓝、雷、盆四大姓，而新月人占了其三。最早的书记钟金根是第六、第七届全国人大代表。第二任书记蓝金荣当上了中国共产党第十五次代表大会代表。今日的新书记蓝念瑛又被选为第十一届、十二届全国人大代表。新月村的老党支部书记蓝金荣深情地说："我们是新安江水库移民村，20世纪60年代末移到这里，刚来时，人生地不熟。尽管各级政府在关心我们，但由于生产条件的制约，怎么样努力，生活还是徘徊不前。1995

年，四个新安江畲族移民村小组，组建了新月村。全国政协副主席毛致用三次来村视察。时任江西省委书记的孟建柱带领九位厅局长，亲临我村，与我们共商发展之路。省人大常委会副主任周作平，副省长王刚、陵成兴、王林森和国家民委领导也来到我村，深入田头、农户，关心我们新安江水库畲族移民的生产和生活。生产一年一个台阶，生活也明显改善。"

蓝金荣书记越说越激动，他从抽屉里拿出和领导一起拍摄留念的照片，指着照片感激地说："我村的村委会主任蓝念瑛当上了江西省政协委员，还成为第四届世界妇女代表大会的代表。蓝航芬被选为省人大代表。蓝念瑛接任党支部书记后，她 2008 年就被选为全国第十一届人大代表。现在她继续担任第十二届全国人大代表。我们这些新安江水库移民不仅参与议村的事，我们这些少数民族的同志还到南昌、北京，参与议江西，甚至议国家的、议世界的大事。"

新月村有一座大门楼，进入大门眼前就是一幢幢崭新的楼房。新月村向着社会主义新农村又迈开了新步伐。

资溪县位于闽赣交界，和龙虎山、武夷山相邻，森林覆盖率达到 87.3%。有全世界同纬度最完整的中亚热带长绿阔生态，有种子植物 1666 种，脊椎动物 206 种，被称为"动植物基因库"，是国家重点生态功能区。2016 年，有眼光的资溪县委、县政府将全县战略提升为"生态立县，旅游强县，绿色发展"。

曾在南昌、北京参政议政近 20 年的蓝念瑛书记，近年来，她努力地探索着，新月人借助畲族婚俗、葬礼、祭祀、武术、传统体育竞技项目、畲族特色饮食等优势，着力发展了乡村旅游，开展民族生活体验、畲族篝火歌舞表演，祭祀探秘，婚嫁民俗互动等旅游营销活动，吸引四方游客。2017 年"五一"劳动节期间，连续三天每天游客超过 2000 人。她想，如果以大觉山国家"5A 景区"的辐射带动，把新月村建设成为游客们体验民俗生活的基地，游客们吃住在新月，新月人家家就将建起农家乐，到那时，新月人就真富了，机不可失，时不再来啊。

自从资溪县委、县政府把"生态立县，旅游强县，绿色发展"作为全县战略来提升后，新的商机就来了。见过世面的蓝念瑛，突然萌发了一个新理念、新思路。"我要把新月人带上一条更富裕的路。"

她来到江西省邂逅资溪旅游开发公司，找到了董事长，蓝念瑛书记是资溪县的名人，这位创业的董事长见了蓝念瑛开口便说："大名人找上门，一定有大事。"这位年过半百爽朗的女强人接过话茬："今天真的是有大事，请董事长帮忙。"他们一坐下，便进入主题聊开了。

蓝念瑛先说："我有地、有山，你有钱、有经验，我们两家是否可联合起来，把新月村建设成新畲寨来吸引游客？"董事长欣喜地说："这是一个好主意，去年县里'中国资溪新月畲族民族文化节'成功举办后，很多游客把新月村当成了今日的新'桃花源'，将来如果这里的民族民宿基地培育起来，绝对是一块发展乡村旅游的胜地。"最后两家谈妥了合作新模式：新月村全村 3600 多亩山林，全部由江西省邂逅资溪旅游开发公司租下，租期为 30 年。全村承包到户的 724.9 亩耕地，由四个村民小组收归集体经营，4 个村民小组拿着农家的承包地，向开发公司集体入股。这样新月村的四个村民小组经济合作社成了江西省邂逅资溪旅游开发公司的四个股东。全村 105 户，419 人也都成了项目的小股东了。新月村两委召开了全村党员村民代表大会，大会一致同意这一创新模式。

2017 年 8 月，资溪县新月村和江西省邂逅资溪旅游开发公司联办的新月民族生活文化体验基地项目就正式动工了。双方形成股份制的合作与联合迈出了新月村复合型现代农业经营模式的新路子。

建立现代农业经营体系，要以"合作与联合"为纽带。如何合作？如何联合？新月村和江西省邂逅资溪旅游开发公司联合探索出了一条新路，她不仅解决了土地抛荒问题，还解决劳动力的出路问题，是解决当前"三农"问题的一条好路子。

38 基层官员和农民们呼唤农村再次合作与联合

"既不走封闭僵化的老路，也不走改旗易帜的邪路。"这是习近平总书记提出的"改革永远在路上"的两条底线。村民四处奔走，土地严重撂荒，集体经济空壳，党组织能有所作为都不作为，仍然一家一户单打独斗，那就是封闭僵化。什么是改旗易帜？中央党校博导徐祥临说："土地集体所有制已经为彻底消灭地主经济奠定了坚实的制度基础，如果农村改革改到地主又复活了，那么我认为，这就是改旗易帜了。"

发展壮大村级集体经济是增强基层党组织的凝聚力和战斗力，实现农民共同富裕的重要物质基础。如何为农村经济发展注入活力、实现村级集体经济的发展与壮大，是各级党委、政府面临的一个重要课题，村集体经济状况从全国的层面上看，是带有普遍性的一个大问题，东南沿海发达地区不乐观，中西部地区更令人担忧。河南省洛阳市一份内部调研报告披露：洛阳市 2983 个行政村，年均收入达到 5 万元以上的仅有 347 个，只占全市行政村总数的 11.6%，年均收入 5 万元以下的 935 个，占全市行政村总数的 31.3%，但集体经济空白，一年几乎没有一分钱收入的村达到 1701 个，占全市行政村总数的 57%，整个洛宁县 388 个行政村，2016 年集体经济收入仅有 154.6 万元。还有一大批村村集体不仅没有收入，村级债务反而成为集体经济沉重的负担，嵩县村级债务达到 11953.6 万元，平均每村 37.59 万元，最高的村超过 800 万元。这样的农村，要走上共同富裕的道路是难上加难呀！我们在江西省抚州市农村调研，这里农村村集体经济大多数的行政村都处于空壳状态。

发展壮大村集体经济，不但事关农村改革发展稳定的大局，而且是巩固党的执政基础，构建和谐社会的重要保证。党中央提出，在建立现代农业经营体系中，要以"合作与联合为纽带"的新思维、新举措去创造新集体经济为主体多种经济成分并存的社会主义乡村新社区。我们真应该坐下来好好听听粮区的农民和基层官员的心声。

江西省崇仁县郭圩乡瞿华玲是一位干事十分干练的乡党委女书记。她展望农村的未来，感慨地说："我国四大名著之一的《三国演义》，开篇的第一句话便是'话说天下大势，分久必合，合久必分'。农村土地承包到户，已快 40 年了，单家独户的单干，路几乎走到头，想要共同致富，必须走上合作与联合。"

瞿华玲也是一位十分懂农业的女书记，她说："我们郭圩乡地处崇仁县郊区，全乡 8 个村，17000 多人，真正的农业人口只有 12000 多人。但土地却有 24500 多亩。我们早几年就搞起了规模农业、特色农业。规模农业专业户超过了 30 多户，最大的葡萄专业户规模达到 500 亩。烟叶专业户达到 2000 亩。2013 年，袁隆平在我乡种了 400 亩高产示范田水稻，当季亩产达到 900 公斤。现在我乡已成了抚州市现代农业示范乡。我们为规模农业已探索出了一条路，8 个村的集体经济收入都在 50 万元以上。"既而这位充满着朝气的女基层干部神情坚定地说道："我们为农业现代化已打下了良好基础，但要真正实现新时代农业现代化，土地必须实行集中，由合作社统一经营。但我指的合作社是村集体办的综合性的农业合作社，不是某个能人或者一个大户牵头办的专业合作社。农村只有实行土地集体所有、集体经营，走以新集体经济为主体多种经济成分并存的路子才有希望。小打小闹是实现不了现代化的。"

江西省宜黄县凤冈镇陈坊村党支部书记任平放讲了他村土地征用的一件事："陈坊村全村人口 1380 人，土地 1860 亩。江西省大多县（市、区）土地集体所有，还坚持着原来的生产队的管理模式，就是现在的生产组所有，村上的资产管理权不在行政村两委而在生产组。庙下村小组从 1982 年土地承包以来，承包到户的土地已调整了四次。曹山寺等两个村小组，2000 多亩山地和耕地被国家征用后，村两委都几次研究，打算利用土地征用款中的一部分资金进行投资办企业，壮大集体经济。但曹山寺等两个村小组的村民，坚决要求把 6000 多万元土地征用费一分不留，分得干干净净。"当了 8 年党支部书记的任平放摊着双手，叹了一口长气无奈地说："我们村现在1/5 的土地荒了，党和政府该下决心了，集体化道路才能共同致富，国家才会强大呀。"

同镇的新斜村党支部书记倪解华说："我们生产组 70 户，290 人，土地只有 260 亩，而我们新斜行政村 1480 人，却有 2400 亩耕地。我们生产小组大部分农家，租种其他组的耕地种西瓜；我们生产小组种西瓜面积超过 500 亩，近一半西瓜地都是户与户自己联系，行政村根本没有行政管理的调配权，农业现代化土地统一经营，这是趋势，早日实现，农民早日得益，这要靠政府引导。"

黎川县龙安乡宋洲村超陂生产小组的余元军说："我们的儿子媳妇都在外面打工，夫妻俩刚过 60 岁，身体不好，在家也不能种田，五六亩水田全送给人家种了，我们这里土地 6 年就要重新分配一次，也是折腾人呀！现在中央实行土地'三权'分置并行是一种好办法，这要靠村集体统一管理起来。这样种田大户才敢包地种，我们不种田的户，收入也稳定了。"

金溪县桥上村党支部书记蒋理顺说："中央文件规定承包到户的土地长期不变。但《中华人民共和国村民委员会组织法》也明确写着：只要由村三分之二以上的户代表参加的村民代表会议，通过要求办的大事，都要尊重村民的意愿。按照《村民委员会组织法》，我们土地承包到户三十多年来，村上土地已经调整六七次了，土地的碎片化非常严重。盼政府早下决心，让农村再次合作与联合，实现土地集体所有、集体经营。"

在江西省抚州市调研中，抚州农村 90% 以上的村集体经济几乎都是空壳，绝大多数行政村一年下来集体经济几乎没有一分钱收入。村干部的工资都是依靠国家转移支付资金。国家每年给宜黄县每个行政村转移支付的资金是 11 万元左右。除去村党支部书记、村委会主任，每人每月工资 1800 元，村会计和民兵营长工资每人每月 1540 元，扣除 4 人全年工资一共 80160 元后，另外所剩的不到 30000 元的行政办公费只够党员干部开会学习的误餐费了。

南丰县白舍镇际下村党支部书记胡震隆说："我们南丰'一县一业'的南丰蜜橘驰名天下，南丰县农民人均可支配收入可达到 18000 元，据说是抚州市甚至江西省里最高的县。但我们白舍镇 33 个村无一村集体有企业，村村集体经济是零收入。我们南丰每个村的村党支部书记、村主任、村会计、村民兵营长四个人，一年国家要支付转移资金 110880 元，每月一次党员会，村上付给党员每天的学习误工费 80 元，现在没有义务工，村上办一点小事请个普工，工资也要 100 元。国家给我们村每年的 15 万元转移支付资金，就这样花尽了。我们 1657.75 亩耕地，13680 亩山地，柑橘种了 7000 亩，但全村 664 个人，外出打工的人，2016 年统计却有 262 人。土地缺人种，柑橘缺人管。"这位敢说真话的胡震隆书记最后生气地说："我已经当了 30 多年村书记了，我自己花钱参观了浙江省的航民村、江苏省的华西村，参观后的启示使我觉得我们村再这样干下去不行了，农村要再次合作与联合起来，走新集体经济的道路了，只有集体化才能共同富裕。单家独户的单干肯定没有出路。"胡震隆书记继续说："你要出书，'单家独户这样干下去农村两极分化还会严重起来'这句话一定要写上去，有风险我来承担。"

崇仁县水田41.5万亩，旱地3.95万亩，山林147万亩，人口只有38万人，是一个山林、土地资源十分丰富的县。县委书记程新飞在崇仁县从县长升任县委书记后，对这片土地仍有着深厚的恋情。他说："农民要依靠土地，又要跳出土地，农民洗脚上岸就是农民发展之时，这就需要我们政府去引导、去指导。一是领导他们利用农村经济合作社的这个载体，走农业合作化的道路，去实现新时代农业现代化。二是引导他们合作与联合，带领农民利用市场或其他要素资源实现新集体经济的多种模式，带动农民共同致富，使我们的金山银山真正发挥出效益。"

抚州市副市长王成兵一直在基层工作，在担任金溪县委书记期间他对解决土地碎片化现象进行了大胆的探索。他在采用土地股份合作制的模式中，实行了土地新的集中，这既解决农村土地碎片的矛盾，同时也解决了承包土地长期不变导致的"死人有耕地，活人无地种"的怪现象，并且还壮大了集体经济。他在金溪县281个村小组采用土地股份合作制，已收到了很好的效果。

土地股份合作制是金溪县推出的土地集体经营的一种新形

式，农民自愿将承包地交给村（组）土地股份合作社入股；并由合作社向农户发给股权证，设定一人一股。股份每三或五年随社内享股人数的增减调股一次，合作社对全社土地设定等级分定租金，统一成片流转，面积可大可小，合作社每年年终对土地流转征用租金和征用补偿款等收入作一次分配，合作社每年从总收入中提取 10% 作为公积金、公益金，5% 作为管理费用作农田建设、公益事业和社会管理开支，剩余 85% 的收入按股分红给社员。提取"两金一费"是否会直接减少农户原本的土地受益，种粮大户说："具有优越耕作条件的成片土地流转租金必定高，一般比零散田、低租田高出 15% 以上。这是正常的，也是合理的。"

如今，王成兵虽然离开了金溪县，升任抚州市副市长，他对金溪这片粮仓地还是十分惦记的，特别是对于金溪的农业现代化，这位老书记还是充满着希望和憧憬。他说："连片稳定的土地是农业现代化最基础的条件，土地的规模经营是提高土地高产出的必备条件，金溪土地股份合作社是土地集体所有的一种很好的管理经营形式。通过合作社进行统一成片流转土地，彻底破解了土地碎片化困局，彻底解决了土地抛荒的困境。这样有利于生产耕作和农田改造，有利于优化土地资源配置和提高劳动生产力，有利于机械设施应用和先进技术推广，达到农业增效、农民增收的目的。目前，金溪县的土地合作社在农户自愿前提下以合作和联合为纽带，仍然以农户家庭经营为基础。在供给侧改革中，未来还可以吸引回乡农户和城镇其他工商资本，发展育种种苗繁育、高标准设施农业、规模化养殖等适合农业经营的现代种养业和农业示范园区，培养、壮大新型职业农民队伍。这样，多种经济结构的新集体经济为主的社会主义乡村新社区就会逐渐形成，走上共同富裕的道路了。"

抚州市政府副市长方百春自20世纪70年代从新安江水库移民迁入慈溪县乌石镇居住后，与新月村蓝念瑛书记同村。他从村干部到镇委书记、副县长、县长、县委书记，于2016年11月担任抚州市副市长。他完全是一个草根干部，他对农村的土地、庄稼、农民、农业了解得太深刻了。他说："土地流转只是解决土地抛荒和造就了几个富裕的家庭，而像新月村土地入股就能带动一大批农户富裕。两种不同形式，产生了两种截然不同的结果。只有组织起来，土地实行新的合作与联合，走新集体经济之路，发展高效农业，发展村旅游，发展工业企业，才能解决'三农'的根本问题，单家独户打斗下去，肯定没有希望。"

2016年中办、国办印发的《关于完善农村土地所有权承包权经营权分置办法的意见》中强调："坚持农村土地集体所有，坚持家庭经营基础性地位，坚持稳定土地承包关系，完善'三权分置'法律法规。通过有序推进改革，逐步形成'三权分置'格局"。农村土地集体所有，是我国的一项基本制度。农户承包土地，自己经营有收入，将土地流转有租金，而作为土地所有者的集体，当前其所有权权益实际上已落空了。江西省金溪县探索了土地股份合作制模式，由合作社实现管理流转并提取"两金一费"，实际上这是还原和落实集体所有权权益。

改革未有穷期，未来土地改革还要不要往前推？回答是肯定的。但如何向前推？"群众是真正的英雄"，江西省金溪县的土地股份合作社是一创举。今后，我国农村合作与联合是发展的必然，土地集体所有、集中经营是趋势。随着户籍制度改革和城乡一体化的发展，其中一部分已经进入城镇务工、经商、居住的农民逐渐从农民队伍中剥离出来，其附着土地的直补和租金收益，将被城镇福利所填补、替代，真正从土地上走出来了，成为名副其实的新市民。而真正从事农业生产并把农业作为主要收入者，才是真正意义上的农民。农村土地则完全由有经济实力、有技术、有抱负的职业农民承包，建立家庭农场，其余的职业农民就是家庭农场的农业工人了。农村集体只是一种经济社会管理机构。到这时，农村的土地就是集体所有，农场主经营，并向集体付给"两金一费"。"三农"中的农业问题就彻底解决了，农业现代化也实现了。

但农村剩余劳动力怎么办？农民工回乡怎么办？毛泽东主席于 1955 年在一份关于浙江省千鹤大队的材料上就高瞻远瞩地批示说："有些地方，合作化以后，一时感到劳动力过剩，那是因为还没有扩大生产规模，还没有进行多种经营，耕作也还没有精致化的缘故。对于很多地方说来，生产的规模大了，经营的部门多了，劳动的范围向自然界的广度和尝试扩张了，工作做得精致了，劳动力就会感到不足。这种情形，现在还只是在开始，将来会一年一年地发展起来。农业机械化以后也将是这样。将来会出现从来没有被人们设想过的种种事业，几倍、十几倍以至几十倍于现在的农作物的高产量。工业、交通和交换事业的发展，更是前人所不能设想的。科学、文化、教育、卫生等项事业也是如此。"62年过去了，毛泽东主席的预见，今日许多地方实现了。花园、航民、滕头、方林、刘庄、周家庄、周台子、王兰庄、郭家沟等乡村都市中，建设一、二、三产业融合发展的乡村新社区已成为解决劳动力出路的蓄水池。我们假设，如果一个县（市、区）有10%的村土地实行集中经营，发挥集体化的优越性、坚持走以新集体经济为主体多种经济成分并存的社会主义乡村新社区的道路，壮大集体经济，发挥他们的集聚和辐射效应，走就地就近城镇化和城乡一体化的道路，乡村就会振兴起来。大多数的农民工就会纷纷返乡创业，"三农"问题也就会迎刃而解了。

附录1　再也不能遗忘他们了

——磐安县前山乡高石溪村调查报告

　　浙江磐安、东阳、新昌、嵊州交界的磐安县前山乡高石溪村位于四面环山的深山冷坳，春耕之前，我们对这个无电、无报、无广播，仅有 12 家农户 52 人的自然村进行了调查。

一、日子好过些了，饭总算不要讨了

　　约 100 年前，当时前山畈村的几位老农来到现在高石溪所在的深山坳，采摘野菜，但见此处云蒸霞蔚，溪水潺潺，一时兴起，凿山垒石，装起水碓（利用水的冲力碾米磨粉），搭篷筑巢，繁衍子孙，这样就有了今天的高石溪自然村。这里风景虽好，但用于耕作的土地很少，村民们主要利用两副水碓为前山畈等村农民磨玉米粉为生。土改时，高石溪分到耕地 21.7 亩，山 15 亩。分布在五里之外山丘上的 10.67 亩田，土质贫瘠，水源不足，只能种单季稻，1964 年"四清"工作组进驻高石溪，这里的农民才由单干组织起来。1971 年、1972 年两年大旱，高石溪全年人均口粮 60 公斤。潘德全 7

口之家，有 5 人长年累月在外讨饭，新中国成立前念了三年私塾的潘顺涨壮胆给毛主席写了一封求援信。于是自 1973 年起，国家每年供应高石溪稻谷 750 公斤，至 1983 年才终止。实行家庭联产承包责任制之后，高石溪每年人均口粮比灾年增加一倍多，但是经济仍无来源。解放 37 年，全村 30 岁以上的农民没有穿过一件新棉衣，一条新棉裤，潘国珍等 3 位成年女子和弟妹挤睡在一床，盖的是又黑又脏又破的棉絮，18 岁的姑娘潘昌仙春节前挑着一担柴，到 12.5 公里外的六石坑去卖，换回一双尼龙袜。潘明法一家 4 口，去年过年宰了一头养了一年零四个月的肉猪，留下猪头、猪尾巴、大肠和 4.5 公斤猪油（全家一年的经济收入就是这头猪卖来的 120 元。4.5 公斤猪油要吃一年）。除夕之夜，12 岁的儿子潘杏炯仅吃到父亲夹给他的一块鸡肉和一块猪头肉。潘明法夫妻俩和大女儿连一块肉也没舍得吃，因为年后还要待客。说起这几年的生活，村里人告诉记者："现在生活好些了，饭总算不要讨了。"那么高石溪所谓生活好些了的状况究竟如何？去年人均收入只有 90.5 元，现在是一日三餐，农忙二稀一干，农闲一日三稀，吃稀是半菜半糊（玉米粉拌菜而成），而且一年七八个月无油下锅。下面请看 1985 年高石溪粮食、经济收支表。

户主	人口	人均口粮毛粮（斤）	国家供应净粮（斤）	借粮（购议粮）净粮（斤）	人均经济收入（元）	贷款（元）	债款（不含贷款）（元）
潘顺涨	5	344	318	550	92	100	410
潘长富	1	288	73		30		80
潘明法	4	275.5	300	200	45	160	450
潘长寿	6	375.5	390	350	50		478
周福娟	1	400			30		
潘相根	3	210	460	800	30		500
潘新弟	6	348	460	700	25	150	610
潘行龙	4	380	360	400	43		1010
潘行愿	4	375	320	300	125	100	450
杜旗美	1	400	70		10		
潘法先	6	351	414	300	68	200	480
潘德全	6	208.5	350	400	25		350
合计	52	329.5	3515	4100	47.70	810	4818

二、高石溪的姑娘，没人敢去说亲

"男大当婚，女大当嫁"。可高石溪村是男的娶不进，姑娘没人敢说亲。潘有明，23岁从部队退伍回家，看到村穷家苦，不忍在家受罪，抛下年迈的父母和5个弟妹，只身跑到安徽做了入赘女婿。23岁的潘丁良到新昌县一个姑娘家去"相亲"，姑娘的亲戚对他说："你们那个穷地方，就是抬来十八顶轿子，姑娘也不去。"一气之下小伙子跳下了悬崖。这里的小伙子娶不上媳妇出走寻短见，而姑娘也发愁。潘德全的女儿潘良芬过年23岁了，长的也挺秀气，可至今也没人敢去说亲。

因为人家怕娶了他的女儿，从此背上个甩不掉的包袱。

为了生存，高石溪这么一个小自然村里什么奇特的婚姻都有。现存的十对夫妻，只有一对是本村穷对穷的自由恋爱成的亲。其余九对，有两对是近亲成婚（潘新弟和姑妈的女儿结婚，头胎生下了双胞胎，长女患先天性聋哑），童养媳的有两对，抢亲的有一对，妻子残疾的有一对，骗亲的有一对，还有两对是娃娃亲。吕菊燕3岁时，母亲就答应把她许配给当时8岁的潘相根，吕菊燕17岁时母亲就逼着她出嫁。今年43岁的吕菊燕凄然地说："我是一辈子也没过上一天好日子，穿过一套新衣裤。"

三、豁出命来干，也没有摆脱贫穷

高石溪为什么这么贫穷，是这里的人命苦吗？不是的。是这里的人不勤劳吗？也不是。高石溪人为了摆脱贫穷，不仅肯流汗、流血，甚至豁出命来干。自农村实行家庭联产承包责任制之后，潘耕民和妻子何微娥暗下决心，一定要摆脱贫穷住上新屋。1984年8月，高石溪村新中国成立后第二幢新屋破土动工了，潘耕民夫妻俩没日没夜地干。1985年12月，新屋落成喜日，53岁的潘耕民却突然中风死去。年仅46岁的何微娥也积劳成疾，丢下四个幼子，匆匆离开人世。

高石溪村唯一的高中生潘行愿捧着一只破收音机当作致富的向导（全村15岁至35岁的29名青少年只有3名初中生，3名小学生），琢磨着为乡亲们闯出一条靠山吃山的新路子。1980 年，他在自留地上种上一株株茶树，不料几年之后，茶树发芽很少，产量很低。他不甘心，又开始试种桃子，可几年过去了，也不见桃树开花；李子、梨树也开花不结果；乌桕、栗子树像小叶黄杨一样，几年也不见长高。1984 年他买回 200 株橘树苗，因为这里霜期长，深谷光照短，第二年春寒，橘树全部冻死。村上的其他 11 户人家看到读书人潘行愿一次次惨败，心更凉了。事实告诉人们：地处特殊环境、仅有 15 亩山、10 亩山地的高石溪村靠山吃山这条路是走不通的。

四、要富，只有走"吃水"或"下山"之路

高石溪村 12 家农户不甘心世世代代吃救济粮、用救济款。他们经常议论着："要摆脱高石溪的贫穷，只有走'吃水'这条路。"高石溪村上端有两条山溪，这两条小溪流至山下，又汇集成一条溪河，奔泻而下，上下两端有几处落差二三十米的水系。这里水源充沛，有发展小水电得天独厚的条件。高石溪离本县前山乡 2.5 公里，离东阳县邻村 1.5 公里，离新昌县邻村 2.5 公里，如果在高石溪办起电站，对邻近几个县的乡镇企业将是一个很大的推动。我们希望上级领导和有关部门对此引起重视（新中国成立 37 年来，高石溪村只有玉山区委书记到过一次，确是被领导遗忘了），迅速派人前来测量勘探，给予投资，使高石溪这只祖祖辈辈贫穷不堪的"井底之蛙"早日跳出"死井"。高石溪的人们期盼着！

水路走不通，还有一条路，那也是要靠政府帮助，让"井

底之蛙"跳出来，走下山，走"下山脱贫"之路了。

后记：1985 年 5 月，作者写的《再也不能遗忘他们了——磐安县前山乡高石溪村调查报告》提出，"让井底之蛙跳出来，走下山。走'下山脱贫'之路"。调研报告上报后，引起了省有关部门和金华市委市政府的高度重视，在 20 世纪，高石溪全村所有农户在政府帮助下，下了山走上了小康路。同时，也为浙江省委省政府提供决策参考，不久浙江省磐安、武义等山区贫困农村就拉开下山脱贫的序幕。

附录 2　我国中小城市户籍制度改革的难点和思考[*]

党的十一届三中全会后，我国土地实行包产到户，农村居民摆脱了贫困，逐步走上了小康。20 世纪末，实现了住房制度改革，城市居民逐步享受并做到住者有其屋。但改革开放 30 年来，"农村户口"和"城市户口"成了公共财政和各种利益分配的主要依据，从而导致了城乡二极进一步分化，城乡家庭资产差距进一步拉开。

2009 年 12 月中央经济工作会议提出：把符合条件的农业转移人口逐步在城镇就业、落户作为推进城镇化的重要任务，放宽中小城市和城镇户籍限制。当前单纯放开户籍，仍然难以推进城镇化，要通过户籍改革，推动其他附加制度改革，为人口有序流动提供科学、合理的保障，才能把统筹城乡区域协调发展与推进城镇化紧密结合起来。

一、户籍制度改革的难点

现行的户籍管理制度，是 20 世纪 50 年代建立起来的。户

---

* 本文刊载于国务院参事室：《国是咨询》2010 年第 2 期，并被选入《浙江省"十二五"社会建设研究论文集》、《首届全国城市高层论坛论文集》。

籍将我国划分为城市、农村二元社会，将人口划分为"农业户口"和"非农业户口"两个群体。我国的户籍管理制度主要由三部分组成，一是户口登记制度，二是户口迁移制度，三是居民身份证制度。

客观地说，现行的户籍制度曾在国家社会管理中起到了不可替代的作用。1988 年，浙江省城市化水平（城市人口占总人口的比重）仅为 14.5%，比 1949 年的 11.2% 只提高了 3.3 个百分点，年均增加只有 0.085 个百分点。1998 年达到 36.7%，年平均增加 1.1 个百分点，2007 年浙江省城市化水平达到了 57.2%，年平均增加 2.28 个百分点。城镇化的加速发展，有力地推进了经济、社会的全面发展。

但是，我们也应当清醒地看到，在我国目前 6 亿多城镇人口中，很大一部分是县改市和扩城农转非转化而来的，还有相当一部分是来自农村的务工经商者。这部分人长期在城镇居住工作，但户籍在农村，在家乡还有承包地和房屋（宅基地），其中绝大多数仍是流动性人口，其生活水平、生活条件和消费方式与城镇居民仍有较大差距，实现不了全家人口的迁移和定居，支付不起在城镇定居的成本。按照统计口径，这部分人已被计入城镇人口，但他们没有被城镇的社会福利体系所覆盖，享受不到与城镇居民同等的社会保障和公共服务，其消费水平也与城镇居民相去甚远。一有风吹草动，他们就会"回流"。这部分人是边缘性、钟摆型的流动人口，这样的城镇化是依旧含着城乡二元结构的城镇化。

因此，我国城市化是一种虚拟的、假象的和低档次的，从而出现了中国特色的城中村与失地农民和大量的"离乡又有土""两栖"农民。农业转移人口在城镇入户并在当地城镇享有同等权益的真正意义上的城市化水平，远远低于当前政府公布城市化水平的数据。目前，我国正处于人口向城镇迅速发展集聚的中期加速阶段，各级党委政府已将推进城镇化工作作为经济、社会发展的一项战略任务来抓，但是农业户口和城市户口的户籍二元结构严重阻碍城市化的推进，户口这条绳索产生了我国农村居民"盼城、恋城、恨城"和城市居民"喜农、恋农、歧农"的畸形心理，户籍制度改革布满荆棘。

（一）农村土地产权制度不明晰

《土地管理法》规定：农村土地、森林、山岭、荒地、滩涂归村集体所有。但自从实行家庭承包经营为基础，统分结合的双层经营体制后，我国农村的土地、森林、荒地、滩涂几乎全部承包到户。特别是党的十七届三中全会作出农村现有土地承包关系保持稳定，并长期不变的决定后，当前农村仍然有许多值得关注的问题。根据调查，当前农村土地产权关系出现多种情况，一是错误认为承包就是分田单干，土地名为集体，实为农户。丽水、衢州等地农村利用承包土地违章建房常有发生，农保田抛荒也随处可见。二是承包合同年年在变。常山县白石镇新移村党支部书记章新移说："上面规定保持稳定，长期不变，实际上，只要土地归集体所有，村两委就有权利调整，土地承包关系长期不变是不可能的。"在开化县调研发现一件事：

该县城关镇山店村全村 800 多人口，近年来每年以 10% 以上的人口增长，原因是女嫁不出村，入赘也进村，男婚女嫁全落户。因为该村人人都可以享受土地征用费的分配权利。

（二）城乡居民资产收入差距巨大

我国城市实行住房制度改革后，各城镇都实施了旧城改造，随着城市商品房价格的不断攀升，原先城市居民几乎家家都享受到了这一改革成果。不少大中小城市的居民都是"家产万贯"。但是广大农村居民在宅基地上建起的私房缺乏"三证"，升值空间很小。在城市综合竞争力居浙江省县级市首位的义乌市，该市上吴村离县城 35 公里，是比较传统的农业村。全村 160 户农户家产统计数据显示，共有房产 171 套，建筑面积 5.1 万平方米，评估价格 4387 万元，均价每平方米 860.2 元，户平均 27.42 万元，其次是涉农总收入，包括种植养殖、山林等，户均 3.75 万元，另外加上非农收入，每户"家底"平均也只有 32.76 万元。而浙江省人均收入低于 5000 元以下的欠发达地区，特别是小、穷、边山区农村农户"家底"只有几万元，有的甚至不足万元。2009 年，我国省、区农村居民人均纯收入最高的浙江省虽然达到了 10007 元，但也只有浙江城镇居民人均可支配收入 24611 元的 40.6%。

（三）"两栖"农民日趋增多

随着城镇化的推进，中小城市、小城镇，特别是县城和中小城镇人口急剧膨胀，但大量进城的都是创业和打工的农民，他们的农村居民身份没有变，他们不是真正意义上的城市居民和工人，而是"离乡又有土"的"两栖"农民。云和县全县 11.2 万人口，实行"小县大城"发展战略后，县委、县政府下大决心在云和镇建立了农民新村和普光寺农民城，安置了近 2000 户下山转移农民，全县城市化水平政府公布的数据已从 2000 年的 36% 上升到 2008 年的 62%。但是云和镇临时居住人口 24270 人的户籍全部在农村，并享受了农村所有生产资料和国家的扶农优惠政策，邻县和外省在云和镇上经商办企业的 10000 多人也同样是"离乡又有土"的"两栖"农民。还有原云和镇上的红光、勤俭等四个村的 8850 人，目前没有一分地，但他们仍是农业人口，仍享受国家扶农政策。根据调查，该县 170 个行政村，340 名村里的党政主要干部，在云和镇居住和外出经商务工的达到 110 人（不包括云和镇上 37 个行政村的 74 名村党政干部），全县离乡又有土的村级主要干部达到 41.3%，将近一半的村党政干部对村里的工作平时只得遥控指挥。云和县按原非农户口概念上的城市化实际只有 20% 左右。遂昌县 318 个老库区自然村全部转移搬迁，其中在县城乌溪江小区居住的 3500 多人都不愿落入城市户口，仍过着"离乡又有土"的"两栖"农民生活。在江山、开化等地调研，城市化水平提高的比例中，人员的结构与云和县几乎差不多，只是数据上的大小而已。

（四）"返农"现象一波接一波

20 世纪中期，我国的《城市户口管理暂行条例》将农民一生束缚在了农村，为了跳出"农门"，唯一的希望就是读书上大学。改革开放后，由于农民无法乘上城市就业和住房制度改革的"特别优惠列车"，丧失了原始积累的机遇，城乡差距进一步拉大。但是，目前城市居民特别优惠政策又几乎全部失去，在中小城市特别是县城和中小镇的城镇户口对农民已完全失去吸引力的时候，国家又对"三农"采取了一系列优惠政策。在常山县调研时，他们算了一笔账，现在农民享受的优惠有：政府不仅免除全部农业税，对农保田不论种与不种每亩每年都能享受74元的补助；合作医疗保险每人补助70元；每头母猪每年补贴50元；对现有限价类的家电产品国家继续实行13%的补贴。农家头胎生了女儿，还可有生二胎政策等等的优惠和补助。还有退职村主职干部每人每月可享受50—80元的补贴，现职主职干部可享受每月600元的工资。特别是有些农村迁入户口，还可以享受承包土地、山林的权利，参加土地征用费的分配。这样农村户口背后这条利益链条越拉越长。利益链条对跳出"农门"的城里人吸引力也就越来越强。在丽水、衢州市调研中，除20世纪90年代花钱买"蓝印户口"的城市人要求返农外，现在退伍士官、大专院校毕业生甚至事业单位的干部职工都纷纷要求将户口迁回老家落户。遂昌县公安局、信访局的领导告诉笔者说："我县大中专院校毕业后，户口放在县人才交流中心的1000多人，成为我县上访的一个热点，他们每天都有几人、几十人来到县公安局或县信访局要求我们将他们的户口迁回原籍，享受农村户口的待遇。"开化县常务副县长华寿军说了一件事："2007年，有一个大学毕业生，通过各种关系找到了我，说请我帮忙，将他的户口迁回农村老家，我向公安局打了一个招呼。不久，这个大学生又跑到我的办公室，千谢万谢地说：'你给我办了一件天大的好事，我户口老家落了后，转了一下，就迁到了义乌，在稠城农村一家当了入赘女婿，我的岳父有权，我不仅参加了城市土地征用费的分配，小夫妻两还分到一套房子，义乌城里一套房子那就值钱啊。'从此之后，请我办这类事的人真多，但我怎么也不干了。"

二、推进户籍制度改革的思考

20世纪50年代，农村实行农业合作化后，农民的私有土地、山林、山塘、耕牛等生产资料全部收归集体所有，同时，国家又对农村实行了"一平二调"，并对粮食实行了统购统销，农副产品出现了严重的"剪刀差"。改革开放后，国家又对农民集体土地实行了廉价征用。新中国成立后60年，中国农民为社会主义建设作出的奉献和牺牲是巨大的。尽管当今国家对"三农"采取了一系列扶持政策，但政策的滞后，仍难以补偿农民60年带来的损失。在今天，国家经济已有较大好转，人民共享改革开放成果的时候，国家理应给农民以更多的关怀和补偿，让大量的农民从土地上走出来，从乡村里走出来，真正从农民走向工人，从农民变为居民。

（一）"三权"明晰，户籍、经济实现分离

我国现有农村村党组织是领导村各项工作，支持和保证村委会和村经济组织充分行使职权的领导机构；村委会是党组织

领导下村级民主自治组织；村经济合作社是代表全体社员依法行使集体财产的经济组织，是村集体经济的法人单位。在丽水、衢州等地调研时，大家反映，当前在加快落实、放宽中小城市、小城镇特别是县城和中小城镇落户条件政策的同时，首先要抓好解决农民愿意在城市落户的问题。出生在云和县农村，从乡镇长提拔上来的副县长彭平生说：我国的户口背后都有一条利益链条，当前中小城市的户口，除了教育资源对农民还有吸引外，现在这条利益链条已严重萎缩。而农村户口的利益链条却越拉越长。要切断农民的利益链条，农民肯定不愿干。我县实行"小县大城"战略后，大量的农民进城，但自2005年开始，全县没有一户"农转非"，因此，要从我国的国情出发，将农民的社会权利与经济权利分开，经济权利与户籍分开，社会权利跟着户籍走，经济权利照样享受。这就是要认真落实浙江省2008年1月1日起实施的《浙江省村经济合作社组织条例》，户口不论迁往何处，经济社的原先社员都是合作社这个经济组织的股东，他将享有"确保农村现有土地承包关系保持稳定并长久不变的待遇"。这样，作为从农民转为居民的一个过渡，经过一段时间的运行，我国的户籍也就从二元结构过渡到一元结构了。

（二）老人老政策，让农民愿意在城市购房落户

在开化调研发现这样一件事，开化县在推进"小县大城"战略中，争取在几年内将6个贫困山区乡镇的山民搬进城，县委、县政府在城关建立了东城下山脱贫小区，房价每平方米只

有 1400 多元（边上的商品房每平方米超过 3000 元），开始有 586 户报名，最后，县委、县政府出台的政策中有一条规定："购买脱贫小区的房子，原宅基地上建的房全部拆除，土地归国家所有。"结果，有 466 户山农退了购房合同。华寿军说："在山里生活了近一辈子的老人，叫他进城，他是难以接受的，政府应向他们让一步，实行老人老政策，给他们一个过渡期，这期间老房子不准修建。这样，我认为这就是中央今年一号文件规定的'统筹研究农业转移人口进城落户后城乡出现的新情况新问题'。对这些新情况、新问题很值得研究。否则，农业转移人口的落户问题是难以办到的。"

（三）宅基地互换，社会保障就业城乡一体化

对于中小城市，小城镇特别是县城和中心镇周边的农民可用宅基地转换成经济适用房的做法，在嘉兴周边地区已积累了这方面的经验。嘉善县姚庄镇每户农户住宅置换前平均估价为 18.1 万元，换成镇公寓房后市值约 50 万元，许多农民还经免费就业培训后就近务工，多了一份可观的工资收入。嘉兴市已签约换房或搬迁的农户已达 16182 户。去年新增流转土地面积 11.36 万多亩。3 年后，嘉兴市农民到新市镇和城乡一体化社区的集聚率将达 25% 以上，流转土地总面积 100 万亩以上。因此，我们在制定经济政策时，就要向农民倾斜，实行宅基地互换，互换之后，实现农改居，社会保障实行城乡一体化，就业走向市场化。这样，农民得益，国家也不吃亏。

（四）为民安居房不断向农民放开

今年中央一号文件指出："鼓励有条件的城市将有稳定职业并在城市居住一定年限的农民工逐步纳入城镇住房保障体系"。浙江省的中小城市理应属于有条件落实这一规定的地方。在调研中，许多地方领导都说：只要在中小城市、小城镇特别是县城和中心镇有固定工作、有固定收入的，户籍属于当地行政区域内，愿意将农村户口转入城镇的，政府都应当让他们享有同城待遇，纳入城镇住房保障体系，只有这样，才能吸纳农村人口加快向小城镇集中。

城镇化是我国经济持续发展极为重要的动力，据有关专家介绍，我国城镇化水平提高一个百分点，就有1000多万农民转化为城里人。稳妥推进城镇化，将推动基础设施建设带来的投资增长，以及居民生活水平提高带来的消费扩大，为我国扩大内需和调整经济结构提供推力。我们要认真学习贯彻中央一号文件精神，推进城镇化发展的制度创新，使有中国特色的社会主义城镇化加速实现。

后记：2010年2月，作者与全国人大代表卢亦愚经过广泛调研，在《我国中小城市户籍制度改革的难点和思考》报告中大胆地提出了：农村要明确"三权"，将农民的社会权利与经济权利分开，经济权利与户籍分开，社会权利跟着户籍走，农民不论在何处落户，都仍然享受原籍农村的经济权利，只有赋予农民更多的财产权利，农民才愿意从农村走出来。农民变为工人，农民成为居民，真正建立城乡一体的新型工农城乡关系，实现新型城镇化。《我国中小城市户籍制度改革的难点和思考》的调研报告上报后，引起了浙江省政府领导的高度重视，时任浙江省委副书记、省长吕祖善，省委常委、副省长葛慧君都及时作出批示，葛慧君同志作出"此事省公安厅、农办也搞过调研，适时小范围议一议"的批示后，省政府办公厅专门召开专题会议。时任全国人大代表的卢亦愚同志还将调研报告改编成建议上报十一届全国人大五次会议，国家发改委、农业部、公安部、人力资源和社会保障部四部委分别作了书面答复，该调研报告为最高决策提供了依据。党的十八大报告中，明确提出了"要加快改革户籍制度，有序推进农业转移人口市民化"。2013年5月6日，国务院常务会议把"分类推进户籍制度改革"作为2013年的一项重点工作，并决定出台居住证管理办法。6月26日，在全国人大常委会十二届三次会议上，《国务院关于城镇化建设工作情况的报告》中提出："我国将全面放开小城镇和小城市落户限制，有序放开中等城市落户限制，逐步放宽大城市落户条件，合理设定特大城市落户条件，逐步把符合条件的农业转移人口转化为城镇居民"。

该调研报告被浙江省委、省政府评为优秀调研成果奖，首届全国城市学高层论坛优秀成果奖、浙江省区域经济与社会发展优秀调研成果二等奖。

附录3 我国"三农"问题和就地就近城镇化

——浙江省长兴县快速推进城镇化引发的思考 *

农业、农村、农民的"三农",一直是我国经济发展的基础,也是党和政府多年关注的中心问题。最近,温家宝总理指出:"我们说把'三农'问题要摆上全部工作的重中之重,这不是一般的表态,而是实际行动。"但是我们应当清醒地看到,"三农"的根本并不在农村,而是在城乡结构变迁和发展之上。因而在推进农村发展制度安排中就需要将发展的阳光拓展到更为广阔的城镇化事业之中,通过城镇化道路,发展农村,让大量的农民从土地上走出来,从乡村里走出来,真正从农民走向工人,从乡村农民变为城市居民。浙江省长兴县多年来坚持就地就近城镇化,逐步走上了一条具有中国特色城镇化的道路。

一、长兴县就地就近城镇化解决"三农"深层次问题

长兴县坚决按照浙江省政府关于杭州湾地区城市圈空间发

---

* 本文刊载于国务院参事室:《国是咨询》2010 年第 6 期、浙江省农办:《农村改革与发展》2010 年第 18 期。

展战略规划，在 2020 年前把长兴建成 50 万人口城市的要求，加快了工业向园区集中，农民向城镇集中，居宅向社区集中的步伐，推进了就地就近城镇化，把城镇建成了安置、消化当地劳动力的"蓄水池"。从而，又通过就地就近城镇化的道路发展了农村，实现了城乡一体化。近 5 年，农村居民人均纯收入每年以 10% 左右的速度递增，2009 年农村居民人均纯收入达到 11751 元，比浙江省平均水平高出 1744 元。

（一）坚持产业集聚推动就地就近城镇化

长兴县在就地就近城镇化建设中，始终坚持工业立县的战略，特别是近 10 年来，他们把工业化的着眼点放在推进高新产业的规模上，坚持以高新技术为导向，全县已形成了新能源、现代纺织、新型材料、机械汽配、生物医药、家用电器、电子电容七大产业集群。新增省级以上高新技术企业 23 家，全省第一家县级科技企业孵化器——长兴科技创业园一期已孵化和正在孵化企业累计超百家。美国江森自控、美国惠而浦电器、法国欧尚和德国海尔凯莱建设等 6 家世界 500 强企业也在长兴落户。长兴经济开发区 2003 年以来已连续 7 年位列浙江省"十强开发区"，并入围"长三角最具投资价值开发区"。62 万人的长兴县，2009 年全县规模以上企业达到 721 家，亿千企业达到 88 家，规模工业产值 454 亿元，人均达到了 7.322 万元。2009 年财政总收入达到了 33.9 亿元，人均为国家创造财富 5467.7 元。2008 年长兴县就跻身全国百强县第 46 位。工业的兴起，产业的集聚，财富的积累，全县上下实行积极就业政策，强化了工业反哺农业。2005 年以来免费培训城镇下岗失业人员 1 万多人，帮助 2 万多名下岗失业人员实现了再就业，城镇登记失业率降低到 3.4%。培训农村劳动力 14 万多人，转移就业 8 万多人。近几年来已安排了 1000 万元发展现代家庭工业，安排 1400 万元安排发展现代服务业，兴起了"人人创家业，户户达小康"的全民创业热潮，2005 年以来，全县新增民营企业 3000 多家，家庭工业户 2 万户。长兴县实施城镇化与工业化互动，推动了城市规模量态扩张，长兴县稚城（县城）中心城市已形成了中心城区、龙山新区、经济开发区、太湖旅游度假区和城市生态区的"一中心，四片区"的格局。改革开放 30 年来，共有 20 多万农民转移到中心城市和小城镇，特别是近几年来，长兴县农村人口转移速度明显加快，每年新增城镇人口超过 4 万，长兴中心城市人口已从原来不到 10 万人增加到现在的 26.5 万人。

（二）坚持培育精致小城市推进就地就近城镇化

长兴县在加大中心城市发展的同时，注重区域性的小城市建设，2003 年提出了将分布在中心城市周边南、北、西的和平、煤山、泗安三镇实施精致小城镇建设工程，2007 年长兴县委、县政府出台了《关于加强三个中心镇发展的若干意见》，每年县财政安排 2800 万元以奖代补培育小城市。全县实行中心城市、精致小城市和一般镇乡的优势梯度辐射，已经形成了功能互补、结构合理、协调发展的城镇布局，实现了全县 16 个乡镇优势全覆盖。

煤山小城市。地处江、浙、皖三省交界点上的长兴煤山镇，镇域面积只有83.4平方公里，总人口也只有2.1万人，煤山人紧紧围绕打造"实力煤山"的要求，着力发展绿色电源、新型建材、高新耐火、电线电缆等主导产业，规模以上工业企业73家，亿千企业也有10家，2004年就实现了农民人均纯收入超1万元，人均财政贡献超1万元和人均GDP超1万美元的"三过万"。2009年，镇域经济总值达到了95.6亿元，农民人均纯收入达到了16656元，税收达到3.54亿元，人均为国家创造税利16857元。煤山的城镇规划建设始终围绕县确立的"一核心、三组团"中的一个组团，积极培育精致小城市，已投资4500多万元建立了一所初中，投资5000万元按二甲医院设计的一所350个床位的中心医院也落成，污水处理厂、自来水厂、天然气站也按高标准要求已经建成。目前组团中的煤山镇、白岘乡和槐坎乡中的4.7万多人都共享了煤山小城市资源成果。黄平镇长说：煤山镇农村人口只有17500人，目前已有7000多农民成了工人，并安置了外来打工者4000多人，第一步农民变成工人的转化基本完成了，第二步是努力解决乡村农民变为城市居民的问题，二都村306户农户已按城市规划，在煤山镇上每户享受平均250平方米，造价只有645元/平方米左右的安置房，全村实现进城居住。我们提出一句"以后富带动先富"的口号，对下辖9个行政村和1个居委会实现全面排队，对分散在山区自然村的农民实现全村搬迁，进城安置，让这些山区村自然淘汰。争取2年后，煤山小城市的居民达到 15000 人，实现就地就近城市化。

和平小城市。和平镇委书记杨力说：地处长兴南部的和平、吕山、虹星桥和吴山四个乡镇 10 万人的"组团"，就地就近城镇化就靠位于四个乡镇中心的和平镇辐射和带动，这是县委、县政府 2003 年下达的硬任务。他们规划到 2020 年要建成容纳 5.5 万人的小城市。和平镇从三方面着手：一是积聚人气。在产业结构调整中，形成不锈钢制品、机械制造、电子电工、新型建材、汽车配件与竹木加工等特色产业区，企业工人争取达到 2 万人。二是强化功能。利用 35000 亩白茶基地的产业链，建立专业特色市场。三是提升"三产"。发挥好有 1500 多年历史文化内涵的城山景区等丰富的旅游资源，争取每日游客流在 5000 人以上。目前，和平镇高标准的自来水厂、污水处理厂等基础设施都已建成，地区医院、中学、小学、文化中心搬迁新建也相继完成。12 万多平方米的商品房也已售罄。和平镇周边的 6 个自然村，300 户近 1000 人已搬进新建的和平新村社区，成了和平镇上的新居民。

泗安小城市。建于公元 271 年的泗安镇，镇内商贾云集、店肆林立、边贸繁荣异常，曾有"推不完的广德，填不满的泗安"的美称。随着铁路、公路的兴盛，泗安逐渐失去内陆港口的功能，经济也随之衰败，改革开放之前泗安人戏称泗安为长兴的西藏。2003 年长兴县委、县政府专门下达了《关于加强泗安镇经济社会发展的意见》，确立了"开放兴镇，工业立镇，生态建镇"的总思路。2004 年省政府《环杭州湾城市群空间发展战略规划》中又确立泗安要建设居住 5 万人以上的小城市。他们根据自身优势，将泗安定位为打造长兴副城，建设森林小城市。2007 年起长兴县对泗安每年实现 1200 万元的以奖代补措施，加快推进了泗安小城市建设步伐。2003 年镇域经济总值只有 15.04 亿元，2009 年经济总值就跃到了 39.2 亿元，年均提升 26%；财政收入 2003 年 1091 万元，2009 年达到了 5692 万元，每年提升 70.2%。农民人均纯收入也从 2003 年的 4201 元增加到 2009 年的 11617 元。实现精致小城市建设的 6 年中，泗安的农民人均纯收入每年平均增加 1236 元，递增速度达到 29%。经济的快速增长，带动了社会的全面发展。目前，泗安镇城市框架已拓展到 10 平方公里，东工、中城、西闲的小城市布局已经形成，建成区达到 6.8 平方公里。商品房建设面积达到 3.73 万平方米，有一半以上商品房已经销售出去。当前泗安镇合并前的原长湖、仙山、管埭等乡镇的不少小伙子结婚都要到泗安买一套商品房作为婚房，为自己成为城里人而庆喜，全镇 5.3 万人另加外来人口 2 万人已快速向镇里集聚。

"三农"的出路归根结底是靠加快小城镇建设，使它的辐射功能和带动功能更好地发挥出来。长兴县建设三座小城市，形成三个组团，覆盖 9 个乡镇近 20 万人的战略（连同稚城周边的 7 个乡镇几乎实现了全县覆盖），效益已充分显露。煤山镇已获得全国综合实力百强镇和浙江省工业卫星镇等十几项全国和省的强镇荣誉。泗安镇当前苗木种植基地已超过 5 万亩，被浙江省政府授予"浙江省特色优势苗木乡镇"、"省十强花卉苗木乡镇"等称号。和平镇和泗安镇也都列入了浙江省136个省级中心镇进行培育，对解决"三农"问题，就地就近城镇化进行探索。他们决心再过10年，仅三个小城市市区的居住人口就要超过20万人。

（三）坚持农业产业化与城乡一体化协调发展

长兴县外出经商办企业或到江苏等省承包土地种粮大约1万人，但外来打工者已达10万。按照长兴县公布目前城市化率62%计算，也就是说，长兴县现在城里人、镇上人已接近50万（含外来人口），其目标到2020年城市化率将达到80%左右，那居住在农村真正意义上的农民全县也只有15万人左右。长兴县1388平方公里的山、田、水靠谁种，靠谁管。他们逐渐走出了一条农业产业化的路。

以葡萄生产为例，2006年以来，长兴县在培育葡萄产业链中，在规模种植、基础设施、产业营销等方面都相继出台有关政策，鼓励和扶持葡萄产业发展，使全县葡萄产业走上了发展的快车道。今年，长兴县葡萄种植总面积达到3.45万亩，占全省10%，其中投产面积达2.11万亩，今年葡萄产量将达到2.5万吨。再过两年，长兴县葡萄生产将达到8万亩，成为长三角高效生态葡萄生产区，并决心将葡萄这条产业链做粗做长。7月10日，来自长三角地区100多家葡萄经营商汇集长兴实地参观，签订购销协议。他们还将举办葡萄擂台赛、葡萄竞卖，进行江南吐鲁番游园和自采游活动等办法推销长兴葡萄。长兴县的苗木、水产、白茶三大产业规模化也在不断壮大。长兴县在推进农业产业化又进行了大胆的探索，他们吸引了社会资本介入农业，鼓励农户将承包的土地转让和折算成股份加入农场，部分农户以农业工人的身份成为新组建的农场职工，同时，让更多的农民在从土地上走出来，进城务工经商。仅泗安镇就引进农业招商项目 5 个，建立农业示范基地 8 个，现代农业基地达到了 2 万亩。泗安镇成立的绿荫苗木专业合作社会员已达 82 名。

长兴县在城乡一体化上也迈出了大步。全县农村公路通车率、路面硬化率和公交车通村率实现了三个 100%，并开通了学生接送车线路 174 条，解决了 2.4 万多名学生乘车难和乘车安全问题。全面完成了农村区域供水工程，40 多万农民用上了清洁、安全的自来水。完成行政村全面整治 192 个，创建全面小康示范村 45 个，城乡垃圾集中收集率达 90%。在全省率先实现镇镇建有污水处理厂目标，建有农村污水处理池近 5 万座，覆盖了全县 155 个行政村。社会保障和社会救助能力不断加强，基本实现城乡养老保障、医疗保障、弱势群体生产生活保障 3 个全覆盖。在全省率先实行社会保障"五费合征"的基础上不断扩大保障覆盖面，在全省率先实现城镇居民医疗保障全覆盖。

二、当前推进就地就近城镇化的难点

长兴县的"一核心、三组团"的城镇化发展战略显示了巨大威力，目前基本形成了以稚城中心城市为核心、三个组团为纽带、一般集镇为支撑、中心村为基础的新型城镇体系结构。长兴县就地就近城镇化不仅符合人口众多、剩余劳动力规模很大、人均占有耕地很少的中国国情发展城镇化的实际，也是促进中国经济长期平衡较快发展的一条必经之路。只有这样，才能解决农民工每年农历年年前返乡潮，年后找工潮，几亿人在城乡之间剧烈流动的难题。只有这样，才能解决几亿农民职业向非农业转移，居住向城镇集聚，生活方式向现代城市模式转变的"三农"深层次问题。但是当前我国的现状，要继续快速推进如长兴县这种多元城市化模式的就地就近城镇化难点还很多。主要是：

（一）认识上的误区，中国是走城镇化还是城市化

自20世纪80年代以来，我国到底应该发展大城市，还是坚持大中小城市协调发展，也就是中国坚持走城镇化道路，还是走城市化道路，理论界一直在争论。国家发改委在编制"十一五"规划时，统一称"城镇化"，胡锦涛总书记在党的十七大报告中明确提出："走中国特色城镇化道路，按照统筹城乡，布局合理，节约土地，功能完善，以大带小的原则，促进大中小城市和小城镇协调发展"。2007年，我国才最终将区域发展的宏观蓝图和规划确定了下来。但这场争论始终没有停止，直到2010年初，全国很有影响的一家报纸，在"思想动态"上还刊发了《城市化不等于中小城镇化》的文章，提出"中国目前城镇发展的路径应该是进一步发展大城市或大都市圈来提高经济和人口的集聚程度，而不是优先发展中小城

市"。此文的中心意思是中国还是应该按世界潮流坚持走城市化的路。我们应当坚定不移地走党中央确立的中国特色城镇化道路，特别是最近党中央提出"对西部地区属于国家鼓励类产业的企业减按 15% 税率增收企业所得税"的优惠，在西部大开发中，应该用好这项政策，坚持走长兴县就地就近城镇化的道路。只有这样，农民工才不会全国大迁徙。

（二）现行的行政管理体制与城镇化建设不协调

我国目前共有 2010 个县市（含旗不含市辖区），其中县级市只有 374 个。随着城市化步伐的加快，大量的农民从土地上走出来，进城当了工人，成了新城市人。2009 年我国城市化率已达 46.68%，也就是已有 6 亿多人生活在城镇里。当然，除了县级市以外的这 1636 个县里也已有大量的农民住在县城和镇上。而且有好大一部分县的城市化率已超 50%，特别是经济发达的东南沿海省份的县城市化率就更高。这些县行政管理的工作重点、工作目标都已转移，农民生活、生产方式都已改变，但是他们却仍然按农村的行政管理体制进行管理，这与工业化的快速发展和城镇化的快速推进显然是极不适应的，这就需要行政管理体制上的更新。我国撤县设市这项工作从 1985 年 5 月开始到 1996 年底停批，跨度历经 11 年。但撤县设市这项工作国务院停止审批也已经 15 年了，社会发生了巨大变化，这项工作应当快速重新启动。

（三）农民土地承包权与户籍相连的结难解

土地的产权问题与农民利益息息相关，但根据社会主义的性质，目前国家还不能赋予农民土地特有产权，因此农民承包的土地、宅基地资产无法变成可以挪动的资本，这既使继续务农的农村居民利益受到损失，也使转向务工、务商，在城市里的新居民难以安家立业，他们大多过着"两栖"农民的生活。在尚未实现土地产权制度改革的今天，是否能从我国的国情出发，将农民的社会权利与经济权利分开，经济权利与户籍分开，社会权利跟着户籍走，按照承包权"长期不变"的原则，农民进城前承包的土地、山林、水塘实现资产入股或其他形式，照样享受原来在农村的经济权利，或者农村户口变为城市户口后，至少享受三年的土地、山林、水塘承包和农村宅基地的权利，解开农民土地承包权与户籍相连的这个死结，切实改变过去那种"土地换身份"的做法，让户籍流动起来。

三、强镇扩权，哺育小城市的几个问题

长兴县对推进城镇化的快速发展，把一项重点工作放在培育精致镇的工作上，他们除实行专项资金进行以奖代补外，还对三个精致镇采取了土地出让费、城市配套费和城市维修费三个百分百的返回，让精致镇快速成长为小城市。但如何进一步拓展中心镇的发展空间，促进中心镇集聚集约发展？据基层反映，要将这些中心镇快速建设成为小城市，提升中心镇辐射带动功能，虽然我省推出了强镇扩权改革试点，赋予了中心城镇政府基本财权和事权等 10 项权限，但在管理体制、户籍制

度、土地管理等方面还需实践探索，有的还需继续放权扩权。

（一）解决管理责任和执法权限不匹配问题

目前乡镇一级只有"有限权利"，却承担了城市管理的"无限责任"。特别是快速扩张的中心镇在社会管理等方面是"看得见，管不着"，而上级有关部门却是"管得着，看不见"。省级管理部门要出台政策，可通过直接放权、委托执法、联合执法和由派驻机关办理等方式解决"既看得见又管得着"的问题。

（二）解决镇级财政增量分享问题

煤山镇镇长黄平反映："我们镇仅地方财政这一块一年就超过一个亿，但镇里可用资金数量很少，这个问题不解决好，小城市建设提速难度就很大。"他们建议，实现镇级财政增量分享，对当年镇级财政与地方财政收入比核定收入基数，增收部分全额留镇使用，或者按镇级地方财政近三年的平均数作为基数，增收部分按5：5分成的办法，实行"放水养鱼"，哺育小城市快速成长。

（三）在人事权方面

在就地就近城镇化中，要坚定不移地培育小城市，加快中心镇向小城市发展。对省级中心镇和县（区）重点培育的小城市主要负责人，又符合条件的，可以确定为副县级；对市辖区下的省级中心镇符合条件的，可以确定为副区级，并继续担任原职务。垂直部门派驻机构年度考核后主要领导任命需事先征求镇党委意见。

（四）金融机构服务要下移

快速推进城镇化，培育小城市，这是经济社会发展的一个抓手，各个部门都要携手共同来完成这个任务。据泗安镇反映，几家大的银行对基层城市建设开发项目热情普遍不高，原因是单项业务量太小，比如按揭办理同样面积的一套商品房的贷款，杭州甚至长兴县城的业务量就比泗安高几倍，也就是银行在杭州、长兴办一套按揭贷款的业务，泗安镇要办好几套。因此，国家银行都不愿到基层小城镇开展业务工作；再就是国家银行在小城镇开展业务工作设置的门槛普遍比大中城市要高。建议国有大金融机构支撑小城市建设工作要加强。

后记：2010 年 8 月，作者在《我国"三农"问题和就地就近城镇化——浙江省长兴县快速推进城镇化引发的思考》调研报告中提出中国是实现城镇化还是城市化的大问题。针对强镇扩权，哺育小城市中提出了"解决管理责任和执法权限不匹配"等四条建议。本调研报告 2010 年 8 月通过浙江省政府参事室上报省委、省政府后，就引起了省领导的高度关注，时任浙江省委书记、省人大常委会主任赵洪祝，省政协主席周国富，省委常委、分管农村工作的副省长葛慧君和分管小城镇建设的副省长陈加元对调研报告都给予了高度评价。8 月 10 日，赵洪祝同志批示："这份调研报告，围绕'三农'问题和就地城镇化选取长兴这个典型进行剖析，总结经验，提出建议，对于扎实推进社会主义新农村建设，全面建成惠及全省人民的小康社会，很有参考价值"。8月19日，时任浙江省委副书记、省长吕祖善批示："请加元、慧君阅研。"8月11日，周国富同志批示："此建议很好，请鸿达、景淼同志参阅"。8月23日，葛慧君同志批示："调研报告很有价值，请省农办阅研"。8月17日，陈加元同志批示："这个材料对长兴经验的分析有相当的深度，提出的意见和建议对我们正在开展的中心镇和小城市培育工作有重要的参考价值"。国务院参事室编印的《国是咨询》和省农办编印的《农村改革与发展》内刊分别予以刊发，并上报到中央领导和国家有关部门，为顶层提供了决策依据。浙江省政府为深化统筹城乡综合配套改革，多次召开座谈会，作者也曾被邀参加会议，并发表了意见。调研报告中许多建议被吸纳进了浙江省政府《2011年全年中心镇发展改革和小城市培育试点工作要点》，2011年长兴县被中央农办列入新农村试验区。温家宝总理在全国人大十一届五次会议上作的《政府工作报告》中也强调提出"让更多农村富余劳动力就近转移就业"的重要论述。党的十八大报告中也强调指出："中小城市和小城镇要增强产业发展公共服务，吸纳农业、人口集聚功能，加快推进户籍改革、社会管理体制和相关制度改革，有序推进农业转移人口市民化，逐步实现城镇基本公共服务覆盖常住人口，为人们自由迁徙安居乐业创造公平的制度环境"。这就印证了调研报告提出的就地就近城镇化道路是有前瞻性的，是适应中国特色社会主义的一条新型城镇化之路。该调研报告获浙江省区域发展优秀调研成果一等奖。

附录 4　关于尽快制定我省实施外来民工子女就地参加中考、高考的法规　推进新型城镇化的建议 *

　　最近，国务院出台了户籍制度改革的方案，教育部异地高考改革的方案也即将出台，这两大改革措施给外来民工安心就业，特别是对外来民工子女的身心健康和城镇化的快速推进增加了有力的制度保障。最近我们对绍兴县袍江镇等地进行了调研，企业和外来民工都期盼省政府尽快制定我省外来民工子女就地参加中考、高考的有关法规，让外来民工特别是长期生活、工作在我省的外来民工及子女真正融入当地社会，让外来民工子女与当地儿童享受同样的教育待遇。

　　新学期开学后，在绍兴县的一些学校了解到，不少读初三的外来民工子女都已转学回老家读书了，一些学校初三年级的教室已空荡荡了。学生转学就是为了参加当地的中考和三年后的高考。学校领导说："这是孩子们和他们的父母无奈

---

*　本文为 2012 年 3 月浙江省政府参事室上报省委、省政府领导的建议报告。

的选择。"

绍兴县户籍人口 70 万，而有居住证的外来人口达到 87 万多人，据 2010 年统计，绍兴县外来民工子女九年制义务教育 29900 人，小学六年级在校就读生达到 3200 人，到了初中一二年级只有 800 人，初三只有 500 人左右。袍江镇户籍人口 10 万，有居住证的外来人口达到 16 万多人。外来民工中不少是企业的骨干，而且很多夫妇都在同一个企业工作，有的子女从出生一直跟着父母生活、读书。袍江镇中学是所初级中学，全校民工子女学生超过 20%，初一年级有外来民工子女近 300 名，但到去年 9 月 1 日开学，初三外来民工子女不足 50 名，春节之后新学期开学又有几个同学转学到家乡当地学校就读了。该校校长徐蕾介绍说："彭同庆同学从小学一直在绍兴读书，是一个全优的好学生，他父母希望儿子能在绍兴读书，将来能够考上一所好大学，但户籍不在绍兴，只能回湖南老家参加中考。为此父母双双辞了工作，带儿子回老家，让儿子提前适应那里的教育。但回去后这小孩很不适应家乡学校的生活和教育，父母又带着儿子回到袍江。再比如夏柯杨学生，也是班里成绩全优的学生，她父母为了让女儿接受绍兴的优质教育，他们东借西拼，咬了牙在袍江买了房，夏柯杨同学直白地说，'我父母买房，就是为了让我在绍兴考高中、考大学。'"一位名叫刘磊的同学告诉我们："我在绍兴读书 6 年都没回过重庆的家，对故乡已没有什么概念，反而对第二故乡绍兴却比较熟悉。我考上绍兴的普高，高额的择校费给家庭增加太大的负担，而且高中三年后在绍兴又不能参加高考。今后的路怎么走，我心中没有底，父母也和我一样干着急。"

绍兴市教育部门人士说，目前，在绍兴读九年制义务教育的外来民工子女有 10 万人，占全市义务教育阶段学生总数的 20% 以上，他们的免费九年制义务教育已经解决，但要解决九年制义务教育后的升学问题，基本途径是回户籍地参加中考或者在绍兴读职高或中专，要读普高，必须缴纳 3 万元择校费，不能享受户籍在绍兴施教区内的并轨生待遇。

子女教育是外来民工最关心的事情之一。子女要读高中必须回户籍地参加中考，使他们感到非常困难和不满。一位务工者说，作为一名母亲，孩子九年制义务教育后的升学问题非常担忧，说句实话，我们出来打工的根本目的是为了改变子女的今后人生。初中毕业的学历是远远不够的，根本跟不上社会进步的需要。我们不希望子女步我们的后尘，只有体力而没有学历学问，只有打工的选择而不能成为城市的白领，分享不到改革和发展带来的物质文明成果。最后，她气愤地说："我们辛辛苦苦虽然为自己赚了钱，但我们也为当地创造了不少税利，我们子女无法享受平等的教育权利，这道理何在？"

许多在绍兴城市或开发区企业打工的外来民工和企业主意见主要有三点：

一是不利于孩子健康成长。回老家参加中考读高中的孩子，刚刚步入青春期就与父母分离，至少在三年半以上，他们得不到父母的监护，只能委托家里老人照顾甚至无人照看，对孩子成长极为不利，容易滋生心理问题甚至误入歧途。同时，从经济较发达的城镇生活回到陌生和比较落后的家乡独立生活和学习，孩子也面临一个适应问题，若父母其中一人放弃工作回家照顾孩子，家庭收入将日见窘迫。

二是不利于孩子的学业。现在各省的初、高中教材差别很大，如果直接回去考试，很难考上好的高中，在绍兴交择校费读高中，将来也必须回原籍参加高考，而且两省的高中教材不一样，再加上高考的试卷现在许多省都是自主命题，很不一样，考起来就明显吃亏，最多考上三本院校，需要支付不菲的四年大学费用，家庭经济压力非常大。他们说，如果在绍兴能中考和高考，至少孩子有人管了、费用省了，而且教材与高考不脱节，有利于孩子的学业和身心健康。

三是企业招工难。随着城镇化和可持续发展，需要大量的产业工人，但现阶段招工非常困难。因为外来民工自己故乡的城市发展也非常快，回故乡打工，收入并不比在浙江低，而且在家乡工作成本也比较低。因此，解决外来民工子女的中考、高考问题，将可吸引更多外来民工在浙江务工，是我省经济社会可持续发展的现实需要。

许可外来民工子女在就读地中考，开放高中教育，参加高考会不会对当地户籍考生挤占高中、大学名额，对当地户籍考生的权益形成冲击、削弱他们的教育权益？我们专门采访了教育界对此的看法和意见。

绍兴市教育管理部门认为，从开放高中教育看，目前城市教育资源有限，外来民工子女在就读地参加中考，必将导致城区，特别是公办高中学校的压力增大，尤其是优质高中的入学压力更大，事实上，现在初中已经非常饱和。将外来民工子女的义务教育后就读地升学，纳入城市整体教育规划之中，目前还有不少困难。因此，对外来民工子女的就读地就读高中的学生资格作出明确规定，设定考生的学籍年限，辅以考生家长在当地的居住证和就业证、纳税和缴纳社保年限等刚性条件，有条件准入，防止外来民工子女持续、快速、无序增长，给流入地政府在教育管理、经费投入、校舍建设、师资配置等方面，带来更大的压力。

绍兴市教育部门人士认为，对在就读地取得高中学籍的外来民工子女参加高考，不应认为是"高考移民"。应对省内各地市外来民工子女在就读地参加高考的人数每年度作出统计(实际上现在全省小学一年级到高中三年级所有在校学生名册在教育部门已全部实现计算机联网，一清二楚，其中包括外来民工子女学生，当年度参加高考的学生人数)，以此向教育部申报给予增加高考录取名额，并借此推动教育部改革高考报名的"学籍、户籍"双认定政策，制定"重学籍、轻户籍"的高考相关政策法规，调整高校每年度在各省招生数量，减少流出地的高校招生指标，增加流入地的高校招生名额，既可防止外来民工子女在就读地高考对本地户籍生源占取录取名额，同时又保证教育资源分配的公平性。为防止"高考移民"，外来民工子女就地参加高考也不能操之过急，要逐步推进，开始实施时要加设门槛。比如增设高中三年学业在当地读完的外来民工子女才能参加就地高考等规定。现在人口流动面越来越宽、人口流动数量越来越大，但九年制义务教育后的升学和考试的管理方法仍停留在计划经济的模式上，这显然是不适应当前形势的。

据人口普查，我省2010年省外流入人口达到1182万人，占总人口的21.7%，其中常居城镇人口占到61.62%，他们不少子女都在居住地就近上学。我省各级政府经过多年努力，各地对外来民工子女九年制义务教育阶段的就学问题已得到基本解决，目前异地中考、高考已成为全国的难点和关注点，一些外省城市，已经放宽外来民工子女的中考和高考条件。如安徽省中考方案已明确提出，进城务工农民及其他流动人员子女可以在流入地就读学校报名并在流入地参加考试录取。江西赣州市2010年起的中考，允许进城务工人员子女在父母务工所在地的就读学校报名参加中考。沈阳大连市规定，从2011年开始，外来务工人员随迁子女在大连取得学籍就读满一年并能提供相关证明的，可以填报公办普通高中公费统招志愿。山东省规定，从2014年起不论学生的户籍所在地在哪里，在该省完成高中三年学业的学生都可以在该省参加高考。温家宝总理在全国人大十一届五次会议上作的《政府工作报告》中指出："深入推进教育体制改革，全面实施素质教育，逐步解决考试招生、教育教学等方面的突出问题。"现在解决外来民工子女考试招生的问题已经摆到国家层面来考虑了，教育部也要求各地要学习山东的做法，因此我们建议：

趁国务院户籍制度和异地高考等两项改革制度出台的契机，尽快制定实施我省外来民工子女就地参加中考、高考的意见或办法。解决外来民工子女就地中考、高考问题，不仅是政府的一项民心工程，而且对加速推进我省中小型企业的转型升级，加快推进我省新型城市化建设和优化人口结构，提高全员素质都将发挥重要的作用。

后记：作者于 2012 年 3 月采写的《关于尽快制定我省实施外来民工子女就地参加中考、高考的法规　推进新型城镇化的建议》，以大量事例论证推进这项法规建立的重要性和必要性，并建议浙江省委、省政府趁国务院户籍制度和异地高考等两项制度出台的契机，尽快制定实施我省外来民工子女就地参加中考、高考的意见和办法。调研报告通过浙江省政府参事室上报后，时任浙江省委书记、省人大常委会主任赵洪祝和副省长郑继伟相继作出批示。4 月 3 日，赵洪祝同志批示："禅福同志情系教育，就外来民工子女就地参加升学考试问题作了认真思考，提出了有关建议，送请继伟及希平同志阅研"。3 月 19 日，郑继伟同志批示："请发改委、教育厅共同研究，算好账，提出意见"。省有关部门把制定浙江省异地高考方案摆上了议事日程。当年 8 月 31 日，国务院办公厅转发国家教委等 4 部门的《关于做好进城务工人员随迁子女接受义务教育后在当地参加升学考试工作意见》中限定各省在年底前都要出台异地高考方案，在重庆等 12 个省市异地高考方案出台后，浙江省异地高考政策于 2012 年 12 月 28 日出台，由于对在浙江务工的外省人员和他们随迁子女就读的情况账目清楚，知根知底，浙江省只要求是浙江学籍或连续 3 年高中在浙江就读，就可在浙江报名参加高考，没有涉及"父母有合法稳定职业，合法稳定住所"等条件，浙江省低门槛的异地高考政策受到了社会的广泛好评。

附录5　新农村建设中的难点和问题思考

——浙江省兰溪市农村调查

兰溪市地处浙江中部，水陆交通便捷，商品经济历来繁荣昌盛，曾是浙江省的轻纺工业基地。进入改革开放年代，邻近的义乌、诸暨等市县雀跃凸起，兰溪市发展相对滞后了。2014年城镇居民人均可支配收入29047元，只有浙江省平均水平40393元的72%；农村居民人均纯收入12079元，只有浙江省平均水平19373元的62%。反映社会发展基本面的这组数据虽然落后于浙江省的大部分市（县、区），但仍高于全国的平均水平。我们选择了兰溪市，对新农村建设中的难点和问题及出路进行综合深入调研，许多问题值得领导的关注。

一、解决新农村建设中的难点

"三农"问题的最大抓手是城乡一体化，新农村建设是城乡一体化中的重中之重，只要社会主义新农村建设达到一定的高度，农民收入自然增加了。但新农村建设是一项系统工程，他们反映了新农村建设中几个难以解决的问题。

(一) 土地流转难、传统的生产模式难以改变

从兰溪市农村调研中获悉，土地流转用途大量使用于渔场等养殖业，真正进入粮棉种植业的土地流转面积还很少。土地流转，从政府层面上看，该市 2009 年政府号召各地粮食作物种植要实行土地流转，并下文规定土地流转流出户，5 年以上，政府每亩每年补助 100 元，15 年以上，政府每亩每年补助 200元。政府号召的力度不断加大，但全市土地流转的面积却在缩小，六年全市共流转承包种粮土地 47434 亩，2014 年流转种粮土地签订合同只有 4510 亩，到 2014 年底，全市流转种粮土地总面积缩减到 17376 亩，将近 3 万亩土地退出了流转。只占全市 2014 年粮食种植面积 34.6 万亩的 5.02%。2015 年要完成市政府提出土地流转种植业增加 1.2 万亩的任务也很艰巨。

当前农村许多土地承包户对自己的承包田宁愿跑荒，也不肯承包流转。上华街道王家坎村老支部书记凭着自己的威望，前几年流转承包了一千多亩水田，老支书对这批水田进行了整合，排灌、道路实现了田园化，产量提高了，效益增加了。但好景不长，老支书突然脑溢血，得了痴呆症，儿子外地打工返回接下这批产业，但承包户纷纷收回承包田，两年后流转的土地只剩下了 600 来亩，而且这批田园化式的田块又变得零乱破碎，老支书儿子严柏庆感叹地说："靠权力的农业现代化是不会持久的，要靠政策制度来保障，才能实行大农业。"

当前农村种田的主力军靠 60 岁以上的老农民，有的 70 岁以上的老农民只是作为一种养身娱乐，在自己家的那块责任田

里种一点自己吃的口粮。兰溪市全市农村，几乎家家都种责任田，极个别种养殖大户，在秋收时到种粮大户家一次购回一年的口粮。据调查，全市大约还有五分之一的水田靠牛耕人种。永昌街道下孟塘村蔬菜合作社的蔬菜基地是兰溪市的样板基地，2005年成立合作社时，只有33户，现在发展到1300多户，18702亩的规模，但蔬菜还是靠单家独户种植，实际上这蔬菜合作社也只是实行了统一规划，统一经销，统一管理。不是真正意义上的一种土地流转式的大农业基地。

土地流转是土地集中、生产集中的前提，土地集中才有可能实现生产集中。有人担心流转集中起来的耕地是否有人或者有企业来承包，并组织起现代农业产业。这担心不无道理，他们算了一笔账，当地农民打工一般每日可赚120—150元，技术强的工匠，做工每天的工资是220—250元，在兰溪当地农民打一天工可以买到一担至二担稻谷，但种一亩田就是亩产千斤，除去成本、雇工费用几乎没有收益。

在永昌街道夏李村调研时，参加座谈的村党支部书记、村委会主任、村会计等5位村干部的子女都是大学生或是有抱负的有识之士，都在外地创业。党支部书记童茂年说，像目前这样的状况，土地流转集中起来，确实担心没有人来承包，如果新农村田园式的现代化农业建起来了，又有相应的配套政策，将来生产出来真正的生态有机稻谷、有机蔬菜等农作物或经济作物，城里人喜欢，价格也上来了，效益也好了，这样，不仅城里的企业改行下乡承包土地种粮，种经济作物，我们自己村的"漂流"人才也会返家创业了，相信我们的子女也会回家改行种田了。到那时候就真正成为一种新型城乡一体化了。

目前，由于土地流转难，现代农业也就难形成了。

(二) 新农村规划难，中心村建设进展迟缓

浙江省农村居民人均收入已经连续30年列在全国各省、自治区首位，当前许多农民赚了钱，自己家的房子想拆旧新造了，不少富裕农民家庭想改造建第二代、第三代新房了。当前正是新农村规划的最佳时期。再说，在推进城乡一体化建设中，村庄向中心村集聚，也是一种趋势，但由于许多政策没有突破，浙江农村在"拆、扩、并"中也出现了不少问题，许多村是明并实不并，形不成中心村。兰溪市永昌街道党委书记章丽清说：像我们街道是由四个乡镇合并而成，名义上是街道，实际是农村。我们街道几十个村中规划建几个中心村，是走城乡一体化道路中必不可少的，很有必要。上级也号召建中心村，但没有土地指标，要搞只得违章建，谁愿意去冒这个险。上华街道赵庆鸿主任说：发展小城镇，建设中心镇，这是城乡一体化的方向。那些在外摸爬滚打几年的青年人回到新农村再创业，就有一种"心灵回归故乡"的亲切感。特别是我们经济相对滞后的县市，要抓紧做好这项工作。但该街道上华村党支部书记李银根却吐了一肚子的苦水：上华村20世纪50年代是老先进，养猪业办得好且受到毛泽东主席的批示。老书记应卸根曾受到毛主席的接见，并选为第四、第五届全国人大代表。这个村过去办什么事都是风风火

火，可现在办什么都很难，有一件事，伤透了村干部的脑筋。老农民华寿明已近 70 岁了，老伴生病卧床不起，一家五口三代人挤在一间 40 平方米的低矮房子里，一遇变天，外面大雨、家中小雨，打报告造房几年了，也上访几年了，根据政策规定他家可建占地面积 110 平方米的房子，再加 1：1 的路面配套，需 220 平方米的宅基地，除了他原有的 40 平方米，还有 180 平方米宅基地难以置换，因此华寿明家破旧的房子也无法改造。目前，全村 601 户人家，有 60 多户要求批地建房，村里是一点办法也没有。李银根说："我们行政村 5 个自然村，如果有好政策，政府再支持一下，以上华自然村为主体，连同几个偏僻的村都集聚起来，重新规划设计，建设一个中心村，也可谓是一个新型小城市。老百姓肯定满意，还会置换出一大批土地。那该有多好呀！"

在水亭畲族乡调研时，乡政领导反映，全乡 112 个自然村分布在近 50 平方公里的黄土丘陵上，如果上级政府帮助全面规划，给予大力支持，在乡政府附近建设一个小镇，并按全乡布局建几个中心村，这样不仅有利于人口的集聚，也会推进第二、第三产业的发展。新农村建设也就自然提高到一个新水平。

兰溪市文化局局长蓝峰在陪同调研中感慨地说：刚开始，村庄没有规划。结果一些地方出现了"千篇一律的城镇化，村村一样的新农村"，这原因固然很多，最主要是管理严重滞后，农民建房完全处于"无政府主义状态"。

（三）农村基层组织建设难，引领人才令人担忧

2014 年统计，兰溪市农村党员 19892 人，60 岁以上的 6066 人，占农村党员的 31%，大专以上学历的 730 人，仅占 4%，兰溪市农村党员队伍老龄化，知识层次低下问题突出，已经严重影响到农村"两委"的建设。我们认为不仅兰溪市如此，这是带有一个普遍性的问题。

基层党组织和基层政权建设，是执政党的永恒命题，是国家治理体系和治理能力现代化的重要环节，事关党的长期执政和国家长治久安。兰溪市经济相对发达的永昌街道、上华街道和相对滞后的水亭畲族乡的几位领导发出一致的叹息。"现在乡镇街道对农村（社区）的掌控力普遍较低。"

曾担任过市教育局副局长的永昌街道党工委书记章丽清对人才的使用和发展，有着独特的情感和见解，他十分沉重地说："现在真正能按照干事创业有思路，村务管理有规矩，服务群众有感情，带领队伍有办法，廉洁公道有口碑，好的和比较好的农村干部，特别是行政村和社区的'两委'主要领导，我认为不足百分之二十，也就是还有五分之四的干部不是很称职的，这是一个很值得令人担忧的数据。各级领导都要高度重视，基础不牢、地动山摇呀"。

在兰溪市其他乡镇调研后，我们认为，这不是危言耸听。

二、新农村建设中难以绕开的几大矛盾

经过多年的社会主义新农村建设探索和实践，我国农村的

面貌，特别是我们浙江农村面貌发生了很大变化，但按党的十八届五中全会提出的走"大力推进农业现代化，加快转变农业发展方式，走产出高效、产品安全、资源节约、环境友好的农业现代化道路"的要求，路还很艰巨。当前制约新农村建设的诸多因素依然存在，有几大难以绕开的矛盾。

（一）大农业与劳动力出路的矛盾

在调研中，干部群众普遍反映，农村一定要实现大农业和安排好劳动力的出路。只有实现大农业，才能消灭小田块，提高土地利用率，实现机械化，达到农业现代化。实行大农业之后，一批有识之士就会返乡创业，产生一批新型职业农民。那么大量的剩余劳动力怎么办？兰溪不少乡镇的经验是坚持就地就近城镇化，以第二、第三产业为支撑，就地筑起劳动力的蓄水池，让大量的剩余劳动力有工可做。在上华和永昌街道的几个村了解到，这里60岁以下的劳动力除了大学毕业生和文化比较高的一些青年去金华、义乌、杭州等地闯荡事业，其余几乎都在市里和乡村企业做工。夏李村党支部书记童茂年介绍，夏李村是李渔的故居，这里建起了李渔文化村，离城也不远，第二、第三产业也比较发达，只要肯花力气，基本上都有工可做。地处龙游、兰溪二县交界的水亭畲族乡是兰溪市经济最不发达的乡镇之一，全乡，36个行政村，2.2万多人，有8个畲族村，畲族人口达到3000多人，自2010年建起畲乡工业园，引进了一批企业，2014年生产总值达16亿元，税收超过680万元，职工超过了2300多人，全乡的青壮年几乎都入了厂，职工不够，还到邻近的龙游县招了一批工。该乡的西方塘村村委会副主任雷阿福充满信心地说："现在旅游已从观光旅游转入休闲、养生旅游，我们村是华东 16 个民族村之一，而且保留了畲族语言，如果把我们这块畲族旅游处女地挖掘出来，我们山区的后发优势就会得到充分发挥，那第二、第三产业就可吸引一大批劳动力。"

兰溪市对消化剩余劳动力虽然加大力度，但发展仍不平衡，任务仍很艰巨，2013 年全市户籍人口 66.67 万人，外出劳动力达到了 13.79 万人，其中出省劳动力也有 1.28 万人，而外来从业人员只有 0.48 万人。但从全国看，对农村劳动力主要流出地区，此问题更为突出，走就地、就近城镇化是解决劳动力外流的唯一出路。

（二）土地承包长期不变与家庭人口变动的矛盾

据兰溪市志记载：1950 年 12 月 28 日成立兰溪县土改委员会，在全县农村开展了土地改革，翌年 5 月，县土改委给全县农村每家每户颁发了《土地房产所有证》。土地改革结束后，兰溪农村人人享有了土地的权利。1954 年底，兰溪全县各地建立了土地入股统一经营的初级农业合作社，占 48.9% 的农户加入了初级社；1958 年 9 月 25 日至 10 月 20 日，全县成立了上华等 7 个"政社合一"的人民公社，全县实行了"三级所有，队为基础"的土地等集体资产的管理体制；1982 年 9 月起在全县 5495 个生产队中推行了土地联产承包责任制。同年 10 月我国《宪法》确定："农村和城市郊区的土地，属于集体所有，宅基地和自留地、自留山也属于集体所有。"土地承包责任制继续长期延续下去。这就是兰溪市及我国土地制度的演变历程。

据调查，兰溪市各村经济合作社在 2014 年底至 2015 年初已按照 1982 年土地家庭联产承包责任制确定的田亩数量重新登记并颁发了土地承包经营权证。土地承包而且确定长期不变。这就产生了一个不公平的问题。上华街道陈家村党支部书记与村委会主任一肩挑的叶竹生讲了一个令人费解的真实故事：他们村，1982 年，落实土地家庭联产承包责任制时，李姓一家 5 个儿子，一家 7 口人分到了 9.1 亩责任田，另外何家 5 个女儿，一家也是 7 口，分到了同样亩数的责任田。可到了 2014 年底，32 年过去了，李家人丁兴旺，一家变成六家，共有 22 口人，2014 年确权登记还是那 30 年不变的 9.1 亩田，而何家 5 个女儿全出嫁，年过八旬的老两口还享受着那 9.1 亩责任田的权利。叶竹生还介绍说，30 年前按人口分配责任田，当时是合理的，但有的农家、下辈人少，老辈人又去世了，人死了，责任田还保留着，有人戏称："死人家存田，活人无田种"。这就不合理了。在推行土地联产承包责任制后，我国绝大多数地区几乎把所有的集体土地都承包给了农户。当时，应当是合理公平的，但经营权长期不变，在宏观上，在全局上也是公平合理的，对局部，对一个家庭就不合理了，也就产生出了新的矛盾，造成了不平等。发展下去，这矛盾将更加突出。

上华街道下余村村委会主任倪森治说：在 20 世纪 40 年代，半殖民地半封建的中国，我们兰溪还有 1.5 万多亩归宗祠所有的土地，实际全县有 5% 左右的土地属于集体所有，用于公益事业。现在说起来土地全归集体所有，但我们村委会和村经济合作社却没有一分田的支配权。

（三）有机农业与农业生产安全的矛盾

兰溪调研之后，我们感到，当前中国，要想吃到有机生态蔬菜、有机生态水果、有机生态粮食几乎难上加难。生活方式和生产方式的改变，有机肥日趋减少。农业生产原来施用的人粪尿、厩肥、焦泥灰、塘泥和秸秆等农家肥全不用了，农田中种植的紫云英、大荚箭舌豌豆和绿萍等绿肥也不用了，只用氮肥、磷肥、钾肥、复合肥等化学肥料了。据兰溪市农业局反映，全市只利用少量的鸡、鸭、猪粪便加工制成商品有机复合肥，用于蔬菜、瓜果等旱地作物，但有机复合肥占整个旱地作物的比例也很低。大量的生态有机肥料直接流入了河道或一烧了之，不仅污染了环境，也是一种极大的浪费。调研中，大家普遍反映，这是一种无奈的选择，只有下大决心，淘汰单家独户的传统生产模式，实行新的联合的现代农业，才能实行家庭现代化的养殖，大农场主才能将农家肥和绿肥重新作为农作物的主要肥料，这样才能够做到治虫科学化，肥料有机化，农产品才会安全化。

要真正走上有机农业这条路还很难，还很长。

三、新农建设中值得探索的几个问题

习近平总书记在十八届三中全会上指出："城乡发展不平

衡，不协调，是我国经济社会发展存在的突出矛盾，是全面建成小康社会、加快推进社会主义现代化必须解决的重大问题，改革开放以来，我国农村面貌发生了翻天覆地的变化，但是，城乡二元结构没有根本改变，城乡发展差距不断拉大趋势没有根本扭转。根本解决这些问题，必须推进城乡发展一体化。"当前农村建设中有几个问题必须及时破题，否则将会阻碍改革的推进，拖住新农村建设的后腿。

（一）扩大土地承包"确权、确股、不确地"的范围，推进现代农业的发展

在兰溪调研中，市里、乡里、村上的干部和大多农民对土地承包经营权长期不变，普遍感到不理解，人，生生死死，男娶女嫁，家家户户的人口都有变动，农村土地既然是集体的，就得要体现公正、公平。土地承包经营权长期不变，显然不合理。上华街道彭村严明星主任说：村委会选举，我是坚决反对贿选的，因为贿选不公平。现在我当了主任，是想为村民办点事，现在村上集体的土地、山林承包"确权、确股、确田块"，长期不变了，什么公共资源也没有了，我无事可干了，只干一些上面布置的"三改一拆"等工作。他最后说："如果实行'确权、确股、不确地'，这样，土地就真正集中流转起来了，土地流转起来后，一定要体现公平，村上采用竞标的办法就会产生一大批新型农场，新型农场不仅会吸引一大批当地的劳动力，使当地剩余劳力变为了农场工人，这样，就会从根本上改变了农民的生产方式"。这就是习近平总书记在贵州视察时所

说的"培育新型农业主体"。新型农场还会对鸭、鸡、猪等农家肥料集中处理利用，变废为宝，生产出真正的有机生态粮食和蔬菜，从而彻底摆脱了传统的单一生产方式，走上现代化的大农业。再是土地承包户长期不变出现的一些不合理现象，他们"只见股权，不见土地"，心态也会平和一些。

叶竹生在座谈中抢着说："现在的土地制度不能变，土地私有化的路不能走，一变一走社会肯定会乱。但是土地经营承包权长期不变不合理，最好根据人口变动情况几年调整一次，否则像何家老两口管理 9.1 亩田，而且这批田分布在东南西北中的 10 多个地方，不讲种田，就是走一圈，也要花上大半天时间。现在何家老两口就是真正的新'地主'了。"

在调研中我们认为，扩大土地承包经营，"确权、确股、不确地"的范围，是顺乎民心和民意的。顶层设计，是否能吸引基层和群众的呼声，加大改革创新力度，加快农业现代化建设。

（二）改革完善农村宅基地制度，吸引特殊人才进村任职

浙江省委在 2015 年出台的《关于全面加强基层党组织和基层政权建设的决定》中指出：要"鼓励党政机关和企事业单位领导干部退休或退出现职后回村（社区）任职"。在座谈中，几位乡镇街道党委书记和村党支部书记都认为："浙江省委这一决策是十分英明的，是一个花最小成本，获取最大利益的高招"。章丽清书记强调说："一个村里，读书上大学，参军当兵，招工招干，经过党组织多年培养，后来成为领导干部退

休后的老同志，回来当村党支部书记，村委会主任，他们威信高，肯定是解决当前农村优秀基层干部缺乏的最好选择，但他们不会回来呀！"

赵庆鸿主任说："我私下里跟好多村书记说过，你们村出去那些厅长、局长、处长、乡长、董事长不仅有经验，还有很多资源，再说村上的宗族、宗派矛盾他们也比较超脱，办事肯定比较公道，你们设法腾块宅基地，让他们造个屋，退休后告老还乡、叶落归根。好多村书记说这些村上出去的最优秀人才不像'土豪劣绅'，他们'名不正，言不顺'的事是不会做的。"

章丽清书记又说："刚退休或刚退出现职的干部大多是20世纪50年代、60年代初参加工作的，他们本身就是这个村里的人，年纪大的还参加了土改，分到了田地。这些特殊的人群让他们花钱买块村上的宅基地建房是不会越大轨的。"

现在很多退休和退出现职的老干部，其中很多人想"功成身退"成为"乡贤"，他们就是想为自己村上的父母乡亲服务办事，但由于政策的限制，他们无法走出这一步，我们认为，中央决定中已明确要"稳妥推进农民住房转让"，中央是否应当更明确确定，在农村宅基地改革中，原籍在农村回乡的人依照农村建房规定，优先有偿享有该村宅基地。这样，这些"绅士"们就可"名正言顺"地告老返乡了。这对村、对国家都是一笔很大的人力资源再利用呀！这对推进新农村建设是注入了一股强大的力量。这是一项新时期的"招才引智"工程，能做好，对新农村建设将会起到很大的作用。

（三）要实施城镇反哺乡村的战略，分期分批地推进新农村建设

我国城市实行住房制度改革后，各地城镇都实施了旧房改造，随着城市商品房价格的不断攀升，原先城市居民几乎家家都享受到这一改革成果，现在大中小城市的老居民几乎家家都是"家财万贯"。而农村农民新中国成立六十多年来，原计划经济时代，"剪刀差"造成了农民一天劳动只有二三角钱。改革开放后，大量的农村土地被征用，大量的农民进城打工，为城市、为国家积累了大量的财富和资金，2015 年，全国农民工达到了 2.74 亿，人均每月收入只有 2864 元。土地财政遭遇最严峻冲击的 2015 年 1—8 月，还有 1.76 万亿元，而 2014 年 1—8 月土地财政却达到了 2.86 万亿元。改革开放三十多年来，农民工创造的财富和土地财政，这两项相加，我国的农村、农民为城市、为国家的贡献是巨大的。而现在，从全国财政支出的区域分布来看，城市获得了财政支出的 80% 以上的份额，而广大的城镇及乡村地区，获得财政支出份额仅仅为 20% 左右。改革先父杜润生曾在湖北省一位乡党委书记李公平的一部书的序言中写下："在农民已尽到公民义务的同时，应享有公民的权利，可惜这一点尚未做到"。

章丽清书记认为，当前城镇应当反哺农村，实施新农村建设战略。对农村要全面投入，提高社会主义新农村建设水平。他说："国家要拿出一笔资金，对每个县、每个乡的村实行分

批分期地进行重新规划建设，建设社会主义新农村千万不要'仙女散花'，要一批村一批村地改造，如果每个村国家能投入 500 万元以上，对向中心村集聚的农户建房实行以奖代补的政策，每期 2 年至 3 年，这样经过 10 年至 15 年的努力，我国的农村将出现一个崭新的面貌。"

最后章丽清又说："这是一项县长、省长、总理工程。对原村上的房子该保的保，该修的修，该拆的拆。政府一把手亲自抓这项工作，相信中国的新农村中的建筑不会又密又丑。东方江南特色，一村一品，一户一样，那是世界一流。农民终身受益。这样城乡一体化也就自然形成了。"

习近平总书记在最近主持召开的中央财经领导小组会议上指出，在适度扩大总需求的同时，着力加强供给侧结构性改革，着力提高供给体系质量和效率，增强经济持续增长动力。如果全国在农村实行分期分批推进新农村建设中，新农村建设与扶贫开发相结合，相互推进，对农户建房修屋实行以奖代补，将会起到"四两拨千斤"的效果。这消费"换挡提速"将全面释放内需潜力，这也必定会推动我国社会生产力水平实现整体跃升的目的。

创建新农村，土地集中流转，解决有事可干问题，招揽人才，解决有人干事问题；反哺农村、解决有钱办事问题，全社会上下干部群众都行动起来，推进新农村建设，农村、农业、农民的"三农"一定会出现一个崭新的局面，社会主义新农村一定会提高到一个新水平。

后记：2015 年 11 月，作者撰写的《新农村建设中的难点和问题思考——浙江省兰溪市农村调查》通过浙江省文史研究馆的《馆员进言》专版上报省委、省政府领导后，时任浙江省委副书记王辉忠批示："请旭明、文彪同志阅研。"（文彪时任中共浙江省委、省政府农业委员会主任）时任浙江省政府分管"三农"工作的副省长黄旭明批示："童禅福同志的调研报告很好，很值得引起我们高度重视，有的内容要以适当方式积极向上反映。请文彪、济锡两位认真地予以研究。"（济锡时任浙江省农业厅厅长）根据省委、省政府有关领导的批示，浙江省文史研究馆已将《新农村建设中的难点和问题思考——浙江省兰溪市农村调查》作了修改并上报了中央办公厅和国务院办公厅，以供最高决策者决策参考。

后　记

　　我来自大山，刚踏上工作岗位，就在基层，后来进了省级机关。对农业、对农村、对农民，虽没有过深的研究，但近50年的工作生涯，大江南北至少踏访了村落千个、农家万户。对农业耕种收割我是熟悉的，对农村这片土地我是熟悉的，对农民生活状况我是熟悉的。因为我爱"三农"，我爱调查，我爱参事。近50年，曾写出社会调查报告200多篇，有的引起了浙江省委、省政府领导的高度重视，有的甚至引起中共中央、国务院领导的关注。

　　2012年9月，68岁的我被浙江省人民政府聘为省文史研究馆馆员，从省政府参事转为省文史研究馆，位子变了，工作的主体也变了。2014年底，我向省文史馆建议，是否可开展城乡一体化进程中农村文化发展趋势探索与研究的课题调研。文史馆同意了，从2015年初开始，省文史馆专门组织了一班人马，选择了经济社会发展处于浙江省中等水平的兰溪市农村文化建设进行系统调研。调研中，调研组的同志感到，农村的集体经济决定着农村的文化，农村的集体经济又由农村的土地经营管理模式决定着。省文史研究馆在完成"城乡一体化进程中新农村文化发展趋势探讨与思考"课题，并召开了"浙黔文化合作论坛"后，终于找到"三农"问题的根子在土地。基层干部和农民们一致认为，党的十一届三中全会后，全国上下推行的土地家庭联产承包责任制解决了当时9亿农民的温饱问题，并逐渐走上了小康路。但单家独户经营着那"一亩三分承包地"后，集体经济发展受到了极大的挑战，部分村集体甚至出现了"空壳"现象，农业新型现代化推进也十分困难。农村贫富差距逐渐拉开了，两极分化也逐渐凸显出来了。我们对两种不同土地经营模式的农村进行了调查剖析，深深感到：两种不同土地经营模式导致了截然不同的两种结果。刘庄等"8村1乡"走上了新时代以新集体经济为主体多种经济成分并存的社会主义乡村新社区的新道路，从此村村没有暴发户，没有贫困户，家家都是富裕户。

以习近平同志为核心的党中央对解决"三农"问题十分关注和重视。习近平总书记2017年6月23日在山西考察工作时，强调指出："要坚持把解决好农业、农村、农民问题作为全党工作重中之重。"习近平总书记在十九大报告中又把解决"三农"问题作为"实施乡村振兴战略"。此书初心就是紧跟以习近平同志为核心的党中央的伟大战略部署为之呼唤，让天下人都来关心、重视"三农"。"三农"问题不解决是要出大问题的呀。

在采写《走进新时代的乡村振兴道路——中国"三农"调查》的过程中，刘庄等"8村1乡"为我提供了大量有价值的资料。同时我也参考了《浙江改革开放三十年口述历史》、《中国农村改革源头》和《咨询国是》等大量书籍和刊报，并引用了相关书籍和刊报有关内容，在此表示深深感谢。特别值得感谢的是中央文史研究馆馆员赵德润和浙江省文史研究馆原专职副馆长魏新民和史来贺、厉德馨等先辈们。

在此，对在采写、写作、出版此书过程中给以帮助的黄正富、叶建民、樊国安等人一并表示谢意。

该书前十章采写了大量的案例，第十一章带有评述的总结，第十二章反映出了基层干部群众对走进新时代以新集体经济为主体多种经济成分并存的社会主义乡村新社区道路的心态。这是历史发展的必然趋势，并附上了作者调研撰写的《新农村建设中的难点和问题思考——浙江省兰溪市农村调查》等 5 篇关于"三农"的调研报告，这些调研报告具有一定前瞻性。

书中均为作者调查所见、所闻、所思，水平有限，如观点有误，请谅。

责任编辑:孔　欢　刘江波　曹　歌
封面设计:吴燕妮　石笑梦
版式设计:王　婷
责任校对:方雅丽

图书在版编目(CIP)数据

走进新时代的乡村振兴道路:中国"三农"调查 / 童禅福　著 . —
　北京:人民出版社,2018.3(2018.7重印)
ISBN 978 - 7 - 01 - 019031 - 0

Ⅰ.①走…　Ⅱ.①童…　Ⅲ.①三农问题 - 调查研究 - 中国　Ⅳ.① F32

中国版本图书馆 CIP 数据核字(2018)第 042424 号

走进新时代的乡村振兴道路
ZOUJIN XINSHIDAI DE XIANGCUN ZHENXING DAOLU
——中国"三农"调查

童禅福　著

人民出版社 出版发行

(100706　北京市东城区隆福寺街99号)

北京新华印刷有限公司印刷　新华书店经销

2018年3月第1版　2018年7月北京第2次印刷
开本:710毫米 ×1000毫米 1/16　印张:28.75　插页:16
字数:303千字

ISBN 978 - 7 - 01 - 019031 - 0　定价:88.00 元

邮购地址 100706　北京市东城区隆福寺街 99 号
人民东方图书销售中心　电话(010)65250042　65289539
版权所有·侵权必究
凡购买本社图书,如有印制质量问题,我社负责调换。
服务电话:(010)65250042